与最聪明的人共同进化

HERE COMES EVERYBODY

CHEERS

BENJAMIN GRAHAM, BUILDING A PROFESSION

格雷厄姆
精解证券分析

[美] 杰森·茨威格 (Jason Zweig)
罗德尼·沙利文 (Rodney N. Sullivan) ◎编

汪涛 郭宁◎译

CLASSIC WRITINGS OF
THE FATHER OF
SECURITY ANALYSIS

四川人民出版社

BENJAMIN GRAHAM
BUILDING A PROFESSION
—— 序言 ——

证券分析，是科学还是艺术

在格雷厄姆去世 30 多年后，同时也是他提出金融分析应该既是一门科学又是一种职业的激进主张 60 多年后，他的形象依然光辉无比，这很好地印证了思想家爱默生（Ralph Waldo Emerson）的那句名言："制度是一个伟人身影的延伸。"现在，已经有来自 135 个国家和地区的近 9 万人拥有特许金融分析师（CFA）资格，有 20 多万名学生正在努力成为该领域的正式从业者。而这些，都是格雷厄姆的思想力量和伟大身影的鲜活见证。

爱默生认为，伟大的制度是由孤独的改革者创造的——那些用灿烂的灯光来照亮一成不变的旧世界的人，他们设想着建立高大的城堡，并坚韧不拔地用一块块砖头砌成地基。

如果本杰明·格雷厄姆没有建立金融分析的职业规则，也许其他人也会做到，但我们无法确定。起初，作为美国顶尖证券分析师之一的卢西恩·胡珀（Lucien O. Hooper）曾反对格雷厄姆的主张，认为那是"不必要的形式主义"。因为对分析师来讲，想让其职业上更道德、思想上更坦诚，或者更能胜任工作，格雷厄姆的主张并没有多大的作用。[1] 直到 1963 年，才第一次有人被授予特许金融分析师的头衔——而这已是格雷厄姆正式提出这一专业标准 20 多年之后的事情了。只要想想你是怎样一路看着自己的孩子从出生到大学毕业，你就会明白，格雷厄姆为了树立"金融分析作为一种职业需要形式化、标准化"这一理念，付出了多少心血。

在这几十年的时间里，格雷厄姆逐渐让他的同僚认识到，在引入科学方法之后，分析、评估证券会成为一种结构化的流程模式。同时，格雷厄姆对道德原则有着坚定的立场，他认为金融分析必将永远服从道德伦理的最高标准。

1914 年，格雷厄姆初到华尔街，他没有经验，没有钱，也没有传统意义上的资格，他甚至没有上过一节完整的经济学课程。然而，**他的确有自己的过人之处：永远充沛的精力、严谨的数学思维、经典哲学的教育背景、非凡的文学天赋、对商业公平和诚信的笃信，以及投资领域中最精细、最强大的头脑。**

格雷厄姆后来将他的思维方式描述为"探寻的、沉思的、批判的"。他的"直觉非常敏锐，能够准确地判断出问题的关键在哪里……这种能力可以避免在无关紧要的事情上浪费时间，从而更注重实效，致力于解决问题，找到相应的对策，特别是有利于找到解决问题的新方法和新手段"。[2]格雷厄姆最有名的学生沃伦·巴菲特（Warren E. Buffett）用 5 个字总结格雷厄姆的思维方式："理性得可怕。"[3]

格雷厄姆 20 多岁的时候就开始在华尔街打拼。他读大学时，并不是所有时间都在学校里度过，不过，他仍然顺利地毕业了。格雷厄姆在 16 岁时进入哥伦比亚大学，用三年半的时间完成了所有课程的学习，从而留出了一个完整的学期，让他有时间在一家海运公司从事运作研究。格雷厄姆曾作为毕业生代表在毕业典礼上致词，而这之前的一个月，他获得了数学系、哲学系和英语系三个院系提供的教职。[4]

但格雷厄姆拒绝了这些工作，在大学系主任的敦促下进入纽伯格·亨德森 - 劳伯公司（Newburger Henderson & Leob），成为一名负责后勤的工作人员，收入为每周 12 美元。格雷厄姆很快记住了 100 多只知名债券的相关细节，不久后，他便开始钻研一些主要的铁路和工业公司的财务报表。很快，他晋升为一名统计员，那个时候，证券分析师被称为统计员。

1914年的华尔街不仅混乱，而且缺乏法律的规范，是一个没有成文法、道德标准松懈、从公司获取信息就像从狮子口中抢食一样艰难的"悲惨世界"。美联储成立时间也仅一年。1911年，堪萨斯州颁布了第一部"蓝天法"（Blue-sky Laws），旨在要求公司在公开发售证券之前披露基本风险信息。那时，美国还没有证券交易委员会，公司对外公布简单财务报表的时间很随意，并不固定。通常情况下，投资者只能去纽约证券交易所的图书馆查看公司公布的年报。为了防止外人窥探，一些家族企业会通过会计欺诈和故意忽视的方式来隐藏资产和收益。

在这种大环境下，统计员逐渐习惯于将他们的劳动成果看成艺术品，而非技术活。他们中的大部分人坚持做着债券统计分析的工作，因为债券长期走势的评估相比股票分析来说，显得更为重要；而那些勇于尝试股票统计分析的人则很少会把公司财务报表作为他们分析工作的基础。"并不是我们忽视了数据，"格雷厄姆回忆道，"而是我们对数据的研究确实比较肤浅，没有给予足够的重视。"相反，谁在买卖这些股票却成了最重要的研究对象。在内幕交易未被禁止的年代，如果交易者能够事先得到公司接管与合并的消息，就可以轻松赚大钱。芝加哥牧场中牲畜染病的消息，或是乌克兰麦田荒芜的消息，都有可能让纽约的投机者在面临不断飙升的股票或者期权价格时，果断地抛空。正如格雷厄姆所回忆的那样："在老华尔街人看来，当价格变动的决定因素已经发生了根本性的改变时，过分关注枯燥无味的统计数据是非常愚蠢的行为。"[5]

正是因为这些原因，格雷厄姆那个时代的分析师都把自己看成"诊断专家"，通过所接触到的各类信息和自己的直觉形成对市场的"判断"。他们运用伟大的心理学家保罗·米尔（Paul Meehl）的"临床判断法"，来评估每一个处于活跃交易状态的证券，强调主观因素具有独特性，并根据市场趋势来预测证券的未来价格走势。[6]

分析师认为这类判断需要对市场保持高度的敏感性，勤奋且能力突出，他们为自己所做的这种判断感到骄傲。诚然，对证券价格走势的分析与判断确实需要满足这几个方面的要求。然而，分析师对自己判断水平的自信实际上是一种幻觉。格雷厄姆说："大多数统计员的才智已经被经验侵蚀了。"[7] 每当他们做出一次正确的判断，就会把这个判断看成对自己所用方法的佐证。而如果是其他的情形，他们就把责任推卸到不可抗力的因素上：变幻莫测的市场、动荡不安的全球政治格局，或者是摩根家族、洛克菲勒家族、范德比尔特家族等市场大佬的权势。

分析师做得不够的是，证明他们对"质"的判断是否具有"量"的支撑：随着时间的推移，对证券的主观分析能否可靠地将价低证券与价高证券区分开来？

最初，格雷厄姆感觉这个问题的答案应该是否定的。他认为金融分析应该有可靠的基础做支撑。格雷厄姆通过深挖资本、负债、利润以及股息之间的关系来预测证券价格走势，而不是参照市场情绪变化或听闻小道消息的方法来做预测。作为证券预测人士中运用科学分析方法的代表，他把佐证预测的重担放在了量化数据上。

格雷厄姆以一种更基本的方法打破了传统的证券分类方式。长期以来，华尔街对"投资"与"投机"的区分非常明确。[8] 投资者主要关心的是获得稳定且固定的收入——这些收入只能通过债券实现，因为债券有着严格的契约和坚实的资产来保障投资本金的价值免受损失。投机者则对市场价格大幅度波动所带来的现金收益感兴趣——在利息稳定的时期，只有通过投资股票才能实现这一目标。对投资者来说，重要的是防止本金价值波动；对投机者来说，重要的是通过价格波动获取利润。

因此，债券是投资者的首选，而股市是投机者的栖息地，这已经成为华尔街的一个基本原则。当埃德加·劳伦斯·史密斯（Edgar Lawrence Smith）1924年出版《用普通股进行长期投资》（*Common Stocks as Long-Term Investments*）时，他本打算给原来的理念"任何值得尊敬的人都不会相信，股票能成为投资对象"一记重重的耳光（因为这样的言论在当时很流行："绅士们都倾向债券"，"债券为了收益，股票为了获利"）。然而股市大崩盘彻底击溃了史密斯的观点。在这之后，1931 年，劳伦斯·张伯伦（Lawrence Chamberlayne）在他的畅销书《投资与投机》（*Investment and Speculation*）中写道："只有债券才被当作投资，股票本质上是投机性的。"

格雷厄姆最开始的时候是一位债券分析师。慢慢地，他将注意力转移到股票上，他意识到这种主流观点的分类过于简化，而"债券只适合投资者、股票只适合投机者"的主张更是让格雷厄姆感到恼火。"一个没有盈利能力的企业的债券，与该企业的股票一样，没有任何价值"，他在 1934 年就发出过这样的呼声，"诚然，由于一直以来，债券都与较高的安全性紧密联系在一起，投资者都接受这样的观点，那就是债券的收益虽然比较低，但这正是避免损失的最好保障"。[9]

格雷厄姆深知，股票的内在价值不能仅仅因为它只是拥有对公司资产的初级求偿权而被忽视。同样，债券的市场价值也不能因为它保证了本金的安全而被看轻。

格雷厄姆认为，区分投资者与投机者，不仅应该关注他们购买的是什么，还要关注他们是如何选择这些购买对象的。当价格处于较高水平时，购买任何证券都可能是投机活动；而当价格处于较低水平时，它可能就变成了一项投资活动。甚至，在不同的人看来，即使是在相同的价格水平上持有相同的证券，也既可能是投资又可能是投机——这取决于他们如何理解手中的证券，取决于他们对自己的承受极限是如何公正评估的。对于深受 1929 年股市大崩盘打击的人来说，最令人震惊的是，格雷厄姆坚持认为，即使是并购套利的保证金交易也不一定是投机的。只要立场正确，再加以合理的分析，这就是一种投资。[10]格雷厄姆提出，**金融分析师的任务是，不管被分析的证券以什么样的形式出现，都要像投资者那样思考。**[11]

格雷厄姆写道："投资是建立在全面分析的基础上，确保本金安全与合理收益的经济活动。不能满足这些要求的交易，都应该被视为投机。"[12] 每一份信托合约中，都应该印上这些不朽的文字。

格雷厄姆用严格、客观的逻辑关系来界定他为投资所加的每个条件。在他的定义里，没有"或者"这样的字眼。分析必须是全面的、彻底的，必须满足安全性，回报必须足够合理。全面分析是指"事实的研究是基于已建立的安全标准和价值准则"。安全性意味着"在所有正常的、合理的情况或者变化下，免受损失"。令人满意的回报则是指"即使这个水平比较低，投资者也愿意接受的回报额或者回报率，但前提是投资者的投资行为是完全理性的"。[13]

格雷厄姆用有力的一击，粉碎了"债券是投资、股票是投机"的错误分类方式。**债券同样具有投机性，而股票也可以作为投资。分析师的工作就是区分到底哪个证券应该属于投资，哪个证券应该属于投机。这种区分不仅要考虑证券的形式，更要考虑证券的质量和价格价值之间的关系。**

证券的质量评估需要量化。在严格遵守纪律的条件下，通过运用科学的方法，解决证券估值的问题，格雷厄姆无疑是最佳人选。23 岁的时候，格雷厄姆曾在《美国数学月刊》（*American Mathematical Monthly*）上发表过有关微积分教学方面的文章，他非常喜欢欧几里得几何学和微积分。格雷厄姆发表的文章进一步完善了他对逻辑学和经典哲学的理解。[14]

当时也正好是一个恰当的时间。1927 年，阿尔弗雷德·考尔斯（Alfred Cowles）开始编制股票收益和市场预测的大规模数据库，后来这个数据库成为芝加哥大学证券价格研究中心的重要资源。同时，弗雷德里克·麦考利（Frederick Macaulay）正在埋头钻研债券久期的数学原理。1934 年的晚些时候，也就是格雷厄姆与多德的《证券分析》出版后的几个月，哲学家卡尔·波珀（Karl R. Popper）出版了第 1 版《科学发现的逻辑》（*The Logic of Scientific Discovery*），[15] 这是一本颇有影响力的巨作。与此同时，著名哲学家、数学家阿尔弗雷德·诺思·怀特海（Alfred North Whitehead）和伯特兰·罗素（Bertrand Russell）像传播福音一样，大力宣扬将科学方法运用到生活的方方面面的功效。[16]

"在形成科学规律之前需要经过三个阶段，"罗素在1931年写道，"第一阶段是观察值得注意的现象；第二阶段是提出假设，该假设如果是正确的，将会解释那些现象；第三阶段是从假设结论中推导出规律，这些规律又能够被观察到的现象所验证。"罗素补充说："科学技术最根本的特征就是它源于实验，而非惯例。"[17]

当然，在股票市场上，格雷厄姆能随时使用世界上最大、最有效的实验室。他自己也深知这一点。格雷厄姆在《证券分析》第一章的第二句中申明，决定股票和债券价值的过程"是科学方法的一部分"。

当格雷厄姆用科学方法作为分析工具，全面分析股票市场时，以往的惯例在撞击中立即瓦解了：那种认为证券分析是艺术而非科学的陈旧思想完败了。

简而言之，本杰明·格雷厄姆完全了解自己的使命感，他为所有那些追随他脚步的人树立了一面旗帜。

杰森·茨威格

扫码下载"湛庐阅读"APP，
了解在中国证券市场转型的过程中重温经典的价值。

BENJAMIN GRAHAM
BUILDING A PROFESSION
目 录

|第三部分|

拓宽证券分析的适用领域

|第四部分|

倾听来自专业人士的声音

大师的声音

本书首次采用文集的形式，收录了格雷厄姆关于金融分析的短篇论文。此书亦可作为格雷厄姆与戴维·多德（David Dodd）合著、2019年出版的《证券分析：原书第6版（经典畅销版）》（*Security Analysis*）[①]的伴读作品。

循着格雷厄姆1932—1976年思想发展的足迹，我们见证了金融分析行业从手工作坊式的小打小闹，直至发展成为一个真正完全成熟的专业领域。格雷厄姆的声音是众多呼吁保障股东权利的声音中不容忽视的一个。他是一位很早之前就警告人们小心牛市风险并提出熊市也可以创造机遇的学者；也是一位不断寻求新的金融估价方法的实用主义思考者；更是一位对问题的思考非常深刻，坚持把证券分析建立在科学方法的坚实基础之上的人。在格雷厄姆的职业生涯里，他是诚实与正直的典范，永远把委托人的利益放在首位。

因此，这些文章不仅叙述了格雷厄姆构建专业证券分析的故事，还揭示了在格雷厄姆眼中，哪些内容属于证券分析的核心要素。

几乎每隔10年左右的时间，批评人士就会将矛头指向格雷厄姆，指责他不

[①]《证券分析》是价值投资流派的开山之作，给出了历经时间检验的价值投资思想和常识，其原书第6版的简体中文版已由湛庐文化引进，由四川人民出版社于2019年出版。——编者注

了解真实情况，他所提出的观点都已经过时了，并不适应当前社会的发展。然而，这些吹毛求疵者没有看到的是，时间的沉淀对格雷厄姆来讲，与莎士比亚、伽利略或者林肯等人有着同样的效果：时间的推移更加佐证了他的远见卓识。格雷厄姆的聪明才智、基础知识、文学修养、洞察力以及他为证券分析行业专业权威的树立所做出的贡献，可以称得上是前无古人后无来者。如今他所发挥的影响力比以往任何时候都要强。如果有更多的投资者将格雷厄姆的理念铭记于心，就不会再有人怀疑：互联网泡沫和信用危机竟然具有毁灭性的打击！

在这个世界上，关于金融分析，我们能够确定的事情并不多。但可以肯定的是：从这一代开始，在接下来的几十年时间里，事实会证明，本杰明·格雷厄姆的地位将无人能取代。

阅读本书，你慢慢就会明白其中的缘由。

杰森·茨威格

BENJAMIN GRAHAM

BUILDING A PROFESSION

| 第一部分 |

构建证券分析体系的基础

倘若你玩迷宫游戏时从出口开始，用铅笔沿着路径绕过一个又一个弯向前走，最终到达入口——这样玩似乎很容易。然而，正如很多小孩子都知道的那样，如果从入口开始，想要一步不错地一直走到出口，就要难多了。

同样，我们很容易把现在的世界看成理所当然的样子。特许金融分析师资格是证券分析领域中对知识严谨性和职业道德设定的最高标准。因此，取得特许金融分析师资格并非易事，很少有人能成功。然而，比取得特许金融分析师资格更难的是建立这样一个标准。只有更进一步了解特许金融分析师的形成过程，我们才能理解这场革命到底有多难。

然而，了解特许金融分析师的发展史还有一个更重要的原因，就是要弄清楚它对当代证券分析师到底意味着什么，不过在这之前，我们首先应该了解它对本杰明·格雷厄姆的意义。

起初，在《证券分析师需要专业评级吗》这篇文章（本书第 1 章）中，格雷厄姆首次提出所谓的 QSA（qualified security analyst，证券从业资格）概念，并且坚持认为，专业标准应是宽泛而又精细的。

传统观念认为，分析师（或统计员）应该依赖艺术而非科学，格雷厄姆对此表示强烈反对。他把传统观念总结为："这个领域的技能大部分依赖判断力，而非专业知识或技术。"格雷厄姆认为这种观念很荒谬："即使判断力在证券分析中的确扮演着重要的角色，但我们还需要切实可行的方法、专业知识与经验的辅助。"

格雷厄姆写道，合格的分析师应该：

- 拥有"优良的品质";

- 遵守道德准则;

- 通过考试来证明自己的"专业知识";

- 有必要的经验来展示"专业能力";

- 致力于"提升个人职业水准"。

格雷厄姆对"优良的品质"的强调让人印象深刻。在 1945 年写的那篇文章的导论中,他把这一标准列在第一位,放在了"教育背景与经验"之前。这篇文章收录在本书第一部分,在文章的最后一句话中,他又提到了"优良的品质",认为它比"扎实的功底"更重要。

格雷厄姆所谓的"优良的品质"究竟是指什么呢?在他的个人生涯中,格雷厄姆总是批判传统的道德标准。他很认同门肯(H. L. Mencken)在 1919 年提出的尖刻言论:伟大的成功者绝不可能在极端和压抑的环境中产生。[1]

在具体的业务操作过程中,格雷厄姆的行为标准远远高出了道德准则的要求。与其他同行不一样的是,格雷厄姆从来不利用也不寻找内部消息。在他近 40 年的管理他人钱财的职业生涯中,没有任何有关委托人抱怨格雷厄姆操作不公平的记录。

在 22 岁时,格雷厄姆就已经经营了一个套利账户。委托人愿意与格雷厄姆平分收益。一次,该账户获得了可观的盈利,格雷厄姆提取了他自己收益的一部分,把钱借给他兄弟去做小生意。不久后,他兄弟的生意失败了,而当时他经营的账户价值缩水,需要追加保证金。于是,在接下来的两年时间里,格雷厄姆像时钟的发条一样准时,每个月都会往该账户存入 60 美元,直到付清之前从该账户提取的所有钱。[2]

在 1929 年股市大崩盘之后,背负着沉重的荣誉感,格雷厄姆告知他的投资合伙公司的合伙人,他会遵守原先所签的管理合约,即在格雷厄姆与他的合伙人杰尔姆·纽曼(Jerome Newman)收取任何管理费之前,必先全额弥补所有损失。唯一例外是在 1933 年,还是在委托人自己要求的情况下,格雷厄姆才同意接受报酬。当时,合伙关系还没有出现。[3]

格雷厄姆所强调的品质不仅仅是诚实与正直。对他来说,"品质"这个词关注的不仅仅是一个人的行为,更包括思想。虽然格雷厄姆没有直接把这两个词"配对",但他把"品质"看作"理性"的同义词。1949 年,格雷厄姆回答了到底怎样才算是"明智的"投资者这个问题：

> "明智"这个词，用来表示"赋予知识与理解的能力"。它并不表示"聪明"或者"精明"，也不表示超常的预测和洞察天赋。实际上，这里预设的"明智"是一种品质，而不是大脑的特性。[4]

此外，格雷厄姆在1976年这样总结投资："最主要的一点就是要拥有正确的指导原则，并坚持原则。"[5]

总之，当格雷厄姆提到一个分析师应该具有"优良的品质"时，他指的是一系列特质——我们也可称之为精神的工具箱，对这些特质的赞赏贯穿着他的作品：

● 对客观证据的渴求。

格雷厄姆提出："利润的判断不应该基于乐观态度，而要基于计算。"[6]

● 独立思考并持怀疑态度，绝不流露任何个人信念。

你的信念同样掌控着你的怀疑态度。

● 当市场无情地宣布你错了的时候，对自己确信的事物保持耐心和自主性。

用格雷厄姆的话说："勇敢对待自己的知识和经验。如果你是根据事实推导出结论，如果你认为自己的判断是正确的，不管别人是怀疑还是反对，按照自己的意思去做吧（即便多数人不同意你的看法，你也有可能是对的，当然也可能是错的。只要你的数据和推理是正确的，你就是对的）。"[7]

● 古希腊哲学家所说的静心或者平静沉着是指，当你身边所有的投资者都面临亏损时，你能沉着冷静，并保持头脑清醒。这一点显得尤为重要。

格雷厄姆有一任妻子曾这样描述他："讲人道，但不讲人性。"[8]虽然这使格雷厄姆远离了好丈夫的形象，但是他冷眼看世界的能力使他具备了成为超凡分析师的资格。

"优良的品质"包含了以上这些特质。训练、教育和经验也仅限于此。无论你的分析多么全面、彻底，你还必须养成自我控制和精神自律的习惯，否则你将无法在瞬息万变的市场中坚定自己的立场。

在本书第 2 章《确保证券分析的正确性》这篇文章中，格雷厄姆提出一个看似简单的问题：分析师（或者委托人）怎样判断他们的建议是行之有效的？

然而，两个因素的存在使这个问题远比它看起来要困难得多。

首先，学习的程度取决于反馈的质量。我们能从所做的事情中发现，学习多少经验知识，取决于我们怎样追踪这些线索。比如网球运动员、麻醉师、消防员等，都属于实际从业者，他们需要从反复操练和以往积累的经验中不断提升专业技能。他们的工作环境能提供及时、准确的反馈：他们不需要等待一段时间后，才能知道是否赢球、病人是生还是死，或者大火是否被有效控制。而证券分析师却处在一个迟滞的、模棱两可的环境中。假设你推荐了一只价格为 20 元的股票。第二天，它涨到了 21 元，看上去你似乎是正确的。而一周后，它下跌到 18 元，这个时候，你看上去似乎又是错的。到了下个月，它又涨到了 25 元，此时看上去你的推荐又是正确的；而半年后它却跌到 14 元，你又一次错了。因此，你为了这些错误开始检查你的收益模型。一年后，这只股票价格为 30 元，这时看来，你貌似自始至终都是正确的了。由于市场价格一直频繁且大幅度地波动，你得到的反馈信息也在不断地变化，因此，想要对分析质量做一个准确的判断，其实是一件非常困难的事情。[9]

其次，与保持理性相比，人们更擅长提出合理辩驳。当现实搅乱我们的预期时，我们不会轻易承认是自己错了。相反，我们会说，我们对得太早、太快了；我们最终会被证实是对的；我们几乎是对的；我们比任何人都接近正确结果；或者我们还会说，那些无法预测的不可抗力因素阻碍了我们合理的假设变成现实。[10]

格雷厄姆明白，人们总是倾向于逃避预测失误的责任。在本书第 2 章，格雷厄姆告诫分析师，仅仅正确是不够的，还要有正确的理由做支撑：

> 如果这是个合理的推荐，它不仅必须要在市场上表现良好，还必须有合理的推理过程作为基础……证券分析的专业标准要求所有的推荐都必须清楚注明推荐的类型，并形成推荐结果的分析推理过程。

否则，你和委托人都不会清楚地知道，到底是因为你的工作做对了，还是因为你运气好。市场价格随后的变动将显示你的预测是否正确有效，但这要基于你已经清楚表明了推荐的理由。此外，你必须明确你的分析适用于哪个时间段。

格雷厄姆在《用希波克拉底法分析证券》这篇文章（本书第 3 章）中提醒道，那些推荐高收益证券、成长型股票或小股票的分析师，如果是基于"经验法则、模糊的印象甚至偏见"来判断推荐与否，而不是基于几十年积累的实证研究，这样不仅不能帮到客户，反而面临着损害客户利益的风险。

格雷厄姆提到了希波克拉底誓言要求医生"不能带来任何伤害"。但是他也明确比较了证券分析和医疗操作两者间的不同之处。[11] 他说，医生能够利用很多已知的人体结构知识：几十年积累的有关症状、病因和治疗的科学证据。然而，分析师必须与各种具有不同特性的证券打交道，他们对这些证券的表现并没有"系统性的知识"作参考。

这个缺陷大部分已经被近年大规模出版的实证研究论文克服了，其中包括《金融分析师杂志》（ *Financial Analyst Journal* ）、《金融学杂志》（ *Journal of Finance* ）、《投资组合管理杂志》（ *Journal of Portfolio Management* ）等。实际上，很多投资者把格雷厄姆所提的问题看成是"一劳永逸"的问题：实证研究似乎已经证明了一些事实，比如小股票比大股票表现好，价值型股票比成长型股票表现好。[12]

不过，对那些按照这种方式思考的人，在本书第 3 章中，格雷厄姆提出了另外一个忠告：

> 当我们完成了繁重的归纳工作，当尝试性的结论在连续的市场周期中被一次次检验时，新的经济因素有可能又会随之产生——因此，我们辛苦总结出的技术可能在投入使用前就被遗弃了。

市场异常的出现是各种方法遭遇毁灭性打击的根基：一旦投资者意识到某个策略在过去表现得异常好时，他们便蜂拥而上，殊不知阻碍了其未来的发展空间。

因此，证券分析师必须经常反省：一方面，自己的预测是否建立在实证研究的基础上，这些实证研究是否涵盖了过去大量的样本数据；另一方面，当大家都熟悉了这些模型，它们的表现是否能够持续下去。获得样本数据的佐证是一回事，获得样本外数据的额外支持，则完全是另外一回事。

在《美国证券交易委员会的证券分析方法》这篇文章（本书第 4 章）中，格雷厄姆称赞了美国证券交易委员会（以下简称美国证监会）的做法，即遵循着三个有序步骤来评估公用事业公司：第一步，形成"价值标准"模型；第二步，收集"个案的相关数据"；第三步，

"将数据代入模型，从而推导出明确的估价水平"。[13]

当政府官员逼迫自己像证券评估师那样思考，而卖方分析师却不情愿这样做的时候，你应该能够感受到格雷厄姆的那种挫败感。他直截了当地提出："如果不考虑已经支付的价格，那就没有任何值得投资的对象。"然后，他解释道，研究部门不断发布看涨的分析报告，而这些报告要么是根据产业增长率做出的一般性推断，要么是根据历史盈利情况做出的简单推断。

格雷厄姆评价美国证监会的证券分析方法时说："这个程序只有一个缺陷。"在没有严格评估标的公司的股票价值是高于还是低于其市场价格之前，这种分析"尚存缺陷。这不是真正的分析，而是伪分析"。

直至今日，这个写于 1946 年的论断，依然能残酷地切中要害。

BENJAMIN GRAHAM
BUILDING A PROFESSION

—— 第01章 ——

证券分析师需要专业评级吗 [①]

(写于 1945 年)

解释性说明

1942 年，纽约证券分析师协会标准委员会向其成员提出一个建议，即为证券分析师评定等级或者冠以专业的头衔。这个评级被暂定为"证券从业资格"或者"QSA"。提议的机制包括：协会及合作机构(包括上市公司协会、保险公司、投资顾问事务所等)共同成立一个资格委员会。该资格委员会有权授予达到标准的申请者如下级别：

a——职业级别；

b——教育和经验级别；

c——通过考试级别。

与之相对应的资格考试由于一些原因而被取消了。申请评级秉承自愿原则，但对声望和实际从业优势的渴求激发了申请的动力。我们能预想到，QSA评级最终将会成为那些与市场有直接或间接关系的高级证券分析师的必经之路。

[①] 本文选自：《分析师杂志》Vol. 1，No.1（1945）：37–41.

> 委员会虽然提出了很多远见卓识，但最终却没有采取任何实际行动。下文分析了支持与反对该提议的各种观点。①

此次评级提议中包括的事项相对比较简单，但同样还是可能会引发比较大的争议。大约 50 年前，受过专业培训的会计人员对类似的提议也感到很困惑。当时，推广注册会计师职称存在很多困难和不足，毫无疑问，大多数会计从业人员并没有意识到这个事情有多么重要。如今，在会计职业领域，甚至在很多其他领域，专业评级已经是理所应当的事情。所以，一旦我们克服了证券分析师评级推广过程中的最初障碍，这个流程将会变得越来越顺畅，并不断地自我加强和完善。从公众利益的角度来说，它将发挥无法替代的作用。

为了进一步探讨，我们将证券分析师定义为：一个负责为他人提供关于购买和出售特定证券的建议的工作者。这个定义不包括以下人员：

● 只负责收集数据的初级统计员或分析师。
● 不从事特定证券价值分析的商业、金融分析师或者经济学家。
● 以理论研究作为研究对象的教师和学生。

严格来讲，该定义还不包括股票市场分析师，因为他们一般不会推荐特定的证券。然而，笔者相信，即使现在未定，但市场分析最终将会成为证券分析的一个特殊组成部分，并且每位有能力的市场分析师将会为证券分析提供坚实的基础。

任何情况下，本文中的证券分析师都是指，为来自于经纪公司、投资银行、银行以及信托公司的顾客（及合作人）就证券交易提供意见或建议的人士，还包括那些投资顾问行业的人士，以及在投资公司、保险公司、其他公司和一些公益组织中履行类似职责的人士。这个领域范围很大，因此，美国有几千名实际从业人员。

---

① 在这篇文章的第二部分，卢西恩·胡珀还举了否定案例，以反对职业资格认定。

评级体系的优点

评级体系的优点可以归结为：那些通过证券从业资格认证的人都会明白，他们已经符合这个领域的最低知识要求，并且具备一定的专业能力。他们还要清楚，为了保持这个资格，他们必须遵守行业道德准则，因为随着时间的推移，这些准则会变得更加明确、严格。而评级体系的这些优点同时会使证券分析师的直接雇主以及这些雇主的委托人受益。

已经获得评级的分析师必将比其他人有明显的优势，比如更好的声誉、更强的求职能力以及更多的高薪机会。此外，他们会拥有更专业的工作态度，对维持和提升从业标准有更强烈的心理驱动力。

对可能出现的反对意见的回应

将各种反对评级提议的观点事先罗列出来，并加以简单回应，是非常明智的。这些反对的声音涉及很多方面，既有针对评级的理论基础的，又有针对评级的实际运用的。

反对意见1：将有资质分析师与无资质分析师区分开来，基本上是不可能实现的。因为该领域的技能大部分停留在依靠人的判断上，而非依靠特定知识或技术。良好的判断能力不可能通过常规考试来检测。

回应：虽然判断能力在证券分析中占据很重要的位置，但是它还需要健全的方法论基础和专业的知识、经验加以辅助。雇主、教师、新进入该领域的人员以及协会的大量工作都表明，越来越多的重点会被放在分析的技术上。

技术分析能力和充足的信息当然可以通过恰当的测试反映出来，这也适用于证券分析过程中那些更明显的判断因素。

反对意见 2：QSA 评级可能会误导公众，因为它仅仅是一种资格证明，并不能确保持证人一定是有能力的分析师。

回应：这个异议有一定的道理，但就像说一个医学博士也有可能是个不称职的医生一样。与其他类似领域一样，资格评级旨在保证持有人达到最低要求，但并不表明他拥有最高能力。而这种错觉在该领域又比在其他领域发生的可能性更小，因为在通常情况下，分析师都受雇于有着丰富实际经验的管理者，而不是普通公众。

反对意见 3：QSA 评级对某些人来讲，可能意味着特权，而对其他人来讲，则意味着越来越少的机会。它使行业受到限制，或者说容易成长为一种卡特尔组织。

回应：QSA 评级不会以任何理由拒绝任何应该拥有它和想要拥有它的人。它可能会将一些不具备资质的从业人员排除在外，但这并不是不公平、不公正。每个人都有选择的权利，这些权利会受到协会更高层面的限制，而协会为每个领域制定合适的标准。

反对意见 4：这个计划在管理方面会存在一定的困难。谁能够认定其他人有这方面的能力，又该如何确保这个认定是正确的呢？完成这份差事所需要的时间又该由谁来确定呢？

回应：这个评级与其他领域的评级相比，困难要相对小一些。我们肯定会找到合适的人选，并由他们行使确定资格者的权利。寻找人选的流程就好比律师协会资格委员会以及精神疾病检测机构委员会发现相应人选的流程一样。有公德心、享有盛誉的分析师将花费大量时间来完成这个任务，就像他们在花时间做公益事业一样。

这个项目刚开始时的确暴露出一些特定问题。对一些分析师来说，让具有类似经验和身份的同事鉴定其职业资格，似乎有些冒昧与不妥。不过，这一障碍完全可以克服，如果可行的话，在最开始的时候，就由那些从业时间超过 10 年或 15 年的分析师对其他人进行面试。随着时间的推移，接受测试的分析师的比例将会稳步增长。

达到评级标准的能力水平必须由已经取得资格的分析师组成的委员会来决定。倘若参照其他领域的先例，这个评级可能会从一个较低的水平起步，然后逐渐提高标准。笔者个人认为，该测试与大学生完成整个学年的证券分析课程学习后所要接受的考试，难度基本相当。品质和经验的要求标准可以分别设定，不过，学术成果的信誉与工作经验之间的一些灵活变通也是可取的。

BENJAMIN GRAHAM
本章小结

以上讨论并没有故意缩小评级方案面临的实际困难。然而，与其他领域相比，比如会计、法律、医药等行业，这些困难看起来也没有本质上的区别。如果将这些类比进一步推广，我们就可以在各个领域颁发执业执照或者资格证书，比如向房地产经纪人、保险销售员以及证券交易所的证券经纪人颁发类似的资格证书。把检验、注册客户经纪人的一套合理的程序运用到证券分析师行业是不可取的，这是为什么呢？要完全理解这个问题并非易事。这个问题的关键在于，社会要求实际从业者向公众展示其良好的职业素养，而证券分析作为一种职业，是否具有足够的专业特质来证明这一要求是可以实现的。《证券分析师杂志》(The Analyst Journal) 的出版本身就是对证券分析师这一职业的支持与维护。可以预见的是，证券分析师将迎来准职业性评级，毫无疑问，努力让评级发展成为一个普遍认可的、高品质与高能力的代名词，正是我们应该做的事情。

BENJAMIN GRAHAM
BUILDING A PROFESSION

第 02 章

确保证券分析的正确性 [①]

(写于 1946 年)

高级分析师最有趣且最重要的工作就是，通过分析给出投资者应当购买某只或多只股票的投资建议。我们如何判断这样的投资建议是对还是错呢？这看起来似乎是一个很简单的问题，但要得到一个真正让人满意的答案，其实很难。当一位百货公司的顾客向大家推荐自己发现的宝贝时，实际上暗含着一个假设，即他所推荐的（几乎）所有商品都是价格适中的，是在标准成本加成的合理价格范围内的。在绝大多数情况下，随后发生的事实会检验这种推荐是否可靠。当一位股票市场分析师推荐以 80 美元的价格买入某只股票时，他的依据是该股票价格的技术走势预示着上涨即将来临。那么，这样的投资建议是否正确，检验起来并不太难。大部分人都认同，若想证明市场分析师的建议是正确的，这只股票在不超过 60 天的时间里的上涨幅度绝对不能小于 4 个百分点。

但是，如果一位证券分析师推荐以 80 美元的价格买入美国钢铁公司（U.S.Steel）的股票，并称这样的买入价很便宜，那么我们应当用哪一种标准来检验这一建议是否正确呢？显然，我们无法再使用"股票价格在 60 天内上涨幅度达到 4%"这一标准来评判。那么，我们的评价标准是否可以是股票价格在未来 1 年内上涨 10%？或者是其收益率要比股市平均收益率多出 10%？抑或是不

[①] 本文选自：《分析师杂志》，vol. 2，No.1（1946）：18–21.

管股票市场如何波动，这只股票总是能在一定期限内（比如5年内）满足有关股息与投资收益的某些特定要求？

我们没有为证券分析师建立计分系统，因此无法记录他们的"击球命中率"。也许这也无妨。但是，如果我们整个职业生涯一直在向客户推荐具体的投资产品，却始终无法向客户或自己证明这些投资建议是正确的——哪怕有一次也好，那么这确实不合常理。毫无疑问，对于一位优秀的分析师来说，其价值肯定会在多年内他推荐的投资产品的总体收益状况中体现出来，即使我们缺乏评估总体收益状况的精确标准。但是，若是对个人或集体的投资建议的可靠性不进行明确且可行的检验，那么证券分析这个行当不可能达到专业的高度。因此，我们要试着建立这种考核标准。

我们再回到之前的假设，即一位证券分析师推荐以80美元的价格买入美国钢铁公司的股票。如果这一建议是可靠的，那么它不仅需要市场的证明，还必须基于可靠的推理过程。如果不具备完善的推理过程，即便这个建议真的符合市场的实际走势，它仍然不是真正的证券分析。不过，推理过程有很多种形式，而且随着隐藏在背后的推理过程的变化，投资建议的内在含义也会存在一定的差异。让我们通过下列4种情况解释一下：

1. 应当买入美国钢铁公司的股票，因为其未来的盈利能力可能会达到平均每股13美元。[1]

2. 应当买入美国钢铁公司的股票，因为从基本面来看，该股票现在80美元的价格要比道琼斯工业平均指数（目前为190点）更便宜。

3. 应当以80美元的价格买入美国钢铁公司的股票，因为来年该公司的盈利状况将会呈现大幅增长。

4. 应当以80美元的价格买入美国钢铁公司的股票，因为这一价格远远低于最近两次牛市中该股票曾达到的最高价格。

推理1意味着美国钢铁公司将成为一个令人满意的长线投资。这虽然不一定意味着在接下来的 25 年里，该公司每年的平均收益都能达到每股 13 美元，但是 5 年之内肯定能做到。如果事实证明上述分析是正确的，那么买入该股票的投资者无疑既能获得令人满意的投资收益与股息收入，同时又能获得以较高的价格将股票卖出的好机会。然而，这一分析以及相应投资建议的正确性只能等到 5 年或更久以后才能被证明。

假设在 1937 年 1 月，分析师基于相似的推理过程提出了上述投资建议，并且当时美国钢铁公司的股价也是 80 美元，那么情况会发生什么变化？事实会证明上述分析是正确的吗？答案是否定的，即使股价迅速上涨 57% 以至于达到每股 126 美元，该分析还是错误的。因为从 1936 年开始的任意一个 5 年观察期内，该公司的每股平均收益均未能达到 7 美元。而 1937—1944 年这 5 年间的平均收益是每股 5 美元。在 60 天之内股价涨到 126 美元并不能证明该分析是正确的，因为在接下来的 12 个月内，没有什么能比股价直线下跌至 38 美元更能证明这一投资建议的错误了。

推理 2，即美国钢铁公司的股票价格低于道琼斯工业平均指数，这是一种有效的股票分析标准模式。它可能伴随着"美国钢铁公司本身就极具吸引力"的说法，当然也有可能不伴随这种说法。前者情况下，若再加上"美国钢铁公司的股票比其他一般股票更便宜"的论断，那么就与推理 1 毫无差异。但是，证券分析师也许只是在比较的基础上得出买入美国钢铁公司股票的建议，并没有从本质上看该股票目前的市场价格非常便宜。在这种情况下，如果美国钢铁公司股票的市场表现确实优于市场的平均水平，那么即使它本身的收益情况并不理想，也仍然能证明该分析师的建议是正确的。比如，假设从现在开始 1 年内，美国钢铁公司的股价下跌至每股 70 美元，而道琼斯工业平均指数下降至 140 点，那么基于比较而得出的投资建议就是正确的。其前提条件是：（a）从一开始分析师就指出是基于比较才得出上述投资建议的；（b）该建议有合理的分析推理过程作为支撑。当我们对任意一个投资建议加以检验时，条件 b 都是不可或缺的，因为它能确保投资建议是正确的，而并非是因为运气好而已。

推理 3，因为预测来年美国钢铁公司的收益将会大幅度增长而推荐买入该股票是华尔街最常见的做法。其优势是，可以用相对简单的测试来评判投资建议是否正确。只要 a 条件（收益增长）与 b 条件（股票价格在未来 12 个月内会上涨，比如至少上涨 10%）同时成立，那么该推荐就是正确的。

但从实际从业者的角度来看，他们会反对这种类型的投资推荐。通常情况下，如果我们相信市场对下一年的收入增长趋势毫无反应，那这种想法也太幼稚了。如果市场会做出反应，那么利好因素往往也会大打折扣，因此，基于这种简单模式而做出的投资建议，最终的收益结果往往都不怎么样。

推理 4 认为，由于美国钢铁公司目前的股票市场价格很低，与之前两个牛市中的最高价格相比，80 美元的价格很值得买入。这真的是证券分析过程中可使用的一种有依据的推理方式吗？对此，人们有很多不同的观点。然而，不管在什么样的场合下，我们都能很容易地分辨出基于这种推理模式的投资建议是否正确。那就是，在接下来的牛市中，这只股票的市场价格必须大幅度上涨，比如，至少上涨 20%。

BENJAMIN GRAHAM
本章小结

上述分析能得出几点普遍性结论，这些结论以各种试验为基础，同时也引发了一些争议：

- 在大多数情况下，只要证券分析师说明了其推荐的类型以及背后的推理过程，那么之后的市场真实情况就会证明其推荐是否正确。

- 不同类型的推荐——即使这些建议要求投资者所采取的行动一模一样，比如以 80 美元的价格买入美国钢铁公司的股票，也需要用不同的方法来证明其正确性。

- 倘若投资建议涉及的是一个资产组合，那么只需要对整个组合的投资结果进行检验。单只股票的走势有可能与资产组合的走势相反。
- 证券分析的行业标准要求，所有的投资建议都应当同时注明推荐的类型以及背后的分析推理过程。

证券分析师可以推荐债券、优先股以及普通股，但每个建议背后都应暗含这样的规则：证券的品质至少要与收益相匹配。我们可以通过两种方法来检验这种投资建议：评价证券分析过程是否正确；检查被推荐证券随后的市场走势是否优于某种合适的市场指数。上述两种方法在检验过程中一般不会出现严重问题，除非要求获得非常精准的结果。

假设我们能对某位证券分析师的单个投资建议是否正确进行检验，那么只需要计算一下其正确的推荐数占推荐总数的百分比，就能大致算出这位分析师的推荐成功率。那么，一位优秀的分析师应该达到多高的成功率呢？为了让测试更加精确，有必要区分"非常正确""非常错误""还算正确"与"几乎错误"吗？

这些问题还是留给其他人回答吧。

BENJAMIN GRAHAM
BUILDING A PROFESSION

──────── 第**03**章 ────────

用希波克拉底法分析证券 ①

(写于 1946 年)

"务实的深思熟虑者"是对反省思维的完美概括，它让人想起帕累托派生物学家亨德森（L.J. Henderson）对希波克拉底誓言②所作的一个有趣解释：

> 该誓言的第一要素是医生需要努力地、持久地、聪明地、负责任地、不间断地在病房工作，而不是仅仅坐在图书馆里。同时，要求医生必须完全适应这项任务，而这种适应远不止对脑力或智力方面的要求那么简单。该誓言的第二要素指的是准确地观察事物或事件；在不断熟练与经验积累中所形成的判断力的指引下，对显著的周期性现象进行筛选、分类并进行系统性的应用。该誓言的第三要素是审慎地建立理论。这并非哲学理论，也不是伟大的想象力杰作，更不是宗教教条，而是一个与路上的每个行人密切相关的事件，或者更确切地说，是能帮助行人在路上顺利行走的有用拐杖。

亨德森继续强调，这一在医学领域非常成功的方法也能运用到"日常生活的其他方面"的研究当中，但却没有对适用的范围做出明确界定。然而，在证券分析与医学之间架起一道桥梁的诱惑，让人无法抵挡。[1] 医学和证券分析都具有一

① 本文选自：《分析师杂志》，vol. 2，No.2（1946）：47-50.
② 警戒人类的古希腊职业道德的圣典，是希波克拉底向医学界发出的行业道德倡议书。——编者注

定的艺术气息与科学性，未知以及无法预知的因素都能对这两者的结果造成严重影响。此外，用亨德森的话说，对于这两个领域，我们可能会发现一个共同点，"显摆一点知识就能有意无意地掩盖自己的无知"。

如果我们充分发挥想象力，就能在医生的工作与证券分析师的工作之间找到某种系统性的类比关系。客户就好像那些有着特殊体质与疾病的病人，他们拥有现金资源，手上持有或好或坏的证券。这意味着那些只管治病的医生只履行了他一部分职责；而只有在投资出现问题时，被咨询的证券分析师也是只履行了他一部分职责。医生或证券分析师的全部职责应该是：帮助病人或客户最有效地利用他自身所拥有的全部资源。

另一种类比是，把单个病人与单只证券相比，这也许有点牵强，但用处却更大。假设保险公司要求医生评估向投保人提供疾病或死亡保险时应收取多高的保费水平，这就要求医生对每位投保人的健康状况进行量化评估，也许会表示为某个"标准值"的百分比形式。从本质上说，这不正是证券分析师在分析某只股票或债券时所做的或应该做的事吗？他们必须判断某只证券在目前的价位上风险是否比较小，或者是反过来，评估一下当证券的价位达到多少时风险相对较低。无论是医生还是证券分析师，在得到最终分析结论之前都需要考虑多种因素。他们还必须对一些无法事先预知的突发事件作出预期；还需要依赖可靠的方法、经验以及一般规律来证明自己的工作是正确的。

为了能从证券分析师那里得到更多对希波克拉底法的反馈，我们前面列举的类比关系并不是非常谨慎。应该承认，有责任感的证券分析师应该谨遵本章开始时列出的第一要素——"不间断地在病房工作"。可喜的是，证券分析师确实在努力不懈地工作；他们也确实获得了有关证券的第一手资料——只不过是在会议室里，而不是在病房里。

真正应该让我们做自我批评的是第二要素与第三要素。而"对显著的周期性现象进行筛选、分类并进行系统性的应用"要求我们做到什么程度呢？对这个问题，我们刚刚开始进行初步研究。我们对各种类型的证券以及证券价格波动模式的实证检验尚未达到系统性的归纳研究的程度，在这方面付出的努力还太少。我们在判断过程中所积累的经验，在很大程度上是一种经验法则或模糊的印象，甚至是一种偏见，而不是在研究了诸多历史记录以及仔细分析了各种案例后所得到的结论。

关于下面这些问题，我们有什么根据认为：高收益率的债券或股票的综合投资收益一定会优于低收益率的债券或股票呢？根据统计数据，盈利上涨的趋势是不是要求投资者支付较高费用的充足理由？在正常的市场环境下，更偏向于低价股票的统计概率是否足以证明投资者应优先考虑持有此类股票？企业的短期盈利前景是否可以被当作选中某只普通股的主要依据？类似问题还有很多。

华尔街竟然没有对那些拥有明显特征的证券的历史价格波动情况进行系统性的归纳总结并从中吸取经验。这一点让我们感到非常惊讶。当然，我们确实拥有各种各样的图表，这些图表展示了股票组合与个股的长期价格波动情况。但是，除了按照商业类型分类以外，并没有对其进行细致的分类（低价股的信心指数是个例外）。那么，过去的证券分析师要通过什么方式才能将不断增长的知识与技术传授给现在乃至未来的分析师呢？当我们对比医学与金融的发展史时，不难发现，我们记录与吸取的经验总结竟如此之少。这简直是一种耻辱。

也有很多人反驳上述观点。证券分析是一门新兴学科，我们要多给它（以及《分析师杂志》）一点时间才能展翅高飞。而且，很多人相信——也许我们自己都没有意识到，证券价格的波动模式并不具有持久性，因此无法证明费尽千辛万苦积累的案例库到底有没有价值。如果内科医生和研究人员不断地研究癌症，最终有可能了解癌症的发病原因并有能力控制其发展，那是因为在研究期间，癌症的性质并不会在短时间内随着时间的推移而改变。但是对于某些特定类型的证券而言，其价值与价格波动轨迹的影响因素确实会随着时间而发生变化。我们完成了繁重的归纳工作，试验性的结论在连续的市场周期中被一次次检验时，新的经济影响因素有可能会浮出水面，此时，我们辛苦总结出来的技术还没来得及投入使用就要被废弃了。

也许这就是我们的想法。但是事实果真如此吗？或者，这种想法与事实的相符程度有多高？没有哪一种成熟的经验能告诉我们这样的经验是否有价值。在未来的岁月里，我们这些证券分析师必须要到学校去学习那些历史悠久、研究较为完善的学科。我们必须学习他们积累的详细检验事实的方法，并从中摸索总结出适合证券分析研究领域的学习方法。

希波克拉底法的最后一个要素是"审慎地建立理论"。在本章开头引用的那段话里，亨德森就强调了建立在治疗观察基础上的医学理论的本质，"只是能帮助行人在路上顺利行走的有用拐杖"。

因此，在证券分析中也一样，我们需要的理论必须来源于经验和密切观察，而这些理论的应用范围有限，主张也并不夸张。我们必须采取中庸之道，一方面避免过分乐观的教条主义，另一方面避免优柔寡断的乐观主义。只有将理论与实际操作完美结合，证券分析师才能真正取得成功。同样的道理也适用于医生。

证券分析过程中使用的"理论"，其含义几乎等同于"标准"。它意味着用一些特定的量化技术来评估或筛选证券。假设我们声称铁路固定费用的偿付率应该超过平均水平的两倍，以此作为确保债券安全性的必要附加条件，这就意味着我们正在提出以下理论：作为一种普通债券（铁路债券），拥有较低偿付率的铁路将无法让投资者获得满意的收益率。它大致上等同于这样的医学理论：体重超标达到一定值的人，有可能比其他人死得更快。

道氏理论（Dow Theory）为证券分析师如何提出、检验、出版以及广泛讨论各种分析理论提供了一个绝佳的模板。撇开道氏理论的可靠性不谈，也不管它其实并不适用于证券分析领域，但它确实树立了一个好典型。道氏理论是通过长期观察得出的，拥有明确的量化公式，所以其价值能经得住时间的考验。

那些致力于促进证券分析领域不断发展的人们都意识到，目前证券分析师还是一个混乱而无纪律的职业。希波克拉底法及其三大组成要素中也许存在着最佳的准则，可以帮助我们获得所需的秩序。

BENJAMIN GRAHAM
BUILDING A PROFESSION

—— 第**04**章 ——

美国证券交易委员会的证券分析方法 [1]

(写于 1946 年)

本书第 3 章讨论了希波克拉底法，它似乎与华尔街没有太大关系。因此，现在我们要回到"自家的后院"，继续聊一聊证券分析这个话题。毫无疑问，最近几年间，在证券分析领域里，美国证监会所做的工作是最认真、最完整的。其内容包括（至少是部分包括）三个阶段的全面分析，分别是：(a) 形成估值标准；(b) 收集个股相关数据；(c) 将估值标准应用于个股数据，算出具体的估值结果。

在完成上述工作时，美国证监会的出发点并不是想寻找全新的证券分析方法，也不是想提高证券分析行业的标准并要求分析师遵守，而是不得不这么做。法律要求美国证监会履行特定的职能，只有推动实现全方位、多角度的证券分析，委员会才能充分履行法律所赋予的职能。其职能包括：首先，要对公共事业控股公司的资本重组与证券交易进行初步审核；其次，在必要时，对依据美国《破产法》第 10 章进行的公司重组计划提供咨询报告；最后（不如前两点重要），对投资公司与所谓的关联人士之间的证券交易进行审核。

为了能准确判断某个计划或某项交易是否公平合理，美国证监会发现，有必要对相关的证券进行更为准确的估值。于是，这就要用到证券分析的各种方法和

---

[1] 本文选自：《分析师杂志》, vol. 2, No.3（1946）: 32–35.

标准。美国证监会必须要意识到，这种估值职能仅限于委员会工作范畴内的有限领域，这一点很重要；一般来说，美国证监会不需要履行为新发行的证券进行估值的职责，也不用评估证券交易所内各种证券的成交价格是否合理。不过，现在这些特殊任务都落到了美国证监会的头上，因此到目前为止，美国证监会已经制定了大量证券分析标准以及估值标准，其中有些内容值得赞扬，但有些必须要接受批评。

本文不打算用批判的口吻评价美国证监会制定证券估值标准的演变历史。我们只谈一谈近来一件有趣的事——美国公用事业公司（American States Utilities Corp.）的重组事件。该公司提交了一份重组计划，按照这份计划，对新发行的普通股，优先股股东将认购其中的 77%，而普通股股东则认购剩余的 23%。这一计划遭到了优先股股东的反对，他们希望能拥有更高的新普通股认购比例。我们尚不清楚普通股股东是否也提出了提高认购比例的要求。不过，美国证监会认为，普通股股东享有的新普通股认购比例过低，于是它将优先股股东的认购比例调低至 65%，同时将普通股股东的认购比例调高至 35%。按照这一调整后的认购比例，重组交易最终得以完成。

这一回，美国证监会一改往日支持优先股股东的立场，转而提高普通股股东的新普通股认购比例，这是怎么回事呢？[1] 答案便是证券分析。在研究了相关资料后，美国证监会得出的结论是，新发行普通股的公允价值要比原先发行的优先股的价值高出 50%；因此，优先股股东只有资格认购新发行普通股的 65%。美国证监会认为，他们使用的分析方法非常清晰明了。首先，委员会检查了公司 1933—1944 年期间的盈利情况；然后，委员会聘请了 4 位分析师分别对公司未来的业绩情况进行了预测，预测结果在 28.2 万～35 万美元之间。接下来，美国证监会又分析了影响公司未来利润水平的几个重要因素，具体包括电力供给、应缴纳的所得税以及公司的投入资本额，结论是，基于资本重组的目的，应当将该公司未来盈利的预期值确定为 33.5 万美元。于是，以这一预期盈利额为基础，委员会对该公司资本结构的组成比例提出了各种建议，坚持称如果优先股股东享有 77% 的认购比例，则换算出来的资本化率大概为 8.25%，明显过高；并很肯定地认为资本化率应该在 6.90% 左右，也就是说，市盈率倍数为 14.5。[2]

于是我们发现，在处理类似事件时，美国证监会的决策基础并不是公司或股东的选择，而是它自身应履行的法定职责：使用某种评估股票的公允价值。前面提到的大多是公用事业企业，不过类似的价值评估方法也可以适用于工业企业的股票——这一点在麦克森 & 罗宾斯公司（McKesson & Robbins）的重组案中体现得尤为明显。这就是所有证券分析师应该努力的方向吗？他们是否会或者是否应当坐下来，认真分析摆在自己面前的每一只证券，评估其公允价值，然后再将自己的估值结果与该证券当前的市场价格进行比较，看看两者是较为接近还是相差甚远？如果美国证监会的这种做法适用于公司重组等多个领域——当然，具体适用于哪些领域要取决于法律如何界定，那么为什么华尔街的证券分析师不能用这种方法来分析任何一种证券呢？

对那些经验丰富、从业时间较长的证券分析师来说，这种评估方法不可能有太大的吸引力。在某只股票的估值结果下方写上自己的名字，而且估值结果可能还与证券当前的市场价格相差甚远，这样的做法实在太过冒险。分析师对引出估值结果的影响因素越是笃定，就越有可能被随后发生的事实证明自己是错误的。虽然一般来说，证券分析师对犯错并不是特别在意，但是他们并不喜欢在某些特定情况下犯错。

而且，这个最终得到的综合估值结果（有时候我们也把它称为"内在价值"或者"合理的卖出价格"）其实根本没有什么事实依据。它既不是当前的市场价格，也不代表未来证券的真实价值——因为到了明天，证券真实价值的评估基础又会发生变化。而传统的分析方式不需要引入这些复杂而又麻烦的概念，它更加简单，只需要将当前相关的事实一一列举出来，然后得出结论："从当前的价格水平来看，这只股票会吸引投机者的注意"，或者"作为较为安全的投资对象，这只股票具有一定的吸引力"。[3]

对于上面提到的这种传统分析方法，我们只有一个反对的理由：它还不够好。它其实并不是真正的分析，只是虚假的分析。这种分析方法根本不考虑投资者支付了多高价格，就直接得出"某只证券是安全可靠的投资产品"这样的结论，这是完全不可能的。如果确实存在无须考虑市场价格的诱人的投机机会，那么这样的推荐建议应当出自股票市场分析师而非证券分析师之口。

让我们来看一个具体的案例。某家股票经纪公司发布的研究报告推荐在 22 美元的价位买入美国散热器公司（American Radiator）的股票，原因是建筑行业的发展前景看好。这份"分析报告"甚至提供了该公司的资本化数据以及 10 年时间里的盈利与营运资本数据。为什么要提供这些数据呢？如果只是因为发展前景良好就得出"该公司是个不错的投机对象"的结论，而且不管该公司股票的当前市场价格是多少，这个结论都是成立的，那么这些统计数据就完全是多余的。不过，如果这些数据是为了帮助投资者更好地了解公司的经营状况，那么分析评估这些数据难道不是证券分析师应该做的事情吗？在向投资者推荐美国散热器公司的股票是值得投资的产品之前，基于目前该公司的良好前景展望，难道分析师没有通过自己的分析得出美国散热器公司的公平市场价值约为 2.25 亿美元甚至更高的结论吗（2.25 亿美元是当前该公司的实际市值）？说到底，这意味着，分析师应该对自己推荐的每一只股票都评估一个公允价值区间，而且还要确保目前股票的市场价格没有高于该区间的上限。

我可以大胆地预测，美国证监会顽固的证券分析人员与同样顽固的华尔街证券分析师在估值时依赖的是相同的逻辑事实。目前，公用事业行业已出现了这种迹象，我们的高级分析师正在为某些即将上市的公用事业企业的股票评定特定的估值区间。

计算得到的估值结果通常都有一个最大值和最小值——这是一种谨慎而又常见的做法，因为估值区间总是要比单一的估值结果更好一些。所以，在条件许可的情况下，美国证监会也更喜欢用估值区间；而如果形势所迫必须使用单一估值数据的话，那么美国证监会可能更倾向于使用估值区间上下限的平均值。

BENJAMIN GRAHAM

本章小结

　　美国证监会的证券分析方法当然不是无可指摘的，但毫无疑问，这种分析方法仍在不断发展。其最终的形式，如果能形成最终成果的话，可能会与当前所采用的模式存在极其显著的差别。不过，我们还是应该感谢他们，因为他们一直在努力克服、解决自己所面临的问题——这不仅仅是他们要面对的问题，同时也是我们所有人都要面对的难题。

BENJAMIN GRAHAM

GRAHAM

BUILDING A PROFESSION

| 第二部分 |

界定证券分析的专业性

这一部分的几篇文章向我们展现了本杰明·格雷厄姆的另一面，而且很少有读者会注意到这一面：对公平正义的热爱，对公司治理不力的愤怒。他相信，某些公司的管理松懈并不仅仅是内部原因，外部因素也会导致公司治理效果不佳，从而使得股东不能行使自己的合法权利。

1932 年夏天，格雷厄姆为《福布斯》杂志撰写了三篇非常经典的系列文章。在文中，他强烈反对公司内部人士的特权行为，因为他们根本不考虑社会公众股东的利益。[1] 在 1929 年大崩盘刚刚爆发的时候，公司管理层都主张持有大量的现金，一方面是将来一旦遇到危险可以提供缓冲空间，另一方面也是为了保护他们自己，避免自己为错误判断所导致的严重后果承担责任。而股东们，除了被巨额亏损吓得目瞪口呆以及对公司管理层的想法或做法听之任之以外，其他什么都做不了。

格雷厄姆用直白而朴实的语言阐述了这个问题，逻辑关系十分清晰，同时还带有一点圣经式预言的激情。在大萧条期间，当美国民众深受经济危机折磨蹂躏的时候，一些公司依然紧紧守着现金毫无作为，格雷厄姆对此感到很愤怒。"这些日子里，企业的财务主管每晚依然能睡得很安稳，"他写道，"可是股东们却夙夜难寐，沉浸在担心绝望的情绪里。"

格雷厄姆明确指出，公司的现金政策是公司治理的关键所在。公司的现金属于所有股东，但是管理权却掌握在公司的管理层手中。如果股东完全了解自己的权利和义务，他们就应该意识到，不能想当然地相信企业的管理者总是会正确地制定并执行现金政策。

尽管格雷厄姆对管理层的做法非常不屑，但与此同时，他也毫无掩饰地表露出对大多数投资者的厌恶之情，因为这些投资者拒绝履行自己应尽的义务。

在《通胀的国库券与"紧缩"的股东：公司是要榨干它的所有者吗》这篇文章（本书第 10 章）中，格雷厄姆指出：

> 公司的股东好像忘记了他们是公司的所有者，而不仅仅是股票行情自动收录器上某个报价证券的所有者。现在，成千上万的美国股东到了将他们的注意力从关注已久的每日股票市场报告转向企业本身的时候了。股东是这些企业的所有者，企业的存在是为了给股东创造收益，而这些收益应由股东来自由处置。[2]

格雷厄姆强调的这种态度，有时被我们称为"爸爸最懂行"，甚至连最强大的机构投资者，长期以来对企业的管理者都存在着这种顺从心态，他们以为内部人士比外部人士更清楚该如何经营管理公司。正如格雷厄姆所说的那样，"爸爸"或许最了解情况——但是，这并不意味着他总是会相应地采取正确的行动。

格雷厄姆的警告总结起来就是一句话：**要想成为一个聪明的投资者，你就必须先成为一个聪明的所有者**。当投资者买入某只股票时，证券分析师应履行的职责——了解并分析有关该企业的所有信息并未结束；相反，我们可以证明，这时恰恰应当是证券分析师开始认真履行职责的时候。既然已经评估了目标企业的内在价值，那么接下来，证券分析师应当继续监督公司管理者管理活动的质量，以及资本分配决策是否明智合理。

对企业管理者损害股东利益的行为提出谴责，这种做法当然很有吸引力；不过，证券分析师应该牢牢记住，当你用一根手指指向别人的时候，至少还剩下三根手指是向后指向自己的。以 2006 年与 2007 年为例，美国非金融公司的借款总额就达到了 1.3 万亿美元左右，这其中大部分钱都用来回购股票，然而就在当时，股票的市场价格正在接近历史的最高点。[3] 很少有分析师要求公司管理层提供充分的理由证明当前的股票价格足够低，值得采取回购措施，或者是让公司解释大量借款的决定为什么是明智的。大规模的回购行为让很多行业的龙头企业负债过重，或者资本严重不足。面对这种局面，我们应当责怪借款人呢，还是责怪那些同意甚至鼓励借款人去借款的人？

还有一些公司手里掌握着大量的现金资产，这些现金来源于日常经营活动以及借款。截至 2009 年 11 月，美国公司持有的现金和可交易证券的总价值不少于 8 400 亿美元，这是一个空前的记录。[4] 在绝大多数分析师之间似乎形成了这样的一个共识：企业手中的大量现金就像拦截洪水的沙袋一样，可以为公司和股东提供强有力的保护。但是，只要看一看格雷厄姆撰写的分析大萧条深远影响的文章，我们就会发现，在谨慎处理公司资产与剥夺投资者本应享有的、在自身认为适当时进行资本重置的权利之间是有一个清晰界限的。而这个界限到底应该划在哪里，不应只由企业管理者单方面完成；在证券分析师的指引下，外部投资者也应当享有一定的话语权。

总之，分析师的工作不仅仅是要判断某家公司的证券是否估值合理，同时还应该评判一下公司的股东是否受到了公平待遇。正如格雷厄姆在 1949 年所写的那样：

> 有两个最基本的问题值得股东注意：
>
> ● 公司的管理是否有效？
>
> ● 普通外部股东的正当权利是否得到了真正的承认？ [5]

那些对格雷厄姆所做的工作一无所知的人经常把格雷厄姆看作空谈理论的思想家，认为他相信使用僵硬死板的估值方法便能机械地筛选出具有投资价值的证券。然而，这种观点与真正的事实相差甚远。相反，正如这部分中其他文章所揭示的那样，格雷厄姆总是对事物充满好奇心，始终保持灵活性，一直在努力寻找新的领悟与更好的分析方法。与那些优秀的科学家一样，格雷厄姆总是在不断修正自己的想法，只要事实证明这样做是正确的。在格雷厄姆引导证券分析行业慢慢成熟的过程中，他总是敦促同事们认真研究相关职业领域当前最流行的行业标准都有哪些，例如医学、会计和法律行业。当然，他自己也是这样做的。

格雷厄姆提醒读者，不要把分析个股当作个案；另外，在分析每一只证券并采取行动时，必须使用统一的标准。他坚持认为，这才是证券分析这个新兴的职业向市场展示自己的专业严肃性并赢得尊重的唯一途径。更为重要的是，如果证券分析想要朝着"科学学科"的方向发展，那么系统化的分析程序是必不可少的。

《探寻证券分析的科学性》一文（本书第 5 章）对本书第一部分囊括的多篇文章做了进一步展开论述。在这篇文章里，格雷厄姆认为前提条件是：证券分析师应该在科学方法的指导下开展工作，总的来说，他们应该先认真观察、发现事实，然后以观察到的事实为基础构建相关的理论（或者"公式"），再通过预测未来来检验这些理论或公式是否正确。

格雷厄姆列举了 4 种投资产品类别，每一种投资产品都可以按照科学方法加以分析，这 4 种投资产品是：

- 债券；
- 价值型股票；
- 成长型股票；
- "短线投资机会"（通过短线交易能为投资者快速创造收益的证券）。

格雷厄姆一直很排斥技术分析这种方式（在文中，他将技术分析称为"股票市场分析"）。不过，至于技术分析是否能成为基本面分析的有效补充这一问题，他并没有回答。

格雷厄姆反复强调搜集以及保存大量样本资料的重要性。如果没有这些观察数据，那么建立理论以及检验科学方法的正确性都将变成不可能的事。[7] 在《探寻证券分析的科学性》一文中，他这样写道：

> 一直以来，我始终认为我们这个行当最大的不足之处就在于，我们未能真正全面地记录下自己在各种原则与方法的指导下所做的各项投资的结果。我们从其他人那里获得了大量的统计数据，但我们做出的投资决策实际获得了多高的收益，这方面统计数据的收集与整理工作进展较为缓慢。

格雷厄姆提出了一个具有深远意义的观点：大多数投资专家在分析自己所在公司的经营状况时，并不像分析自己所要投资的公司时那样严格认真。事实上，这样做是不对的，他们应当同样严格认真。在同一篇文章中，格雷厄姆继续写道，只有连续不断地、系统地自我检查才能够"发现哪些方式或方法是合理而又有效的，哪些方法经受不住事实的检验"。

我们可以简单地举几个例子：你觉得自己的卖出原则是有效的，那么你是怎么知道这一点的呢？证券公司有没有在你卖出这些股票后，持续跟踪这些股票的价格走势，以此确定你的卖出行为真的为公司创造了价值？如果你相信与公司管理者举行的会议能提高选股的准确性，那么你又是怎么知道这一点的呢？你是否系统地记录了多年的数据，来证明这一观点是对还是错？如果你觉得只选择那些肯对研发工作拨备巨额投资的公司肯定能给投资者带来相应的回报，那么同理，你怎么知道这个结论是正确的？公开发表的实证研究成果是否已经证明增加研发投资与权益报酬率的提高之间存在正相关关系？

同时，格雷厄姆还用一段非常醒目的文字警告说，建立在广泛的样本数据基础上的结论可能会导致非常危险的决定。他对今天我们称之为"股票风险溢价"的变量进行了评价。这个变量的含义是，投资者持有股票要比持有债券或现金面对的风险更大，因此为了补偿额外的风险，股票的投资收益率高于债券或现金收益率的部分就叫作"股票风险溢价"。格雷厄姆指出，过去这种风险溢价一直过高，这一结论"从科学的角度来看是有事实根据的，但是从心理的角度来看，其实是很危险的"。如果每个人都认为投资股票就应该获得这么高的收益，那么股价就会被炒得过高，而这种高股价明显不具备可持续性，最终必将导致未来的投资收益率下降。对历史数据的检验从未证明"不管股票的卖出价格有多高"，它们都具有很强的吸引力。[8]

在《普通股估值的两种方法》这篇文章（本书第 6 章）中，格雷厄姆指出股票的现值主要取决于其未来的盈利以及股息分配情况，而没人现在就能确定股票未来的盈利以及股息支付额到底是多少。对这两个未知量，格雷厄姆提出了两种预测方法。第一种方法是历史分析法，要使用 5 个变量——每股盈利的增长率、"稳定性"（或者说困难时期留存收益的最小波动率）、支付的股息额、资本回报率以及每股净资产，赋予每个变量 20% 的权重，然后求得一个综合得分。这个模型看上去似乎很呆板，也不太适用，然而实践告诉我们，在现实世界里，简单的模型往往要比那些理论上更正确、更加复杂的模型好用得多。这是因为，人们能更容易坚持使用简单模型，而不需要总是调整模型的变量及其权重。有些投资公司对格雷厄姆提出的这种"简单优先"模型嘲笑不已。不过，它们应当先亲自用一用这个模型，检测一下，或许结果会让它们感到非常惊讶。[9]

格雷厄姆意识到，证券估值时最关键的变量是公司未来的预期业绩表现，因为未来的经营业绩可能与过去的经营业绩相差甚远。他承认，"价值的真正决定因素"是"未来的收益和股息"。于是，格雷厄姆提出的第二种预测方法是将市场价格本身作为企业未来增长的最佳预测变量。在分析时，他设计了一个公式，将过去的盈利增长指标与市场预期的未来增长指标联系起来。他建议，分析师在评估市场价格是过于乐观还是过于悲观时，都可以用这个公式作为分析的"起始点"。

1958 年 5 月，格雷厄姆在全美金融分析师联盟（美国特许金融分析师协会的前身）的年会上发表了名为《普通股的新投机因素》（本书第 7 章）的演讲，他再次提到了"投资"和"投机"的区别。而早在 20 世纪 30 年代，格雷厄姆就曾定义过两者之间的区别。最开始时，格雷厄姆对"投机"的定义是负面的：任何不满足格雷厄姆为投资设定的严格标准的活动都属于投机。[10] 然而到了现在，投机不仅指不满足投资产品标准的证券，还是分析师试图将使用更高级的数学工具计算出来的确定性结果来替代变数较大的未来预期。格雷厄姆警告说，用非常精确的数学工具来预测并不确定的变量，其效果未必会好于使用简单的数学工具预测。事实上，效果反而可能会更差，因为过于精确的公式更容易让信赖它的人过于自信，在某些存在高度不确定性的领域，这会让使用者产生一种自己能找到"确定性"答案的幻觉。然而事实上，这样的领域根本不存在"确定性"这种东西。

格雷厄姆在《普通股的新投机因素》一文中提出的警告在 2008—2009 年金融危机的爆发与蔓延过程中得到了印证。这场金融危机的导火索就是复杂的金融衍生产品，这场危机对美国经济造成了极大的破坏：

> 精确的公式与模糊的假设结合在一起，可以被用于评估证券的价值。而且不管分析师想给出多高的估值，这种方式都可被用来证明估值结果是合理的……一般来说，大家都认为数学的计算结果很精确，值得信赖；然而在股票市场上，我们使用的数学工具越复杂、越深奥，推导出来的结论可能就越不确定，带有更强的投机性。在华尔街摸爬滚打的44 年时间里，我从未见过哪一个使用高级的数学工具得到的有关普通股估值或投资决策的计算结果是值得信赖的，而这些数学工具远比简单算术或最基础的代数更复杂。一旦在估值时用到了微积分或高等代数，你就可以将此看成一个危险的警告信号，它表明使用者试图用高深的理论来代替实际的经验，这种做法常常会为投机披上投资的伪装。

今天，投资者喜欢使用高斯方程以及其他一些复杂的公式来证明与抵押贷款捆绑的金融衍生产品是值得购买的。然而早在 50 年前，格雷厄姆就意识到了其中蕴含的危险。即使假设前提只有一点点瑕疵，测量方式也只有一点点误差，这也会导致公式结果彻底错误。

在《特殊情况》这篇文章（本书第 8 章）中，格雷厄姆描述了各种各样的套利机会以及如何对其加以分析。他将"特殊情况"定义为："尽管整个市场表现一般，但是某些个股由于某些特殊情况能够创造出令人满意的投资收益。"破产重组、未付股息累积额较高的优先股、兼并收购、重大的诉讼事件、监管机构对控股公司的拆分、可转换债券的套利等，这些都属于特殊情况。一方面，格雷厄姆坚持认为，特殊情况要求"特定的变化情况正在进行"。另一方面，虽然比较有把握，但是他还是提醒读者，有必要估算一下成功的概率有多大以及"一旦失败"可能造成多大的损失。

格雷厄姆很早就开始关注特殊情况，并一直对它们很感兴趣。在他只有 21 岁的时候，古根海姆勘探公司（Guggenheim Exploration Company）宣布公司即将解散。这家公司是 4 家公开上市交易的铜矿企业的大股东，因此一旦古根海姆勘探公司宣布解散，就会把自己手中持有的 4 家铜矿企业的股份分发给公司所有股东。格雷厄姆算了一下，古根海姆勘探公司持有的这 4 家企业的股权价值总额要比古根海姆勘探公司的自身价值高出 11% 左右。于是，他买下了这家公司，同时把公司持有的 4 家铜矿企业的股份全部卖掉了。[11] 大约 40 年后，也就是 1954 年，格雷厄姆让一位新加入公司的分析师去调查洛克伍德公司（Rockwood Company）的套利机会，这位年轻的分析师名叫沃伦·巴菲特。这家位于纽约布鲁克林地区的巧克力公司提出了一个非同寻常的交易规则：80 克的可可豆可以换一股普通股。格雷厄姆很喜欢这样的交易，他派巴菲特用可可豆换回了该公司若干股普通股。[12]

在 1962 年发表的《通过投资股票积累财富的若干问题》这篇文章（本书第 9 章）中，格雷厄姆对一种观点进行了评价，这种观点声称这是一个"全新的股票投资时代"，因此"目前股价与市盈率倍数都涨到了前所未有的价位"其实是很合理的。考虑到经济增长势头强劲又稳定，财政政策和货币政策比较合理，民众已经认识到股票是经久耐用的抗通胀产品，再加上共同基金与养老金计划正在向市场源源不断地提供大量资金，因此很多投资者认为"股票市场的特征与未来前景已经发生了根本性的改变"。

格雷厄姆耐心而又客观地谈到牛市可能来临了。他承认，当前很多股票确实值得拥有比过去更高的估值，至少这种观点是具有一定正确性的。不过，在文章的最后，他还是总结说："股票市场的根本性因素并没有发生改变，因为人性不会改变。"

格雷厄姆指出，从本质上看，最近这些牛市言论其实与 20 世纪 20 年代末期"投资新时代"的说法没有什么区别。当然，这些言论还与 1999—2000 年期间的互联网泡沫有着惊人一致的表现形式。对那些不听从格雷厄姆警告的投资者来说，如果不吸取教训，历史必将重演。

最后，格雷厄姆又分析了在市场已被高估的情况下，定期定额投资策略（dollar–cost averaging）是否依然有效。这种投资方法指的是，在相同的时间间隔购买相同金额的股票。他得到的结论是："只要在每个周期内都能一丝不苟地坚定执行定期定额投资策略，那么不管从什么时候开始使用该策略，最终必将给投资者带来不错的回报。"正如他所指出的那样，这要求投资者非常严格地控制自己的情绪。若能一直坚持到最后，使用定期定额投资策略的投资者肯定"与其他的普通投资者完全不同……他的情绪不会在欣喜若狂与悲伤忧郁之间反复变化"。格雷厄姆清楚，如果投资者没有在自己的内心建立起一定的内在投资原则，那么任何外在的投资技术或工具都无法帮助他建立起完善的外部投资原则。

BENJAMIN GRAHAM
BUILDING A PROFESSION

─── 第 **05** 章 ───

探寻证券分析的科学性 ①

(写于 1952 年)

科学的方法

正如沃尔夫（H.D. Wolfe）在上一期《分析师杂志》上发表的文章《科学是值得信赖的工具》（*Science as a Trustworthy Tool*）一文里所指出的那样，[1] 科学的方法包括广泛的观察并记录事件，构建理性而可行的理论或公式，并以值得信赖的预测值为媒介验证这些理论或公式的有效性。科学学科或准科学学科五花八门，以这些学科为基础所形成的预测值，其特征也千差万别。

我们先列举一个比较极端的例子——麦克风。对于一个认真装配过麦克风的电子工程师来说，他很清楚，对着麦克风说话，声音会被放大很多倍。这个预测是非常准确的，验证速度快且无可挑剔。我们再举另一个极端例子——精神分析学，这个学科有时候与证券分析也比较类似。精神分析学的预测与验证过程的准确程度就没有那么高。

出钱让某个家人接受精神分析治疗的门外汉可能对这个领域一无所知，例如这种疾病的性质、治疗的方法和周期、治愈的程度等。他唯一能确定的就是每小时的治疗需要花多少钱。精算学刚好处于这两个极端案例之间。而在我看来，证

---

① 本文选自：《分析师杂志》，vol. 8，No.4（1952 年 8 月）：96–98.

券分析若想成为一门学科，精算学这门学科所起的作用要比其他学科更大一些。人寿保险公司的精算师要预测死亡率、投资收益率以及其他影响支出和盈利的因素，而这些预测都是建立在分析历史数据的基础之上，同时还要考虑到趋势的发展以及新涌现的影响因素的作用。根据这些预测结果，在数学工具的帮助下，精算师便可以为各种各样的保险产品确定合适的保费价格。对我们来说，精算师的工作及其得出的结论之中最重要的部分是他们不分析个案，而是研究大量相似个案的总体概率分布情况。精算学的精髓就是多样化。

因此，在谈论"科学的证券分析"这个话题时，我们想到的第一个实际问题就是：证券分析的性质是否与精算学足够相似，并以多样化作为其最根本要素。一个貌似合理的回答是，对某些类型或设定了某些目标的证券分析来说，多样化是必不可少的特征，但并非所有的证券分析都是如此。我们可以按照证券分析要实现的目标将其分类，然后看一看多样化是否适合其中每一种类型的证券分析。与此同时，我们还可以就每种类型的证券分析所使用的科学方法以及预测情况提出其他一些问题。

我认为，我们可以按照目标将证券分析划分为4种类型，具体是：

- 挑选安全的证券或债券；
- 挑选被低估的证券；
- 挑选成长型股票，即市场预期收益增长速度显著高于平均速度的普通股；
- 挑选"短期投资机会"，即在接下来的12个月里，价格上涨前景好于市场平均水平的普通股。

上面的分类没有包含股票市场分析以及以此为基础所形成的预测结果。让我对此做一个简单的评述。如果证券分析成为一门学科，那么它应当有自己的一套理论，不需要依赖任何市场技术工具。这一点很容易被彻底推翻。比如假设市场分析是有效的，那就根本不需要证券分析；如果市场分析的效果不太好，那么证券分析也不会需要它。不过，这种观点显得过于傲慢，尤其是对那些将一腔热血投入证券分析领域的知名证券分析师更是如此。将股票市场分析与证券分析结合起来的效果可能要比单独的证券分析更好——我们能想象得到有人会提出这样的建议，而且似乎很有道理。但是这样一来，压力就落在了研究人员的身上，他们必须建立起完整的理论体系，以毫不含糊、令人信服的方式向其他人证明这种做法是可行的。当然，迄今为止公开发表的数据太少，难以确保两种分析方式相结合的做法是科学的。

4 大类资产

重新回到我们前面提到的 4 大类资产，选择安全的债券和优先股虽然不是这个行业中最让人感到兴奋的事情，但毫无疑问是最值得推崇的做法。它们的重要性不仅体现在本身的特点上，同时还为我们分析其他类别的资产提供了非常有用的参照与洞察力。债券分析的重点在于评价其历史收益情况，对未来的波动与风险持相对保守的看法。债券分析最关键的是评估其安全边际的大小，债务额与企业实际价值的比率相对越低，就意味着安全边际越大。投资债券要求尽可能地实现多样化分散投资，以确保投资者能获得市场的平均收益率。从金融机构的实际操作来看，上述这些观点已经让债券投资形成了一个非常科学的投资程序。事实上在今天，债券投资看上去就像是精算学的一个分支。下面这两种截然不同的投资决策有着令人惊讶的相似之处（当然也有一定的差别）：购买保额为 1 000 美元的人寿保险产品，每年要支付 34 美元的保费；投资 1 000 美元购买长期债券，每年获得的利息收益为 35 美元。按照精算结果，35 周岁男性的死亡率大概为每年 0.4%，也就是说每年 1 000 个人当中可能会有 4 个人死亡。类似于"死亡率"的指标可以被财务状况、运营状况均十分健康的企业用于估计高等级债券投资的风险水平。得到的估计结果，比如 0.5%，能够比较准确地衡量出最高等级的公司债券与美国政府债券在风险水平上的差异以及两者的收益率之差。

债券投资：科学的程序

美国国家经济研究局（NBER）和其他研究机构已经围绕着公司债券做了大量的研究，他们积累的庞大统计数据以及数量众多的研究成果可以供证券分析师所用，这让债券投资变得更像严谨的科学程序。一直以来，我始终认为，我们这个行业最大的不足之处就在于，我们未能真正全面地记录下自己在各种原则与方法的指导下所做的各项投资的结果数据。我们从其他人那里获得了大量的统计数据，但我们做出的投资决策实际获得了多高的收益，这方面统计数据的收集与整理工作进展得较为缓慢。后面我会就这个问题提供一些建议。

挑选被低估的证券

接下来我要分析的是如何挑选被低估的证券，因为从逻辑关系来看，这是与安全的债券或优先股最相似的投资选择。不管要投资债券、优先股还是被低估的证券，安全边际都是一个占据着主导地位的重要概念。一般说来，如果分析师能够合理地证明某一家企业的总体价值远远高于其股票的市场价值，那么我们就可以说这家公司的普通股被低估了。这与挑选债券有类似之处，因为选择债券时也要求企业的价值要高于其所有负债的价值。当然，若是能找到价值被低估的普通股，这给投资者带来的巨大回报是债券投资无法比拟的。因为一般情况下，安全边际的全部或大部分最终都会变成买入被低估股票的投资者的利润。

考虑到两者之间的关系，我准备提出一个大胆又有挑战性的观点：从科学的角度来看，作为一个整体，普通股本质上可以被看作价值被低估的一种证券。这一观点脱胎于个体的风险与总体或群体的风险之间存在着根本性的差别。人们坚持认为，投资普通股带来的股息回报与收益应该远远高于债券投资的收益，因为投资个股所承担的损失风险要比投资单一债券所承担的损失风险高出许多。但是，从充分分散化投资的普通股组合的历史收益情况来看，事实并非如此，这是因为作为一个整体，普通股具有明显的向上偏误，或者说它们的长期趋势是看涨的。而导致这种现象的原因便是一国经济的稳步增长，公司将未分配利润用于稳定的再投资，以及 20 世纪以来通货膨胀率的不断走高。

火灾以及意外事故概率

火灾与意外保险产品的费率确定方式与证券分析有着相似之处。通常情况下，人们购买火灾保险支付的费用是精算师算出的风险敞口规模的两倍，原因在于人们很难单独承担这些风险所带来的巨大损失。基于相似的原因，普通股的总体收益率应当是实际风险水平应得的报酬率的两倍。自 1899 年以来，道琼斯工业平均指数的 K 线图走势也正好揭示了这种有趣的关系。在每个 10 年的周期里，收益率区间的上限与下限均以 33% 的速度在上涨。你会发现这与美国 E 系列储蓄债券 2.90% 的复利收益率相当。这意味着，一直坚持购买道琼斯工业平均指数成分股的投资者所获得的本金价值增幅与投资储蓄国债所获得的本金价值增幅是相同的——政府储蓄债券用本金增值代替利息收益。此外，购买道琼斯工业平均指数成分股的投资者还可以获得每年的股利分红，这使得股票投资者的收益率高于政府债券的利息收益率。

我认为，按照科学的标准判断，上面这种推理是站得住脚的，不过在心理上具有较大的危险性。这种观点是否正确，要取决于债券收益率与股票的市盈率之间存在的严重偏差会持续多长时间。如果像 20 世纪 20 年代那样，这种观点被扭曲成一句口号大肆宣扬，说什么"股票投资是最诱人的投资，不管股票的价格有多高都值得购买"，那么不久我们就会发现，虽然开始时我们的态度像科学家一样严谨冷静，然而到了最后，还是会变成粗心大意且运气不佳的赌徒。我们可以客观地总结一下，在大多数"正常"牛市的高潮阶段，都会出现这样一种趋势，那就是，认为股票的风险水平跟债券的风险水平基本相当。从纯理论的角度来看，这么高的估值也许有其合理的一面。不过，作为密切关注市场变化的分析师，我们更需要记住的一点是，若是按照与高估值相等的价钱买入普通股，那么随后你会发现自己的处境很危险，因为你支付的价格可能太高了。

价值被低估的个股

现在，我们将研究的重点转向价值被低估的个股，分析过程会存在更多相似的地方。在分析这种投资产品时，我们同样要遵循科学程序，搜集大量的观察数据，并根据事态发展的真实情况来验证我们的预测或假设是否正确。既然谈到个股的价值被低估，那么当然要先对低估的原因做一个合理的解释。然而事实上，各种说法差别较大，总结成一句话，即都属于"市场价格的异常状态"。这种异常状态出现的原因多种多样，有些原因非常明显，例如股息过低或者盈利暂时性下降；有些原因则比较特殊，例如资本结构中普通股所占的比重比较大，或者是公司把太多的现金存在了银行里。此外，还有其他一些原因，例如重大的诉讼事件，两个不同行业的企业要合并，或者是现在控股公司的名誉扫地。

价值被低估的缘由

现在，这些股票价格被低估的原因是很容易理解的，而且毫无疑问，科学的分析研究已经阐明了导致这种现象发生的缘由。到目前为止，我们不知道的是，如何纠正这种个股价值被低估的情形。已纠正的被低估个股占总数多大的比例？市场是如何纠正股价的？为什么被低估的股价会被市场纠正？它需要多长时间？这些问题提醒我们多加关注本文开篇谈到的心理分析。不过我们都知道有一点很重要，采用分散化策略大量买入多只被低估的股票能够持续地创造丰厚的投资回报。这是一个值得深入研究的领域，我们需要进行更多的科学探索。过去几年间一直进行的智能化、系统化的归纳性研究工作，必将让我们获得丰厚的回报。

挑选成长型股票

证券分析的第三个目标就是挑选成长型股票。现在，挑选的流程是否已经实现了科学化，将来我们还能通过哪些方式进一步提高其科学程度，这是一个难以准确回答的问题。绝大多数成长型公司本身都与科技进步紧密相联，若想选择这样的股票，证券分析师必须要对科学的发展状况有比较清楚的了解。假如这一周你计划要对 40 家甚至更多的企业进行实地调查，那么毫无疑问，你关注的焦点肯定是新产品与新工艺的开发情况，而你对各家公司长期发展前景的判断必将受到这个因素的强烈影响。不过，在很多情况下，这都只是"定性"分析。

除非你的分析是建立在可信赖的测量数据基础之上，也就是说，先估算出企业未来盈利的具体值或最小预测值，然后再使用一定大小的资本化率或市盈率倍数将这一预期盈利进行资本化——而且，根据历史经验来评价的话，资本化率或市盈率倍数的大小必须是较为保守的选择，否则，你在这一领域的工作是否能称得上是真正"科学的"？或者，你能否按照企业未来的预期增长率估计出一个具体的价位，一旦企业的股价低于这个价位，就说明其股票值得买入；若高于这个价位，则意味着股票被高估了；或者不管低于还是高于这个价位，都说明存在投资机会？如果预期的增长没有实现，那会带来什么风险？如果市场对企业发展前景的乐观预期出现了重大的不利调整，那么这又会带来什么风险？在对上面这些问题做出值得信赖的回答之前，在这一领域，大量的系统性研究是必不可少的。

未实现科学化的股票投资

与此同时，我不得不承认，成长型股票的投资模式目前尚未实现科学化。与安全的债券投资或被低估的证券投资相比，成长型股票的投资显得更有魅力，但在准确性方面有所不足。在成长型股票投资领域，安全边际的概念并不是很清晰，也不是最重要的；而对于另外两种资产投资，情况则刚好相反。诚然，只要公司未来会不断地发展，投资就是安全的。有些人说得更极端一些，声称除了不断成长以外，并不存在真正的安全。不过，这些言论对我来说更像是宣传口号，而不是经过科学推导与实践检验而得出的结论。而且，在成长型股票投资领域，选股是否成功占据了至关重要的第一位，而多样化投资要被排在第二位，也许有人会质疑这样的排位顺序。你可以将所有成长型股票都放入一个投资组合中或少数几个投资组合。因此在分析此类投资产品时，精算也许派不上用场，市场环境才会对真正科学的分析程序以及分析结果造成不利的影响。

反向关系

毫无疑问，成长型公司股票这个概念与被低估的证券投资理论两者之间存在着不可分割的关系——只不过是反向关系。成长型公司的吸引力与潮涌的动力作用很相似，因为如果一个地方在涨潮（类比成长型企业），那么必然有另外一个地方是在退潮（类比非成长型企业）。从某种意义上来讲，我们可以使用非成长型企业的最小商业价值作为标准，科学地衡量这种影响作用的扭曲效应有多大。为了举例说明，让我们用上面这种方法分析一下加利福尼亚州三家企业的情况。鲁斯兄弟公司（Roos Brothers）是当地的一家零售企业，由于其自身的某些特性，其股票的市场价格总是低于分析师给出的合理估值；基于同样的原因，另外两家企业，超级石油公司（Superior Oil）与克恩土地公司（Kern County Land）的股票价格却一直被高估。

现在，我要谈谈证券经纪公司的分析师以及咨询顾问向客户提供的标准服务，即根据自己对近期市场走势的判断，挑选最符合市场走势的个股。常用的假设条件是，如果公司的盈利增长或股息增加，那么股票的市场价格就会上涨。因此，从本质上讲，证券分析的过程就是要找到短期内盈利或股息能够有所增加的公司，并且向投资者推荐这样的公司。你应该知道，在进行证券分析时，经常会遇到三种常见的风险：预期的增长并没有变成现实；当前的市场价格已经充分反映了上述利好消息；由于其他一些原因或者不明原因，股票价格并没有向预期的方向变化。

尽管存在着这些风险，但是平均来看，合理的短期分析与预测有可能会获得有价值的结果。但是我们谁敢说这就是对的呢？鉴于证券分析工作的重要性，在综合考虑时间、精力与金钱等成本的条件下，进行彻底而又全面的评估未必是一个坏主意。

自我检查

这是我的结论，同时也是一个非常具体的建议。证券分析现在已经发展到了一个新的阶段。在这个阶段，你可以使用各种已有的统计工具持续不断地进行自我检查。我们应该收集众多分析师的研究成果与推荐建议，并按照他们的投资目标（可能就是本文前面提到的 4 类投资资产）加以分类。然后，再竭尽全力地评估他们的推荐是否正确，是否取得了成功。之所以要保留这样的记录，目的并不是要证明谁是优秀的证券分析师、谁是糟糕的证券分析师，而是要证明哪些分析方法是有效的、富有成果的，哪些分析方法是经不住实践检验的。

6 年前，我用"深思熟虑的人"这个笔名，在《证券分析师杂志》上刊登了一篇文章，文中第一次提到这个建议。当时我是这样写的："如果无法对个人以及整个群体提出的投资建议的准确性进行明确而有效的检验，那么证券分析行业不可能会发展为一门很专业的职业。"[2] 纽约证券分析师协会已经开始着手，准备给予那些满足特定条件的证券分析师准专业性的评级或相应的头衔。

有一点可以确定，那就是在我们的积极呼吁下，成熟的专业评级体系最终肯定会被建立起来。到那个时候，证券分析师联盟及其下辖的各个协会便可以开始系统地收集各类个案，从而不断累积有价值的、持续发展的知识与技术，由经验丰富的分析师一代代地传给未来年轻的分析师。

当这项工作开始有条不紊地进行时，证券分析也许会开始朝着科学学科的方向前进。虽然还处于起步阶段，但它的前景充满希望。

BENJAMIN GRAHAM
BUILDING A PROFESSION

————第06章————

普通股估值的两种方法 [①]

(写于 1957 年)

在各种普通股估值方法中，最被大家认可和接受的方法就是预测公司未来一段时间内的盈利与股息支付额，然后再使用适当的贴现率对其进行资本化，从而求出普通股的估值结果。从形式上看，整个估值过程很清楚，然而在实际使用时，分析师要用到各种各样的分析技术以及假设条件，甚至还包括适度的猜测。分析师首先要确定准备分析的时间周期到底有多长，然后预测该周期内公司的盈利与股息支付额，最后再根据自己的判断或偏好选择合适的贴现率。这里，我们会发现一个比较有趣的现象，由于时间周期的确定并没有什么特殊的原则性规定，因此一旦遇到牛市，投资者和分析师都会将时间周期设定得比较长，对未来充满希望；不过在其他时候，他们并不愿意花心思去"仔细分辨来自远方的鼓声"。因此，这进一步提高了成长型股票估值内在的不稳定性。这种情况出现的次数多了，就会让人形成这样的合理判断：公司的动态变化幅度越大，其股价的变化就越带有投机性与剧烈波动的特征。[1]

当谈论如何预测公司的未来盈利时，很少有分析师愿意像寻找新大陆的哥伦布一样，勇敢地面对这片未知的领域。他们都倾向于从已知的变量入手，例如当期或过去的盈利数据，通过这些变量了解公司盈利的模式，然后形成对未来盈利

---

① 本文选自：《分析师杂志》，vol. 13，No.5（1957 年 11 月）：11–15.

的预测。这样做的结果便是，在证券分析领域，理论上已经被抛弃的历史变量，在实践中又被人重新捡了回来。如果证券分析师勤奋努力地搜集到了企业过去的所有详细数据，然后又对这些数据进行了仔细的分析，最后却被事实证明，它与公司股票价值的真正决定因素——公司未来的盈利和股息，没有任何关系，估计这将是我们这个行业最令人心酸的笑话。

毫无疑问，这样的情形确实发生过，也许还并不少见。不过，在大多数情况下，企业过去的业绩与未来业绩之间的关系还是很重要的，这足以证明分析师预先充分掌握统计数据的做法是非常有道理的。事实上，证券分析师每日工作的主要内容之一便是通过研究企业的历史业绩，对企业的未来经营业绩进行合理的预测。但同时，越是优秀的分析师，他对公开发布的数据关注得越少；相反，他会投入更多的精力研究目标公司的管理情况、公司政策以及公司未来发展的各种可能性。

不管是在学校学习还是在家学习，学习证券分析的学生都倾向于大量搜集整理企业的历史经营数据，而不是对企业的未来形成自己独立的判断。我们可以教会他如何分析企业的历史数据，但他们缺乏合适的工具预测未来。通常情况下，他们要做的是找到一种有说服力的方法，用这种方法分析公司的盈利数据（包括平均值、发展趋势或增长率、稳定性等数据），并对企业当前的资产负债表进行检查，然后在这些工作的基础上，预测企业未来的盈利金额与股息支付额，接下来再根据预测值计算公司的股票估值。

只要对这个理想化的分析流程做进一步的探究，我们马上就会发现，不需要分开计算公司的未来盈利与股息支付额，同样可以估算出公司的股票价值。下面我会以最简单的方式向大家演示：

- 过去的盈利乘以 X 就等于未来的盈利。
- 未来的盈利乘以 Y 就等于企业股票的现值。

上面这种分析方法可以简化为：

● 过去的盈利乘以 XY 的乘积就等于企业股票的现值。

我的学生们最喜欢学习、最愿意计算的变量正是 XY 因子，或者可以称其为历史盈利的乘数。当我告诉他们，该乘数的众多计算方法全都不值得信赖时，他们会露出难以置信的表情，或者是继续追问："那么证券分析到底有什么用呢？"他们以为，只要对历史数据的所有相关变量赋予正确的权重，就能至少算出一个普通股的合理估值，而这个估值既考虑了企业未来的盈利情况，也可以帮助我们判断当前企业股票的市场价格是被高估了，还是被低估了。

在这篇文章里，我要介绍两种普通股的估值方法，这两种方法在一次普通股估值研讨会上得到了进一步的完善。我相信，第一种估值方法能向大家很好地说明如何推导并使用估值公式。我们要做的就是计算 1957 年道琼斯工业平均指数 30 只成分股的相对价值，基准值分别被设定为 400 和 500（400 代表道琼斯工业平均指数的"中心值"，我们基于历史数据关系推导出了一系列公式，然后再用这些公式独立算出了这个"中心值"；500 代表的是过去 12 个月内股票市场的平均价格水平）。

正如你将要看到的那样，在估计每一个组成要素的值时都要考虑企业的盈利性、成长性、稳定性与股息分配 4 大"品质因子"。然后将这些因子的估计值当作乘数，与企业 1947—1956 年间的平均盈利值相乘。此外，作为一个完全独立的变量，净资产价值也被赋予了 20% 的权重。

从本质上看，第二种方法与前面讲到的第一种方法刚好完全相反。第一种方法尝试独立地评估股票价值，然后再与股票的市场价格相比较。而在分析 1957—1966 年间的案例时，第二种方法从一开始就要用到股票的市场价格，然后再根据市场价格计算市场的企业未来增长率。随后，我们可以很容易地计算出企业未来的盈利值，以及股票当前的市场价格所隐含的、适用于未来盈利值的乘数。

我们先详细演示一下上述两种估值方法的推导以及计算过程，然后再给出针对每种方法的详细评价。不过，我觉得有必要先把结论的主要观点简单陈述一下，那就是：

- 我们自己发明的适用于个股的"公式估值法"，也许还要包括其他基本形式相同的估值方法，几乎都没有太大用处。那种断言A股票的价值只有其市场价格的一半或者B股票的价值是其市场价格的两倍的说法都是非常愚蠢的。
- 从其自身来看，由于是对历史记录的综合反映，因此这些估值方法还是有一定的建设性意义和作用的。如果我们假设未来只是过去表现的一种延续，那么甚至可以说，使用这些方法得到的估值结果就能代表股票的未来价值。
- 如果公式算出的"估值"结果与实际市场价格之间存在着巨大差距，那么分析师有必要运用专业的知识与辨别力来解释其中的原因。接下来我们将要讨论两者之差事实上到底有多大，以及人们对它的看法。

同样，这种方法从股票的市场价格出发，推导出隐含的"增长因子"以及隐含的市盈率倍数，因此有助于分析师将注意力只集中于市场对每只股票的未来预期。而个股未来的表现有可能近似于历史表现，也有可能与历史表现截然不同。此时，分析师要再次使用专业知识与辨别力来判断应该接受还是拒绝市场的假设条件。

第一种估值方法

这是一种只建立在历史数据基础上的公式估值法，将道琼斯工业平均指数的所有成分股看作一个整体。

第一种估值法的假设前提主要包含以下几点：

- 通过与指数全部成分股的平均基准价值相比（把这些成分股看作一

个整体），我们可以计算出道琼斯工业平均指数每一只成分股的估值。具体做法是直接比较统计数据。

● 需要重点考察的数据包括：

> 盈利能力——根据投资资本的收益率来衡量盈利能力（为了方便计算，我们只考虑 1956 年的情况）。

> 每股盈利的增长率——有两种测量方式：1947—1956 年的盈利情况与 1947 年的盈利情况相对比，而 1956 年的盈利情况会与 1947—1956 年的盈利情况相对比（在比较时，用 1954—1956 年的平均盈利值来代替 1956 年当年的盈利值会更有说服力，这样做对最终得到的估值结果几乎没什么影响）。

> 稳定性——用 1937—1938 年、1947—1956 年期间公司盈利数值的最大波动幅度来衡量（我们需要计算的是在波动幅度最大的周期内，企业盈利额的变化百分比）。

> 股息的支付情况——用 1956 年支付的股息与盈利额的比值作为衡量标准。对于少数几只成分股，其 1956 年的盈利额低于 1947—1956 年的平均盈利额，于是我们使用平均盈利额代替了 1956 年的盈利额，从而得到一个更贴近当前股息支付额的数字。

上述这些估值标准能够说明公司的盈利（包括股息政策）到底好不好，因此会对适用于公司盈利的市盈率倍数造成影响。每个分项下的数字除以道琼斯工业平均指数所有成分股（把它们看作一个整体）对应指标的值，就可以看出这家公司的相对业绩情况好不好。4 个品质因子均被赋予相同的权重，然后再汇总起来求出最终的"品质指数"，以反映该公司相对于整体（指的是道琼斯工业平均指数的所有成分股）的质量水平。

投资资本的收益率可能是评价一家企业的品质以及成功与否的最合理指标。它能告诉我们投资于该企业的每一元钱带来的收益是多少。在研究 1953 年相对"正常"的市场时，我发现，在对股利支付率做出较大的调整，同时对净资产价值做出适度调整之后，公司的盈利比率与市盈率之间存在着让人惊讶的高度相关性。

我们没有必要向股票市场的投资者强调成长因素的重要性。他们可能会问，为什么我们不让这个指标成为企业品质以及市盈率倍数的主要决定因素。毫无疑问，事实上对未来的增长预期已经对当前的股票市盈率造成了重要影响，第二种估值法已经充分考虑到了这一事实，它认为企业的成长预期已经反映在其市场价格中了。不过，市场的市盈率倍数与企业的历史增长率之间并不具有密切的相关性。

拉尔夫·宾（Ralph A. Bing）提供的一些有趣的数据清楚地证明了这一点。[2] 1956 年 8 月，陶氏化学公司（Dow Chemical）的市盈率为 47.3 倍（相对于 1955 年的盈利值），而每股盈利的增长率为 31%（1955 年与 1948 年相比）。伯利恒钢铁公司（Bethlehem Steel）同时期的每股盈利增长率为 93%，但市盈率仅为 9.1 倍。这样看来，两家公司这两个指标之间的比例达到 14∶1。拉尔夫·宾制作的表格还提供了其他比率指标的值，均能说明企业的历史增长率与当前的市盈率之间存在着严重偏离的关系。

此时，稳定性因素的重要性便显露出来了。1948—1955 年间，市盈率较高的公司，其增长率并不太高；不过，在过去的 20 年时间里，它们中的大多数盈利的稳定性指标要好于市场的平均水平。

上面谈到的这些事实促使我们在使用简单的数学工具计算每家公司的品质指数时，历史增长率、历史稳定性指标以及当前的盈利指标都拥有相同的权重。股息支付率并不是严格地衡量企业盈利能力的指标，一般情况下，投资者可能会以为它是个重要的盈利测量指标。在大多数情况下，这个指标的重要性是不可否认的，因此股息支付率指标也应与前面提到的三个指标拥有相同的权重与地位，这样做既方便又合理。

最后，与华尔街的习惯做法不一样，在最终的股票估值公式中，我们赋予每股净资产这个因子 20% 的权重。一般情况下，资产价值并不对当前的股票价格产生什么实质性的影响，这一点是确定的。不过从长期来看，它对未来的股票价格还是有一定影响力的，因此在对单个公司股票进行估值时，我们有必要把这个因素考虑进来。众所周知，很多场合都需要对普通股进行法定估价，比如税务处理、并购诉讼等，此时资产价值总是要起到一定的作用，有时甚至是非常重要的作用。之所以在估值时要考虑资产的价值，最根本的理由是即使它对当前的股票价格没什么影响，将来也有可能会对股价起到一定的影响作用，比如竞争态势有所改变、企业的管理或政策发生了变化、并购或销售情况不尽如人意等，此时资产价值对股价的影响作用便会显现出来。

上面的分析就是为了向大家解释为什么在计算公司的品质指数时要考虑这 4 个因素，以及为什么最终把公司的资产价值作为第 5 个因素加进来，并赋予每个因子 20% 的相等权重。当然，也许这个解释并不让人感到非常满意。

现在，我们可以具体分析一下道琼斯工业平均指数成分股群体中的第一家公司——联合化学染料公司（Allied Chemical & Dye，后文简称 ACD 公司），用这家公司的数据向大家展示如何使用第一种估值方法。表 6-1 中的数据可被用于计算 ACD 公司的相对"价值"，参照物是道琼斯工业平均指数的 400、500 估值的基准值。

表 6-1　ACD 公司相对"价值"计算

	道琼斯工业 平均指数	ACD 公司	品质因子： ACD 公司与道琼斯工业 平均指数的比（%）
1956 年每股盈利（美元）	36.00	4.74	
1947—1956 年每股盈利（美元）	27.50	4.50	
1947—1949 年每股盈利（美元）	21.80	3.73	
1938 年（未调整）（美元）	6.01	5.92	
1937 年（未调整）（美元）	11.49	11.19	
1956 年的股息额（美元）	23.15	3.00	
1956 年的每股净资产（美元）	275.00	40.00	

续表

	道琼斯工业平均指数	ACD 公司	品质因子：ACD 公司与道琼斯工业平均指数的比（%）
盈利能力：			
1956 年的盈利额 /1956 年的净资产	13.0%	11.85%	91
增长 –A：1947—1956 年 VS. 1947—1949 年	26.0%	21.00%	
增长 –B：1956 年 VS. 1947—1956 年	30.0%	5.00%	
A+B	56.0%	26.00%	46
稳定性：			
1938 年的盈利额 /1937 年的盈利额	52.3%	53.00%	101
股息支付率：			
1956 年的股息额 /1956 年的盈利额	64.3%	64.00%	100
4 个品质因子的平均值			84

道琼斯工业平均指数的 400 中心值的计算：

中心值 =1/5 × 净资产 +12.5 × 1947—1956 年的盈利

　　　　≈ 55+12.5 × 27.50

　　　　≈ 400

ACD 公司的相对价值（考虑了 84% 的品质因子）的计算：

价值 =1/5 × 40+0.84 × 12.5 × 4.50

　　　≈ 55

道琼斯工业平均指数的 500 基准值的计算：

基准值 =1/5 × 净资产 +16.2 × 1947—1956 年的盈利

　　　　≈ 500

ACD 公司的相对价值（考虑了 84% 的品质因子）的计算：

价值 =1/5 × 40+0.84 × 16.2 × 4.50

　　　≈ 69

　　如表 6-2 所示，我们使用第一种估值方法算出了道琼斯工业平均指数 30 只成分股的价值。在这张表格中，我们使用了各种各样的品质因子，例如平均盈利额与资产价值，并以此为基础求出了最终的估值结果。

表 6-2 第一种估值方法

公司	品质因子（%）					1947—1956年每股的盈利（美元）	账面价值（美元）	基准值（美元）		1957-08-05 的股价（美元）
道琼斯工业平均指数成分股的公式估值结果										
	盈利	增长	稳定性	股息支付率	平均值			道琼斯400	道琼斯500	
Allied Ch.	91	46	94	100	84	4.50	40	55	69	89
Am. Can	81	70	137	107	99	2.61	28	39	48	44
Am. S. & Ref.	101	39	100	81	80	5.43	51	65	85	54
Am. T. & T.	54	40	163	130	97	9.90	150	151	185	173
Am. Tob.	98	27	111	104	85	6.58	59	82	102	72
Beth. St.	95	138	0	97	83	2.88	31	36	45	49
Chrysler	91ᵃ	0	38	51	45	8.15	74	66	80	77
Corn. Prod.	100	65	114	98	94	1.96	40	31	37	31
Du Pont	154	198	100	109	140	5.60	41	107	136	199
East. Kod.	136	100	148	85	117	3.49	28	57	63	104
Gen. Elec.	139	129	84	127	120	1.87	14	31	39	68
Gen. Foods	138	99	141	79	114	2.42	20	39	49	49
Gen. Motors	160	119	95	104	120	2.48	20	42	53	45
Goodyear T.	108	207	129	83	132	4.18	43	78	98	76
Int. Harv.	58ᵃ	0	91	98	62	3.70	49	39	47	35
Int. Nickel	164	263	119	90	159	3.86	31	83	105	92
Int. Paper	100	46	0	101	62	6.40	55	61	76	101
Johns Man.	93	96	44	100	83	3.07	29	38	47	45
Nat. Dist.	73ᵃ	0	62	118	63	2.47	26	25	31	26
Nat. Steel	95	96	101	88	95	5.71	68	79	99	75
Proc. & Gam.	110	46	105	103	91	2.61	21	34	42	49
Sears Roe.	112	56	.144	84	99	1.82	15	26	32	28
S.O. Cal.	124	113	134	65	109	3.09	24	47	59	58
S.O. N.J.	130	166	97	80	118	2.85	24	47	59	67
Texas Corp.	126	171	81	66	111	3.48	34	56	70	74
Un. C. & C.	138	92	108	100	110	3.73	27	53	67	117
Un. Aircr.	158	361	181	66	192	3.65	35	96	121	62
U.S. Steel	99	239	0	67	101	3.51	47	54	67	69
Westinghouse	65ᵃ	0	0	83	37	3.79	43	27	32	64
Woolworth	69ᵃ	0	116	109	74	3.58	40	41	51	42
D.J. Ind. Av.	（13.0）	（56）	（52.3）	（64.3）	100	27.50	275	400	500	500

注：a. 用 1947—1956 年的平均盈利额除以 1956 年的账面价值，再加上调整值。

　　大约有一半公司的估值结果与最后一列 1957 年 8 月 5 日的股票市场价格相差比较大，而这一天道琼斯工业平均指数对应的基准值大约为 500。有 7 家公司的股票市场价格比用公式估算出来的价值至少高出 20% 甚至更多；同样也有 7 家公司的股票市场价格比用公式估算出来的价值至少低 20% 甚至更多。极端的例子就是西屋电气公司（Westinghouse）与美国联合航空公司（United Aircraft），前者的股票市场价格比估值高出 100%，而后者的股票市场价格比估值低 50%。自然，如此大的差异说明从技术层面上来看，我们的估值方法并不完善，如果这个估值法所使用的因子以及因子的权重有更好的选择，那么我们应当能获得更合理的估值结果，比如与市场价格更加趋同的估值结果。

　　我们做了很多测试，想看一看是否能在技术层面上做些调整，让估值结果变得更合理一些。详细说明测试的内容与过程会让这篇文章变得冗长无聊，因此简单地说，这些尝试都是徒劳无功的。如果我们去掉资产价值这个因子，一部分股票的估值结果会有极其轻微的变化——与公式估值结果相比，这一类股票的实际市场价格高出估值结果的幅度是最大的。另一方面，如果将历史增长率这个因子的权重提高，那么一些明显被低估的股票，其估值结果就会有显著地提高，因为表 6-2 告诉我们，被低估股票的盈利增长速度要高于其他股票，例如美国联合航空公司、国际镍业公司（International Nickel）和固特异公司（Goodyear）。

　　从表 6-2 来看非常明显的一点是，股票市场对某个个股的价值评估与其过去的历史业绩没什么关系，它看重的是个股未来的预期业绩，而未来的预期业绩与过去的历史业绩可能会相差较大。当然，市场本身完全有理由对公司的未来价值做出独立的判断，因此任何不接受市场判断的行为都是非常愚蠢的。不过，我们也经常发现，股票市场做出的独立判断并不是绝对可靠或一贯正确的；有时，市场的判断改变起来也特别快。事实上，从总体来看，与未来的实际结果相对照，市场的判断也不会比我们使用历史数据与公式算出来的估值结果更值得信赖，尽管我们的估值方法本身存在很多明显的缺陷。

第二种估值方法

现在我们来介绍一下第二种估值方法。这种方法对企业未来的增长情况或未来的盈利情况给予了更多的关注，因为显然市场价格本身就会对企业的未来增长以及未来盈利状况做出预测。首先，我们选取道琼斯工业平均指数的某个成分股公司作为研究的对象，认为其股票价格反映了企业未来一段时期内的预期收益，然后用未来预期收益乘以一个乘数，这个乘数取决于企业的未来增长率。于是，未来增长率超过平均水平的个股，其市场价格将会显现出"双重效应"，或者称之为"平方效应"：第一重作用体现在公司未来盈利的预测值会变得更高；第二重作用体现为随着盈利预期值的增加，适用于未来盈利的乘数也将变大。

我们用 1957—1966 年的预期盈利比 1947—1956 年的真实盈利来计算公司的盈利增长率。根据我们使用的基本公式（可能有点武断），当市场预期增长率为 0 时，当前的股票市场价格正好相当于 1947—1956 年真实盈利的 8 倍，同时也相当于 1957—1966 年预期盈利的 8 倍。如果市场预期增长率为 G（G 等于 1957—1966 年的预期盈利值与 1947—1956 年的真实盈利值的比值），那么能反映未来 10 年时间里盈利增长情况的股票价格就等于未来的预期盈利乘以 8 与 G 的乘积。

根据上述假设，我们可以推导出如下所示的估值公式：

$$股票价格 = (E \times G) \times (8 \times G)$$

$$= 8G^2 E$$

式中，E 代表 1947—1956 年间的每股盈利。

为了算出 G 的值，我们只能用当前的股票价格除以 8，再除以 1947—1956 年间的每股盈利 E，然后再求平方根。

当我们将道琼斯工业平均指数的所有成分股当成一个整体来考虑时，根据 1957 年 8 月 5 日的市场价格，当天所有成分股的总体价格为 500 美元，则能求出 G 等于 1.5——这说明市场估计，1957—1966 年的预期盈利要在 1947—1956 年的真实盈利基础上增长 50%。这意味着与前 10 年的平均每股盈利 27.50 美元以及 1956 年的平均每股 36.00 美元相比，未来 10 年内的平均每股盈利为 41.00 美元。对分析师来说，由于基准值等于 500，因此这个估值结果还是比较合理可信的。事实上，分析师是先从估值结果入手，向后倒推计算，求出预期增长率为 0 的个股适用的基本乘数等于 8。道琼斯工业平均指数成分股的价值基准值为 500，这意味着乘数等于 8 × 1.5，也就是 12，因此也能求出未来 10 年的预期每股盈利为 41.00 美元。（顺便说一下，基于上述假设条件，当道琼斯工业平均指数成分股的价值基准值约为 400 美元时，意味着下一个 10 年相对于前一个 10 年的预期增长率为 35%，即 1957—1966 年的预期平均每股盈利为 37.10 美元，当前适用于未来预期盈利的乘数值为 10.8。）

我们使用第二种估值方法对道琼斯工业平均指数的 30 只成分股进行了计算，结果见表 6-3（美国电话电报公司［AT&T］的数据可以忽略，因为公用事业公司的估值应当使用不同的估值公式）。其中最有意思的部分就在于市场价格内含的预期盈利增长率与过去 10 年实际盈利增长率之间的差异。其中 10 家公司（包括 AT&T 公司）的股价暗示着其 1957—1966 年与 1956 年相比的预期盈利增长率，至少相当于道琼斯工业平均指数成分股公司平均盈利增长率的两倍。然而事实上，这 10 家公司中只有两家公司，即杜邦公司与通用电气公司，10 年间的实际盈利增长率显著高于道琼斯工业平均指数成分股公司的平均盈利增长率。此外，余下 8 家公司的实际盈利增长率甚至不足平均预期增长率的一半，其中还有 5 家公司的实际盈利相比于 1956 年的盈利水平反而有所下降。而在这 8 家公司中，不少于 5 家公司过去 10 年间的盈利增长率远远高于道指的平均增长率。

表6-3 第二种估值方法

以 1957-08-05 的股票价格为基准，30 家道指成分股的预期盈利增长率的公式估值结果

公司	1957-08-05 的股价（美元）	1947—1956 年间的平均每股盈利（美元）	1957—1966年与1947—1956年相比的预期盈利增长率（%）	1957—1966年的预期盈利值（美元）	隐含乘数值 [a]	1956 年的盈利（美元）	1957—1966年与1956年相比的预期盈利增长率（%）	1956 年与1947—1956年相比的实际盈利增长率（%）
Allied Ch.	89	4.50	58	7.22	12.6	4.74	52	6
Am. Can	44	2.61	46	3.83	11.6	2.92	33	12
Am. S. &R.	54	5.43	12	6.10	9.0	6.67	（−8）	23
Am.T.&T.[b]	173	9.90	47	14.70	11.8	10.74	36	14
Am. Tob.	72	6.58	18	7.80	9.4	7.51	4	14
Beth. St.	49	2.88	44	4.15	11.5	3.83	8	33
Chrysler	77	8.95	4	9.28	8.30	2.29	（巨幅下滑）	（−76）
Corn Prod.	31	1.96	41	2.76	11.4	2.36	18	12
Du Pont	199	5.60	112	11.85	17.0	8.20	45	47
East. Kod.	104	3.49	93	6.62	15.4	4.89	36	37
Gen. Elec.	68	1.87	113	4.00	17.0	2.45	62	31
Gen. Foods	49	2.42	59	3.86	12.7	3.56	9	45
Gen. Motors	45	2.48	51	3.74	12.1	3.02	24	22
Goodyear T.	76	4.18	42	5.96	11.4	6.03	（−1）	47
Int. Harv.	35	3.70	8	4.02	8.6	3.14	29	（−15）
Int. Nickel	92	3.86	62	6.30	13.0	6.50	（−3）	68
Int. Paper	101	6.40	40	9.03	11.2	7.05	28	11
Johns Man.	45	3.07	36	4.21	10.9	3.50	20	14
Nat. Dist.	26	2.47	15	2.86	9.2	2.11	36	（−15）
Nat. Steel	75	5.71	28	7.32	10.2	7.09	3	25
Proc. & Gam.	49	2.61	53	3.99	12.2	3.05	30	20
Sears Roebuck	28	1.82	38	2.53	11.0	2.20	16	18
S. O. Cal.	58	3.09	55	4.78	12.4	4.24	12	39
S. O. N.J.	67	2.85	72	4.99	13.8	4.11	21	44
Texas Corp.	74	3.48	62	5.66	13.0	5.51	3	59
Un. C.&C.	117	3.73	99	7.43	15.9	4.86	53	32
Un. Air.	62	3.65	45	5.31	11.6	7.66	（−32）	93
U. S. Steel	69	3.51	57	5.55	12.6	6.01	（−8）	73
Westinghouse	64	3.79	45	5.53	11.6	.10	（巨幅下滑）	（−97）
Woolworth	42	3.58	22	4.39	9.8	3.57	23	0
D.J. Ind. Av.	500	27.50	50	41.25	12.0	35.80	15	30

注：a. 1956 年 12 月的股票价格 /1957—1966 年的预期盈利值。

b. 相比于其他工业企业，基本公式不太适合 AT&T 公司。

　　将表 6-2 与表 6-3 放在一起来研究可以让我们看得更清楚，从而最终得出结论。前面提到的未来预期盈利增长率非常高的 10 家公司中，有 7 家公司在表 6-2 中也表现出市场价格明显高于使用公式得到的估值。此外，在预期盈利增长率低于平均水平的 8 家公司中，同样有 6 家公司的股票价格明显低于使用公式求出的估值。

　　我们可以推导出这样的结论，之所以估值公式的计算结果与市场价格存在差异，其主要原因在于增长因子不同，并不是估值公式低估了增长因子的重要性，而是因为市场关于未来盈利的增长情况经常是变化的，而我们很难根据公司的历史业绩来预测未来的盈利增长会发生怎样的变化。为什么市场未来的发展趋势往往与过去不同，其原因是非常明显的。例如，投资者不相信美国联合航空公司能够继续复制 1947—1956 年的辉煌业绩，因为他们觉得一家以美国国防部作为主要客户的公司业绩很容易发生波动。而对西屋电气公司，他们则持有完全相反的观点，认为这家公司这几年相对平庸的表现只是暂时的，电器制造行业的未来还是有保障的，像西屋电气公司这样的行业领导者前景非常光明。

　　这些情况我们都容易理解，但是这些表格揭示的其他差异则不容易被理解或接受。理解与接受，这两个动词之间还是有一些差别的。市场对公司未来发展情况的总体预测也许是正确的，但是从另外一个角度来看，市场基于未来预测而为股票设定的价格可能又显得非常不合理。

　　因此，很多分析师都会遇到这个问题。仅仅发现市场是如何做的和想的，他们可能并不会感到兴奋，向投资者解释市场为什么会这样，并让投资者感到满意才是关键。他们更倾向于做出独立的判断——不被市场价格的每日波动所左右，而是随时准备与市场一较高下。正因为如此，一种或多种估值流程——估值的基本形式与前面我们讲解的方式相同，也许能起到一定的作用。它们完美细致地分析了公司的历史经营业绩，证券分析师可以从这一点出发，在投资估值领域自行探索并发现。

BENJAMIN
GRAHAM
BUILDING A PROFESSION

———— 第**07**章 ————

普通股的新投机因素 ①

（写于 1958 年）

我曾经要求哈特利·史密斯先生（Hartley Smith）向大家介绍我时把重心放在我的高龄上，因为接下来我要讲到的内容能从某个角度折射出我在华尔街度过的漫长岁月，以及随之而来的各种各样的经验总结。在这段漫长的岁月里，虽然一些新的市场条件或新的市场环境常常周期性地出现，给这些经验的价值带来一些挑战与冲击，但有一点是确定的，经济、金融和证券分析与其他实践性学科不同，对前者而言，用过去的历史经验对现在与未来进行指导的做法不一定合理或正确。不过，我们没有权利拒绝过去留给我们的经验教训，至少我们要先做到好好地研究并弄清楚这些教训。我今天要讲的重点是，在某个有限的领域内要认真研究，彻底弄清楚过去的教训——尤其是，我们对普通股投资与投机的态度在过去与现在发生了一些潜在的变化，因此要努力找出其中存在的某种鲜明的对比关系。

请允许我先对自己的文章做一个简单的总结。在过去，普通股的投机性因素基本上都存在于上市公司本身。这些投机性因素主要源于各种不确定性、一些波动性因素、行业总体下行的风险或上市公司的某个特殊计划。当然，现在这些投机性因素依然存在。但是，鉴于我接下来要谈到的各种长期发展与进步，也许我

---

① 本文选自：《分析师杂志》，vol. 14，No.3（1958 年 6 月）：17–21.

们可以这样说：这些投机性因素已经大大减少了。不过，与之相伴的麻烦是来自于公司外部的因素开始成为普通股投资领域全新的、最主要的投机因素。这种因素来源于购买普通股的公众投资者以及为其提供投资建议的顾问（主要指的是我们这些证券分析师）所持的态度与观点。他们的态度可以用这样一句话来形容：关注的主要焦点在于未来的预期。

"普通股的估值和定价主要取决于公司未来的预期表现"没有任何观点比这一观点更有逻辑性、更容易让听众接受了。然而，即使是看上去这么简单的观点，也存在着很多自相矛盾的地方和缺陷。

首先，这一观点抹杀了投资与投机两者之间长期以来一直存在的明显区别。字典上说"投机"（speculate）一词来自拉丁语中的"specula"，意为瞭望台或瞭望塔。这样的话，投机者就应该是那些赶在别人之前站在自己高高的瞭望台上观察远处情况如何发生变化的人。不过在今天，如果投资者很精明或者是获得了不错的投资建议，那么他同样必须要借助自己的"瞭望台"来提前了解事态的未来发展趋势，抑或是亲自爬上某个公用的"瞭望台"来查看情况。而他在观察的过程中，旁边就紧挨着投机者。

其次，我们发现，在大多数情况下，具备最佳投资特征的公司，即拥有最高信用等级的公司，其普通股往往最能吸引投机者的兴趣，因为每个人都认为这样的公司具有非常光明的前景。

最后，未来的光明前景，尤其是未来持续增长的概念，要求使用较为高深的数学公式来计算未来有利事件的现值。然而，非常模糊的假设条件与高度精确的计算公式结合在一起，评估某个尚未结束的投资项目的价值，这样的估值结果完全取决于计算者的心情——想要多高都可以。不过，自相矛盾的是，对于任意一个给定的成长型公司，我们密切观察所看到的事实意味着任何一种单个估值或较为狭窄的估值区间都是靠不住的，无法自圆其说。因此，我们可以想象得到，有时候市场对成长型因素的估值明显过低。

再回到前面那个话题——普通股投机的旧因素与新因素之间的差别。我们会用两个非常奇怪但又非常贴切的词语来形容这两种因素的特征，那就是：内生的与外生的。让我简单地解释一下过去的普通股投机与普通股投资之间的显著差别，所用的数据来源于 1911—1913 年间的美国罐头公司（American Can）与宾夕法尼亚铁路公司（Pennsylvania Railroad）（这些数据都可以从 1940 年版的《证券分析》一书中找到，在第 2～3 页上）。

在那 3 年时间里，宾夕法尼亚铁路公司的股票价格一直在 53～65 美元之间窄幅波动，或者说在那段时间里，其股票价格与平均盈利的倍数一直在 12.2～15 倍之间波动。这家公司向我们展示了其稳定的盈利状况，并向股东支付了每股相对稳定的 3 美元股息，投资者都认为高达 50 美元的每股有形资产足以支撑这么高的股价。与之相反，同一时期内，美国罐头公司的股价在 9～47 美元之间波动，每股盈利在 7 美分～8.86 美元之间变化，因此股价与平均盈利的倍数在 1.9～10 倍之间变动，而且该公司从未向股东支付过股息。精明的投资者很清楚，虽然该公司的每股净资产号称有 100 美元，然而事实上却一文不值。只不过事实真相没有被揭发而已，因为该公司已发行优先股的价值已经超过了公司有形资产的总价值。因此，美国罐头公司的普通股就是颇具代表性的投机型股票，因为那时美国罐头公司本身就是一家行业前景不明朗且波动性较大，同时投机性资本大量涌入的企业。但事实上，从长远来看，美国罐头公司的前景要比宾夕法尼亚铁路公司光明得多。但是，那个年代的投资者或投机者根本没有怀疑这一点，而且即使他们有所怀疑，在当时 1911—1913 年的市场环境下，投资者也根本不会考虑这一点，认为这是与投资策略或投资计划毫不相干的因素。

现在，为了向大家说明长期发展前景对投资是多么的重要，我还是喜欢用国际商业机器公司（International Business Machines，以下简称 IBM）为例来说明。这家公司 1957 年刚刚跨入年销售额超过 10 亿美元的企业阵营，而这一阵营里的企业数量并不是很多。首先我要先介绍一两次自己的亲身经历，这样的话，可以让这些冰冷的数字听起来更有人情味。1912 年的时候，我离开学校一个学期，在美国运通公司（U.S. Express Co.）负责一个研究项目。我们的目标是分析运用电脑计算快递费用的具有革命性意义的全新系统会给公司的收入造成怎样的影响。为了完成这一目标，我们使用的是所谓的霍尔瑞斯（Hollerith）机器，是从 CTR 公司[1]租赁的。这些机器由打卡机、卡片分类机和制表机构成，而在那时候，商界人士对这些机器可以说是一无所知，它们主要在统计局里使用。1914年我进入华尔街工作，第二年，CTR 公司的债券和普通股就在纽约股票交易所挂牌交易。我对这家公司很感兴趣，再加上从某种角度来看，我也算得上是了解该公司产品的技术专家——曾亲眼见过并使用过其产品的为数不多的金融界人士之一。因此，在 1916 年初，我找到我所在企业的大老板，也就是著名的 A.N. 先生，告诉他 CTR 公司的股价现在只有 40 多美分（大概有 10.5 万股），而它在 1915年的每股盈利却高达 6.50 美元，其每股账面价值——如果再算上那些无法割裂的无形资产，高达 130 美元；且这家公司已经发放了每股 3 美元的股息，我认为其产品肯定有非常光明的发展前景。A.N. 先生用同情的眼光看了我一眼，说道："本，不要再向我提起这个公司，就算是用一根 3 米长的杆子，我也不愿碰到它（这是他最喜欢说的话）。它发行的息票率为 6% 的债券成交价刚刚超过 80 美分，而且这些债券都不怎么样。难道它的股票会好到哪里去吗？每个人都很清楚，这家公司并没有什么价值。"（事后的话：在当时，这都是不看好的理由。这意味着公司资产负债表上的资产账户在弄虚作假。很多工业企业，比如著名的美国钢铁公司，尽管账面价值高达每股 100 美元，但其实这什么也代表不了，只是注水而已，通过提高账面价值的方式来隐藏真实的资产情况。因为除了盈利能力和未来前景，没有其他任何东西能够支撑它们的股价，任何有自知之明的投资者都不会对这样的公司多看一眼。）

　　我回到了自己小小的办公室里，像一个受了惩罚的年轻人。A.N. 先生不仅经验丰富、成绩斐然，而且精明过人，有自己独到的眼光。我被他所说的关于CTR 公司的这一通理由完全震住了，所以一辈子都没有买过这家公司的股票，即

---

[1] Computing-Tabulation-Recording Co.，这家公司就是 IBM 的前身，由三家生产统计机械、时间记录器的公司组成，这三家公司分别创建于 1889 年、1890 年、1891 年。——译者注

使在 1926 年它的名字改为 IBM 之后，我也没有买过。

现在让我们看看 1926 年这家公司改名之后的情况，这一年股票市场的整体表现非常优异。当年，IBM 公司第一次在资产负债表中公布"商誉资产"这一项，其金额高达 1 360 万美元。A.N. 先生说得对。实际上，在 1915 年的时候，IBM 公司的普通股确实一文不值。然而，在那之后，在沃森先生（T.L.Watson）的带领下，IBM 公司取得了惊人的业绩。它的净资产从 69.1 万美元上升到了 370 万美元——上涨幅度达到了惊人的 5 倍，这一速度比随后任意一个 11 年周期内公司所取得的增长速度都要快许多。其普通股对应的有形资产部分迅速增值，之后公司实施了股票拆分，每股拆分成 3.6 股。拆分后的每股股息为 3 美元，而同期的每股盈利是 6.39 美元。你可能会猜想等到 1926 年的时候，股票市场会特别青睐这种高增长且交易量巨大的公司。让我们来看一看。在 1926 年，IBM 公司当年的股票价格最低为 31 美元，最高为 59 美元。按照 45 美元的平均股价来计算，则股价与每股盈利的倍数仍然为 7 倍，股息收益率仍然为 6.7%，与 1915 年基本相同。当其股价最低下降到 31 美元时，仅仅比每股账面有形资产高出一点点，从这个角度来看，其股价比 11 年前显得要保守许多。

正如我们每个人所看到的那样，这些数据表明旧的投资观念在 20 世纪 20 年代还是非常流行的。从那以后发生的事情可以从 IBM 多个 10 年期的发展历史中看出端倪。1936 年，IBM 的每股净资产比 1926 年增加了两倍，平均市盈率倍数从 7 倍上升到 17.5 倍；1936—1946 年，每股盈利增加了 2.5 倍，但平均市盈率倍数在 1946 年依然保持 17.5 倍。从那个时候起，市盈率的上涨速度开始加快了；1956 年的每股净资产为 1946 年的 4 倍，但平均市盈率倍数上升到了 32.5 倍；到了 1957 年，虽然每股净资产在进一步增加，但是平均市盈率倍数上升到了 42 倍，而且这一数值并没有把 IBM 海外子公司未合并申报的权益资本计算在内。

当我们认真分析这些财务数据时，我们会发现，与 40 年前相比，这些数据有些类似的地方，但也有很多不同的地方。对财务报表进行一次性注水的做法在工业企业的资产负债表上很常见，不过水分终将会被挤干：首先是公开揭露相关事项，随后便是进行会计注销。但是，在股票市场评估企业的价值时，企业的估值结果却会被注入另一种水分——这次是投资者和投机者主动注水。当 IBM 的股价是其账面净资产价值的 7 倍而非每股盈利的 7 倍时，在实际交易过程中，效果没什么区别，就好像 IBM 根本就没有账面价值一样。如果在股价的构成比例中，账面价值所占的比重非常小，那么股价余下的部分代表的是其他所有权，就像以前那些投机者买下沃尔沃斯公司（Woolworth）和美国钢铁公司的普通股时所相信的承诺一样——他们相信公司的盈利能力与远大前景。

随着时间的推移，有必要强调的是，在过去的 30 年里，我们见证了 IBM 公司由 7 倍市盈率转变为 40 倍市盈率，很大一部分原因就是我所说的这些大型工业企业内生性的投机因素开始趋向于消失，或者至少是大大减少了。它们的财务状况很稳定，资本结构也比较保守，交由精明的专家来管理，甚至比以前更加诚实。此外，已开始实施的彻底公开财务信息的相关规定也让多年前最重要的投机性因素消失了——这种投机性因素来源于无知和神秘。

这里我还要讲另外一段个人经历。早年间我在华尔街工作的时候，有一家名为纽约联合燃气公司（Consolidated Gas of New York）的股票非常神秘。当然，现在这家公司改名为爱迪生联合电气公司（Consolidated Edison）。它旗下拥有一家盈利能力较强的子公司，名为纽约爱迪生公司。不过，它在财务报表中只提到了从这家子公司获得了一定的股息收益，并没有完全披露子公司为母公司创造的全部利润。其神秘之处和"隐藏的价值"就在于纽约爱迪生公司那些未报告的盈利部分。让我感到非常惊讶的是，我发现这些极为机密的数字实际上每年都会在地方政府公共服务委员会的文件中公布。查询这些记录并且将纽约联合燃气公司的真实盈利数据公布在杂志文章上其实是一件非常简单的事情。不过让人感到意外的是，这些额外的盈利并不是那么壮观。那时，我的一位年长的朋友这样跟我说："本，找到这些被故意遗漏的数字可能让你觉得自己很了不起。不过，华尔街可不会为此感谢你什么。戴着神秘面纱的联合燃气公司要比摘掉面纱后更有吸引力，同时也更有价值。像你这样总是对任何事情刨根问底的年轻人会毁了华尔街的。"

有一点是对的，那就是助长投机行为的"3M"因素现在都已经消失了。这3个M分别代表的是：神秘（mystery）、操纵（manipulation）和利润（margins）。然而，我们这些证券分析师却在创建新的价值评估方法，而这些方法刚好取代了旧的投机性因素，摇身一变成为新的投机性因素。我们现在难道没有新的"3M"因素吗——明尼苏达矿务及制造业公司（Minnesota Mining and Manufacturing Co.，以下简称3M公司）不正是这样吗？3M公司普通股波荡起伏的走势不正好完美地说明了新的投机因素与旧的投机因素的区别吗？让我们认真地研究几个数字。去年，当3M公司的普通股股价高达101美元的时候，市场给出的这一估值相当于1956年该公司每股盈利水平的44倍，而3M公司的盈利水平自1957年以来毫无增长。按照当时的股票价格，企业自身的估值高达17亿美元，然而其中企业的净资产只占了2亿美元，剩下的15亿美元代表的是市场对企业"商誉资产"的估值。我们并不知道商誉资产的估值流程是怎样进行的；我们所知道的是，市场在几个月之后修正了这一估值水平，3M公司的市场估值下跌了4.5亿美元，跌了30%左右。很明显，对类似于3M公司这样受人追捧的明星企业，精确计算其无形资产的价值是不可能的事。无形资产的估值要遵循这样的计算原则：企业的商誉或未来的盈利能力越是重要，则企业的真实价值所具有的不确定性就越高，因此企业普通股的投机性就越强。

若我们把早些年间的做法与如今的做法相比较，就会发现，无形资产的估值方法确实发生了至关重要的变化。30年前甚至更久以前，不管是评估普通股的价值，还是正规的或法律估值，都要遵循一条标准法则，那就是：无形资产的估值要比有形资产的估值更加保守。投资者可能会要求一家工业企业的有形资产收益率达到6%~8%，通常情况下企业发行的债券或优先股的收益率水平也是这么高（你会发现，1911年完成IPO的沃尔沃斯公司发行的优先股和普通股的收益率就是这个水平，还有很多其他股票的收益率也都相差不多）。但是，企业的超额收益率应该更高一些，比如要达到15%左右，而超额收益是企业积累无形资产的源泉。然而，自20世纪20年代以来，情况发生了哪些变化呢？正如我们现在所看到的那样，有形资产和无形资产之间的关系发生了根本性的转变。现在企业在发行普通股时，收益率一般必须达到10%才能确保在市场上卖出股票时成交价等于账面的净资产值。不过，与确保普通股能按照账面净资产值卖出的基准收益率相比，超额收益率，即资本收益率超过10%以上的部分，在估值时自由度相对更大一些，或者说可以使用更高的市盈率倍数。因此，权益资本收益率为15%的公司，其市盈率可达到13.5倍，即股价相当于净资产的两倍。这就意味着，权益资本收益率的第一个10%在估值时只能使用10倍的市盈率倍数，但剩下的5%——我们通常称之为超额收益率，在估值时可以使用20倍的市盈率倍数。

估值方式为什么发生了这样的反转，一个比较合理的解释是市场对未来增长的预期更加重视。拥有较高资本收益率的公司之所以能获得更高的估值，不仅仅是因为其盈利能力较好、盈利状况相对比较稳定，更可能是因为，与较高的资本收益率相伴随的往往是较高的企业增长率以及光明的前景。因此，市场对此类高收益率企业的高估值并不是在为基于过去的良好业绩与业界声望而形成的商誉资产买单，而是期望企业将来的盈利水平能进一步超常增长。

普通股估值的这种新方法让我不由得想到了一两个计算方面的问题，我只简单地向大家说明一下。正如很多测试所显示的那样，如果市盈率倍数会随着盈利比率的增长而增加，比如随着账面价值收益率的上涨而增加，那么这种做法将会导致企业估值的增长直接等于企业盈利的平方，但却与账面价值成反比例变化的关系。这样，在某种程度上，有形资产将成为企业市场平均估值的阻力而非源泉，这就是现实情况。举一个极端的例子来说明。如果每股账面价值为20美元的A公司股票每股盈利是4美元，每股账面价值为100美元的B公司股票每股盈利是4美元，A公司股票的盈利倍数比B公司更高，那么A公司的股价也会比B公司高，比如，A公司的股价为60美元，而B公司的股价为35美元。那么对 B 公司来说，与 A 公司相比，账面净资产值多出了 80 美元反而导致其股票的市场价格比 A 公司低了 25 美元的说法并非是不准确的，因为我们假设这两家公司的每股盈利都是一样的。

然而，比前面所提到的内容更为重要的是新的股票估值方法与数学之间的关系。给定下列三个基本条件：

● 第一，对收益增长率最乐观的假设；
● 第二，未来这种高收益增长率持续的时间足够长；
● 第三，复利的神奇效应。

有了"复利"这个新技术，对于任何"好股票"，分析师想给出多高的估值都可以。我最近在《证券分析师杂志》上发表了一篇文章，评价了在牛市里运用高深的数学知识指导投资的潮流。戴维·杜兰德（David Durand）发现，成长型股票的价值计算方法与著名的圣彼得堡悖论之间存在着惊人的相似之处（圣彼得堡悖论让科学家困惑了 200 多年的时间）。而我在这篇文章里引用了他的类比说法。在这里，我想强调的重点是数学知识与普通股投资之间存在着特殊的矛盾关系，这种关系就是：数学需要的是精确而且值得信赖的结果；但在股票市场上，数学知识运用得越精准、越深奥，我们推导出来的结果反而会越不确定，具有越强的投机性。在华尔街学习和工作的 44 年时间里，我从来没有见过哪一只普通股或投资项目的估值计算结果是值得信赖的，这已经远不是简单的算术或者最基本的代数知识能够解决的问题。一旦要用到微积分或高等代数，你就可以认为这是一个危险信号，因为引入这些知识的投资者试图用理论来代替经验，通常这样会给投机行为披上投资的伪装。

与今天复杂高深的证券分析相比，过去的普通股投资理念则显得十分天真幼稚。以前，投资评估的重心都放在公司或证券的防御性要素上面——主要是为了确保当股票市场疲软时，公司发放的股息金额不会因此而减少。因此，强大的铁路公司在 50 年前曾被视为是普通股投资标准的行业，然而近些年来却被投资者当成是公用事业股票来对待。如果过去的业绩表现较为稳定，那么就满足了投资者主要的投资要求；不需要花太多精力去预测未来这些行业的基本特征是否会发生不利的变化。与此相反的是，精明的投资者认为可以花大力气去寻找那些未来发展前景美好的企业，但是不值得为这样的企业支付高价钱。

实际上，这意味着投资者没有必要为长期的优异表现支付任何额外的费用。他理所应当获得这些长期收益，因为他选中了最棒的公司（而非仅仅"还不错"的公司）来投资，所以这是对其聪明才智以及精准判断力的回报，根本不需要支付任何额外的成本。对于那些资金实力、历史盈利记录以及股息的稳定性都基本相当的普通股来说，它们的股价应该能反映出相同的股息收益率。

其实持这一观点的人目光短浅了。但是在过去的岁月里，在普通股投资领域内其优势却非常明显，不仅简单易懂，而且基本合理，并能够带来较高的收益。请允许我最后再讲一下个人见解。大概是在 1920 年的时候，我们公司散发了一系列名为"给投资者的经验教训"的宣传册。当然，这个宣传册是以一个像我一样只有 20 多岁的年轻分析师的口吻写的，语气显得特别傲慢和自以为是。不过，在某一页上，我曾经看到这样一句话："如果某只普通股值得投资，那么它同样值得投机。"我对这一观念还是比较认同的。确实，如果某一只普通股看上去损失的风险很小，那么这样的股票未来获得较高收益的机会估计还是很大的。现在，这已经是非常正确并且很有价值的发现，而它之所以正确是因为没有任何人注意它。很多年以后，当公众意识到普通股作为长期投资的价值之后，这种价值很快就消失了，因为公众的投资热情让普通股的价格水平一下子就上涨了，远离了股票的投资安全边际，从而让股票交易脱离了投资的级别。当然，事情很快就转向了另一个极端，政府机构 1931 年宣布：没有哪一只普通股能称得上是投资。

当我们从另外一个角度来审视这段时间跨度不短的经历时，我们发现投资者对资本利得收益和经常性收益的态度发生了改变，而这又是另外一个悖论。我们说，过去的普通股投资者对资本利得收益并不是很感兴趣，这话听上去像是老生常谈。投资者购买普通股完全是从安全和收益的角度出发的，只有投机者才会考虑价格上涨所带来的资本利得收益。而到了今天，我们可以说，越来越多的经验丰富的精明投资者对上市公司的股息收益越来越不在乎，其重心更多的集中于长期的资本利得收益。当然，可能会有人坚持认为，尽管过去的投资者并不是很关心未来能获得多少资本利得收益，但是实际上，他们都确信自己能够获得这些收益，至少工业公司的股票从来没有让他们在这方面吃过亏。相反，今天的投资者如此重视股票未来价格上涨的预期，实际上他们已经为此付出了相应的成本与代价。因此，他们为此付出大量精力研究和关注的事情可能真的发生了，但却依然没有给他们带来任何收益。如果未来的发展并没有达到他们原来所设想的程度，那么这些投资者会面临严重的短期亏损，甚至也许是无法弥补的永久性亏损。

鉴于过去的投资观念与如今的投资观念之间存在着这样的关系，那么什么样的"经验教训"——再次借用 20 世纪 20 年代的宣传册上狂妄的标题，是 1958 年的证券分析师应该学习的呢？人们可能会说这样做没有什么价值。若我们只需为当下负责，不去奢求未来，我们可以带着一种怀旧的心境回望过去的美好时光——这就是"锦上添花"的完美结合。我们会伤心地摇摇头，自言自语地咕哝几句："那些日子一去不复返了。"投资者和分析师难道都没有吃过辨识善恶树的果实吗？如果吃了，难道他们没有被逐出伊甸园？因为在这座伊甸园里，所有价格合理的股票都会被扔到灌木丛里无人问津。难道我们并非命中注定要为质量较高且拥有美好前景的股票支付不合理的过高价格？或者是，虽然支付的价格相对较为合理，但是实际上得到的却是质量较差、前景黯淡的股票？

当然，情况看上去也确实如此。即使是在最悲观的境地里，也没有人能够保证什么。最近，我对一家大型企业的长期发展历史做了一些研究，它就是通用电气公司。这是因为该公司刚刚公布的 1957 年的财务报表详细刊载了公司 59 年以来的盈利与股息发放情况图表，这激发了我的研究欲望。对那些见多识广的分析师来说，这些数字让他们感到惊奇。从这些数字中，我们发现了这样一个事实，那就是在 1947 年之前，通用电气公司的增长情况很温和，而且没有规律可循。

1946 年调整后每股盈利为 52 美分，与 1902 年的 40 美分相比，仅增长了 30%；而且在此期间，没有任何一年的盈利能达到 1902 年盈利的两倍。然而，市盈率水平从 1910 年和 1916 年的 9 倍增加到 1936 年和 1946 年的 29 倍。当然，人们可能会说，1946 年的市盈率水平至少表明精明的投资者具有先见之明，我们的分析师真的有能力准确预测在接下来的 10 年里公司会经历非常辉煌的发展阶段。也许事实真是如此。但是，你们当中有些人应该记住，在接下来的那一年里，也就是在 1947 年，通用电气公司每股盈利的快速增长让人印象非常深刻，这导致市盈率有了显著下降。当通用电气公司的股价处于相对较低的 32 美元时（在 3 股合并为 1 股之前），按照当时的每股收益水平计算出来的市盈率只有 9 倍，若是用当年的平均股价来计算，则市盈率也只有 10 倍。在这短短的 12 个月里，我们的水晶球肯定是什么也没看清。

就在 11 年前，让人感到震惊的反转发生了。我对分析师普遍认可的理念是否完全可靠存在着一丝疑惑——他们坚信，声誉卓著、前景辉煌的企业的股票总是能以很高的市盈率成交。对投资者来说，这个理念就是生活的基本事实，也许他们已经接受了这一事实，并且也不反感。我并不是武断地反对这一理念。我所能说的只不过是：这一理念没有在我的脑海中扎根，你们每个人都应该有自己的判断与选择。

不过，在演讲的总结部分，我可以就不同类型普通股的市场结构来谈谈自己的看法，从这些股票的投资或投机特征出发。以前，普通股的投资特征或多或少与企业本身的特征是相同的，或者是与企业本身的特征成同比例变化的关系。而企业自身的品质可以用信用评级来衡量。公司发行的债券或优先股的收益率越低，则其发行的普通股就越有可能满足优质投资的所有标准，而且在投资者制定买入决策时，投机性因素所占的比重就越小。普通股的投机等级与公司的投资等级之间的关系可以用一条由左到右向下倾斜的直线来描述。不过，现在我更倾向于用 U 形图来描述它们之间的关系。在图的左边，当公司本身投机性较强、信用等级比较低时，公司的普通股当然也具有比较高的投机性，这符合过去股票市场的实际走势。然而，在图的右边，当公司因为以前辉煌的业绩与未来光明的前景而拥有最高信用等级时，我们发现，股票市场同样会或多或少地将一些高投机性因素注入公司的普通股交易之中。其方式很简单，即普通股的股价太高，因此必然要承载一定的风险。

说到这里，我忍不住要引用一下最近读到的《莎士比亚十四行诗》中的几句诗，如果说得更夸张一点，这首短诗的主题与我所讲的内容是高度相关的。它是这样写的：

难道我没见过拘守仪表的人
付出高昂的代价
却丧失一切？

重新回到我虚构的场景中，将普通股买卖过程中的投机性因素降到最低程度可能是我们所追求的理想状态。在这一理想状态下，我们会发现许多这样的公司，它们基础雄厚、表现优异，伴随着国家整体经济形势的蒸蒸日上，过去它们也曾取得了辉煌的业绩，而且因为同样的原因还拥有光明的发展前景。除了牛市已达到顶峰以外，在其他绝大多数时间里，这样的公司值得按照与其内在价值相当的价格被投资者买入。事实上，由于投资者和投机者都倾向于将目光投注在表现优异的股票身上，我必须冒险提出这样的观点：这些中等质量的股票总体上的出售价格将会明显低于其独立评估的价值。于是，同样的市场偏好与偏见为它们提供了较好的安全边际，而正是这些偏好与偏见毁掉了那些更有前途的股票的安全边际。此外，面对各种各样的公司，我们可做的事情还有很多，比如认真分析其过去的历史数据，根据其未来发展前景做出差异化的选择，然后通过分散化投资提高投资的安全系数。

当法厄同（Phaethon）坚持要驾驶父亲太阳神阿波罗的神车时，驾驶经验丰富的父亲给法厄同这个初学者提了一些建议。可惜，法厄同并没有听从这些建议，从天上掉下而死——这样的成本太过沉重！罗马诗人欧维德（Ovid）用三个词总结了太阳神阿波罗的建议：

> *Medius tutissimus ibis*
> 走在中间最安全

我想，对投资者和向投资者提供建议的证券分析师来说，这条原则都是非常有用的。

BENJAMIN GRAHAM
BUILDING A PROFESSION

——— 第 **08** 章 ———

特殊情况 [1]

（写于 1946 年）

对处于特殊情况下的经营者和被低估的证券来说，1939—1942 年是一个全盛时期。这几年，市场的走势对持有普通证券的投资者十分不利，证券经纪公司也是惨淡经营。与之形成强烈对比的是，很多价格较低的工业股票却迎来了较大的涨幅——主要是因为第二次世界大战的爆发让行业内的二流企业获得了更大的发展机遇，成长的速度比行业龙头企业还要快。此外，大量的铁路与公用事业公司正在完成重组，那些在早些年不景气时以低价购进这些公司股票的投资者也抓住这个机会大赚了一笔。

到 1942 年的时候，华尔街开始相信，特殊情况能给他们带来可靠的实在收益。然而和很多事情一样，这种普遍化的结论常常被事实证明是错误的。在接下来的 4 年里，几乎每一个行业都能给投资者带来可观的收益，然而只有本质上是投机的交易才能获得惊人的高收益率，而投机与所谓的"特殊情况"相差甚远。但是，也许人们依然对"特殊情况"下的投资活动充满兴趣，因此我才写了这样一篇文章。

---

[1] 本文选自：《分析师杂志》, vol. 2，No.4（1946）: 31–38.

特殊情况的含义

首先，"特殊情况"到底指的是什么？已有的解释都不能给出一个简洁的最终定义。从广义上来讲，特殊情况指的是在这种情况或局面下，人们期待某个特定的事件能让证券创造出令人满意的收益，即使整体的投资市场并不尽如人意。而狭义解释是，除非某个特定的事件正在进行当中，否则这并不算是真正的"特殊情况"。

如果以各行各业的破产公司以及拖欠了大量股息的优先股作为参照物，那么这两种定义之间的差别是很明显的。对破产企业来说，"特定事件"指的是企业重组；而对于后者，指的是免掉拖欠的股息，一般会通过资本结构的改变达到这一目的。很多证券分析师会说，被托管的公司只有在提交了重组计划以后，"特殊情况"才会真的变成现实。同样，对于第二种情形，企业必须要制订一个明确的计划来解决拖欠的股息问题。所以，美国毛织品公司（American Woolen）的优先股遇到这种"特殊情况"的可能性很大，而且持续多年，因为该公司的优先股拖欠了大量的累积股息。但是，直到持股人知道公司已经制订了一个明确的股息偿付计划，或者是公司即将对外宣布该计划时，这种可能性才真正演变成现实中的"特殊情况"。

我们可以用一个重要而合理的理由说明，为什么我们更倾向于特殊情况的狭义解释。透过这个狭义定义，我们可以预测出投资的预期年收益率。正如接下来大家要看到的那样，每个案例的计算过程要用到多个估计值，因此最终的计算结果与教科书里的债券收益率几乎一点也不相像。不过，这种方法对处于特殊情况的交易者能起到一定的指导作用，让他用一种"另类"的态度看待自己持有的证券——一种与交易者、投机者或普通投资者完全不同的态度。

不过，从某种意义上来说，这种计算方法已经超出了收益率手册所介绍的知识范围。如果我们愿意做一些基本假设，任何特殊情况的吸引力都可以被表示为已充分考虑风险因素的年收益率（百分比形式）。常见的公式形式如下所示：

假设：

G 代表一旦事情成功所能获得的预期收益；

L 代表一旦事情失败可能遭受的预期损失；

C 代表事情的预期成功率，用百分比表示；

Y 代表预期的持有时间，以年为单位；

P 代表证券的预期市价。

于是：

$$隐含的预期年收益率 = \frac{GC - L\,(100 - C)}{YP}$$

我们可以用西部都市铁路公司（Metropolitan West Side Elevated）的 5s 股作为例子加以说明。目前该公司的债券市场价格为 23 美元，它有意将一部分资产出售给芝加哥市政府，预计这笔交易能让公司债券的市场价格上涨至 35 美元。为方便解释，我们在此做出以下几点假设：第一，如果该计划失败，则债券的市场价格仅为 16 美元；第二，成功的概率是 2/3，即 67%；第三，持有期平均为 1 年。

然后根据以上公式计算：

$$隐含的预期年收益率 = （12 \times 67 - 7 \times 33）/（1 \times 23）\approx 24.7\%$$

注意，这个公式充分考虑了潜在损失的发生概率及其金额。如果只考虑潜在收益，则隐含的预期年收益率约等于 34.5%。

特殊情况的分类

接下来，让我们对各种特殊情况进行简要的描述与讨论。特殊情况可分为两大主要类型：证券交易或分配和现金支付。只有在极少数情况下，更高端的市场才会出现不伴随现金支付或证券分配的"特殊情况"。然而，这种传统分类可能更方便我们进行解释。

A 类：以企业改组、资本结构调整以及并购计划为基础的标准套利

在企业进行破产重组时，尤其是铁路企业，其手段主要是购入旧股，然后卖掉"虚售"的证券。在过去 5 年间，铁路企业的套利交易结果确实有些古怪。一半以上的套利计划非常成功，预期收益得以实现，只不过收益的实现总是要比原先预期的时间点滞后许久。而余下的那些套利计划则被变更或舍弃，虚售证券的发行也被取消；或者是因为受《惠勒－里亚法案》（*Wheeler-Lea Act*）的影响，市场已经提前预料到了证券发行计划会被取消。不过，即使是不成功的套利计划，套利者也赚取了大笔收益。这是因为虽然套利计划失败了，但旧证券的价格飞快上涨，远远超过了先前他们支付的价格。因此，原先被认为不合时宜的套利交易，此时却变成了成功的债券投机操作。

这样的事实向我们展示了"特殊情况"令人高兴的一面，那就是：如果你的计划进展顺利，你将毫无悬念地赚取利润；即使计划失败了，你还是能够获得收益。随着市场发展水平的提升，套利的风险也在逐渐放大，因为一旦计划失败，发生损失的概率也会相应增加。从这个重要的角度来看，各种特殊情况都与市场的整体环境密切相关。但是下面这种说法还是成立的，即对于普通案例或具有代表性的案例，套利的结果主要取决于公司的特殊情况，而非市场价格的变化。

工业企业的套利通常出现在并购或资本结构调整的时候，而且与现有证券的发行有关，与虚售证券无关。比如雷神公司（Raytheon）与潜艇信号公司（Submarine Signal）的合并案，投资者可以在公司宣布并购消息时买入潜艇信号公司的证券，同时卖出雷神公司的证券，潜在的收益率约为 18% 左右。这笔套利交易在 60 天内圆满完成。类似的，当通用电缆公司（General Cable）的资本结构调整计划刚刚发布时，投资者可以按照 52 美元的价格买入 1 股 A 股，同时

按照 59 美元的价格卖出 4 股普通股，利差大约为 13%，45 天内就能获得套利利润。然而，这种套利操作需要一定的前提条件——在套利期间内"借"到股票的能力。在目前无法进行保证金交易的情形下，交易者很难借到股票，因此大部分（尽管并非全部）这类套利交易是无法进行的。

在公用事业领域，当控股公司提出优先股交易计划时，也存在类似的套利机会。比如最近联合公司（United Corporation）与美国超能公司（American Superpower）就是这方面的例子。

当然，所有类型的套利交易都存在着风险，比如可能遭到股东的拒绝，少数股东可能会提起诉讼，美国证监会可能会否决计划，等等。有经验的交易者不会忽视这些风险的存在，但是他们会尝试针对不同的情况对其做更加深入的评估。

值得注意的是，工业企业、公用事业企业以及铁路企业的套利交易可以按照时间因素划分为三种截然不同的类型。有人认为，第一类套利交易通常只需要花几周的时间，第二类套利交易要花几个月，而最后一类套利交易要花上几年的时间。

不过有一个案例没有遵循上述规律，那就是联合照明与电力公司（United Light & Power）的套利交易。有人在买入 1 股旧优先股的同时，卖出了 5 股虚售发行的新普通股，初始净利差为 10% 左右。但是，由于这个案子的诉状已经被提交给最高法院，因此这家公用事业公司的资本重组案从提出到完成竟花了整整两年时间。虽然从收益角度来说，这笔套利交易最终实现了预期利润，但是时间因素让它看起来很不明智。

B 类：资本重组或并购案中的现金支付

最近一个属于此类别的套利案例便是中部与西南部公用事业公司发行的第二等级优先股。1946 年 2 月 5 日，一份资本重组与合并的计划被呈递到美国证监会。按照这份计划，公司准备将已发行的优先股从持股人手中赎回，持股人可以自由选择接受现金，或者是按照辛迪加组织的发行价，用手中的优先股替换新发行的普通股。赎回价格为每股 220 美元，而当前的市场价格为每股 185 美元。所以这笔交易的预期收益率就等于 19%，还要加上套利期间大约 3% 的利息收益。要克服的障碍包括：第一，美国证监会是否会同意这个计划；第二，法院是否同意；第三，公司是否有能力按照特定的最低价格将新普通股全部发行出去；第四，各种原因导致的时间延误，最常见的是法律诉讼所导致的时间延误。如果计划失败了，买入优先股的投资者就会面临股票贬值的风险；但是反过来，一般优先股或债券向投资者发放股息或利息时，投资者获得的收益绝对不可能高于本计划的赎回价值。我们必须要清楚，这种类型的套利交易存在与生俱来的缺陷。

有经验的分析人员知道，可以采取一些手段降低最终遭受损失的概率。具体做法便是同时成比例地持有大量普通股，为优先股提供缓冲。比如，城市服务公司（Cities Service）第一等级优先股的市场价格为 132 美元，而求偿价格为 181 美元（也就是按照 193 美元的赎回价格成交）；同时，联合照明与电力公司持有面值为 6 美元的优先股，其市场价格为 117 美元，求偿价格为 145 美元（也就是按照 160 美元的赎回价格成交）。于是，交易者会发现这两桩交易存在明显的区别。对城市服务公司的第一等级优先股来说，预期的最高收益率为 46%；而美国电力与照明公司的交易的最高收益率为 37%。然而，后者拥有两个优势：第一，目前公司会支付 4.5 美元的股利；第二，公司已经提交了一份赎回所有优先股的明确计划。但是从另一方面看，按照 10 月 5 日的市场价格计算，投资者买入城市服务公司优先股的每 1 美元，都能得到 1.2 美元普通股市值的担保；然而，投资者买入联合照明与电力公司优先股的每 1 美元，只能得到 20 美分的普通股市值的担保。如果股市持续疲软，这必将导致联合照明与电力公司的计划被推迟，那么买入城市服务公司优先股的交易者无疑会成为最终赢家。

C 类：公司清盘或出售时的现金支付

在绝大多数情况下，当一家公司把自己卖给其他公司，或者是逐项清算资产时，持有该公司证券的投资者最终得到的赔偿额（赎回价）往往会高于公司提出清盘或出售计划时证券的市场价格（这种情况根源于证券市场定价因素的自身性质；由于篇幅有限，这里我们不详细讨论原因）。在以持续经营为原则出售企业换取现金的情况下，通常大部分利润主要是被那些在谈判开始或完成之前就已买入证券的人拿走了。但是，即使是在公司已公开宣布具体出售计划以后，如果最终出售计划得以圆满完成，那么后进入的交易者依然可以获得可观的利差收益。

近期纺织行业发生了多宗此类出售案。这段时间里，最近一个案例就是路德制造公司（Luther Mfg.Co.）的股票要以每股 365 美元的要约收购价被售出，前提条件是至少要得到 95% 的股份持有者的同意。就在收购价格被公布的前一个星期，该股票的市场报价仅为每股 150 美元。虽然交易是否成功还要取决于大量股份持有者是否同意，但是大多数此类要约收购交易最终都成功了。而那些失败的之所以会失败，是因为有人提出了更高的要约收购价。

公司打算将所有资产出售以实现清盘的目的，要求股东对此事项投票表决，这样的情况比较少见。不过很多公用事业控股公司迫于法律压力，往往要以这种方式实现清盘。在这种情况下，资产减去负债与支出费用以后所得的现金额要事先估算，而且往往会出现误差。当由公司的管理层负责评估时，他们通常都会比较保守。事实证明，在大多数情况下，当股东为清算方案投票时，公司的股价会明显低于清盘实际收回的价值。奥格登公司（Ogden Corp.）的清盘案就是这样一场旷日持久的拉锯战，早些时候就已买入该公司证券的交易者赚得盆满钵满。布鲁斯特公司（Brewster Corp.）是工业领域的案例之一。在撰写本文时，布鲁斯特公司应缴纳的税负金额尚未最终确定。目前，相比于 5 美元的账面价值以及 4.25 美元的市场价格，有专家估计最终的清盘价值会在 5.5～6 美元之间。

D 类：诉讼案的重要影响

在很多情况下，证券的价值在很大程度上取决于诉讼的结果。这可能涉及损害赔偿诉讼或附属诉讼（比如国际水电公司［International Hydro Electric］以及内陆天然气公司［Inland Gas Co.］）；存在争议的所得税税负（例如黄金股票电报公司［Gold and Stock Telegraph］以及匹兹堡 Incline Plane 公司）；因企业重组计划取消了股票发行事项而提起的诉讼（例如圣路易斯西南公司［St. Louis Southwestern Ry.］以及新天堂公司［New Havevn R.R.］）。总的来说，当诉讼事项是企业的一项资产时，市场则倾向于低估其价值；当它是企业的一项负债时，市场则倾向于高估其价值。因此，了解情况的交易者经常有机会以低于其实际价值的价格买入公司的证券，等到诉讼案了结时，通常能获得非常诱人的套利利润。

E 类：公用事业公司的解体

这是近几年来特殊情况非常重要的一个类别。从本质上来看，这只是暂时现象，一旦整个行业按照《公用事业控股公司法案》（*Public Utility Holding Company Act*）的第十一款完成了整改，这样的现象便会退出历史舞台。

这些案例的独特之处在于套利利润要取决于这样一条原则，即控股公司"死去"的价值要高于其继续"存活"的价值。也就是说，公司被拆分解体后，资产单独出售的净价值高于控股母公司的证券市值。这引发了进退两难的窘境：公司正在努力地与解体计划作斗争——很明显这是为了公司的持有者，而股东也很郁闷，这场斗争让股票价格大幅下挫，可是当抗争以失败告终的时候，股价却上涨了。

从技术角度上看，一个独有特征让上述这些特殊情况区别于其他特殊情况，那就是，它们通常都要取决于证券市场价值的估计或预测，而这些证券即将被发行，目前尚未在市场上交易。某些情况下，已发行的少数股票存在一个相对窄小的市场，然而一旦大量股票进入市场，那么这个窄小市场或许就显得不那么重要了。费城公司就是一个例子，在评估标准天然气与电力公司（Standard Gas and Electric Preferred）的优先股价值时，它是一个核心要素。由于只有 3.2% 的少数股份在场外市场上进行交易，因此场外市场的成交价格也许能、也许不能代表整个证券发行的价值。

因为公用事业领域很少出现意料之外的变化，因此分析该行业企业的能力的提升可以帮助我们比较公正地估算出，在现有市场条件下正常经营的公司可能会以多高的价格出售股票。然而，利用公司解体的机会进行套利交易要面临的风险主要来源于时间因素的不确定性，因为在交易者最终拿到钱之前，市场环境有可能会向不利的方向变化。

F 类：其他特殊情况

这一类包含了所有未分类的特殊情况。这里没必要尝试对这个类别进行全面综合的描述，这没什么实质意义，因为它很大程度上取决于我们个人对"特殊情况"这个概念的定义。我们只通过举例说明的方式介绍另外两种特殊情况。其中一种特殊情况主要发生在套期保值交易领域，最有代表性的操作方法就是在持有可转换债券或者优先股的情况下卖出普通股（套期保值交易的特点是尽可能避免损失，而非创造利润）。另外一个更受限制的类型就是购买担保证券，寄希望于以后可以按照优惠条件将其转换成债券，以此帮助公司节省一大笔应缴的所得税（这种事情就发生在 DH 公司以及 D.L.&W. 公司这些股票身上）。

BENJAMIN
GRAHAM
本章小结

在本文的一开始，我们就对特殊情况以及价值被低估的证券进行了分类。读者可能会注意到，我们并没有把两者看作同义词，尽管"特殊情况是被低估证券的一个主要组成部分"的论点有可能是成立的。特殊情况的本质在于以历史业绩为借鉴，公司（而不是市场）未来某一段时间的发展状况是可以预见的。因此，与金融行业其他领域一样，见多识广是持续获得成功的关键因素；此外分析师还必须认真研究每一种特殊情况，并具有可靠的专业判断能力，才能不断地走向成功。

正如我们给出的定义，特殊情况对某一类人具有强烈的吸引力，原因就在于其他人对这样的事情根本不关心。这些"特殊情况"缺乏行业光环、投机诱导，或者适度的增长前景。但是，它们却为分析师提供了分析证券价值的机会，就像商人处理存货那样，预先判断其平均盈利水平和平均持有时间。从这个意义上来说，它们正处在一个颇有意思的中间位置，一边是属于普通的投机或投资交易的证券买入行为，另一边是买入辛迪加组织或代理商承销的证券，但最终目的都是买入后将其转售。

BENJAMIN GRAHAM

BUILDING A PROFESSION

——————第**09**章——————

通过投资股票积累财富的若干问题 [①]

(写于 1962 年)

I

这篇文章主要谈论的是通过普通股投资来实现储蓄或者财富积累的系统性计划。这种计划可能包括：

- 主要投资于股票的养老金计划，例如为大学教授准备的教师退休基金会（CREF）；
- 原理相似的新型年金产品——可变年金；
- 系统地买入共同基金或封闭式基金；
- 个人定额投资计划，例如每月买入一定金额的纽交所上市股票。

金融协会主席希望我从更长远的角度来分析此类计划所包含的投资安排，并且让我阐述对以下问题的看法：和近期的历史数据相比（从 1949 年起），从长期来看，这些投资安排能获得什么样的收益？和更久远一些的历史数据相比呢，比如和上一个世纪甚至更久以前相比？未来，作为抵御通货膨胀的工具，普通股能有多好的表现？定额投资计划肯定值得信赖吗？它一定就能够产生令人满意的效

---

① 本文选自：《金融学杂志》，vol. 17，No.2（1962 年 5 月）：203–214.

果吗？更确切地说，在未来的 15 年内，普通股还会像以前一样再次获得远远好于债券的高收益率吗？

在以下的讨论中，我们不考虑核战争发生的概率及其产生的影响，只谈论一些忽略冷战持续性影响的观察与研究结果。未来的股票市场会与过去两个阶段中的哪一个更相似，是 1949—1961 年还是 1871—1961 年？

后者涵盖了整整 90 年，而我们拥有这 90 年间的收入、股息以及股价的指数数据，这些数据首先由考尔斯委员会（Cowles Commission）负责整理，随后标准普尔公司接过了这项任务。在基于未来指数的变化趋势来讨论股价的走势时，我们假设，讨论范围内的各种股票追加投资计划，其收益情况从总体上看比较接近于标准普尔综合指数或标准普尔 500 指数。想要获得与指数所代表的平均收益率相等看起来很容易，只要在分散投资时"全面"选择所有行业或领域的股票，不需要自己挑选个股——如今，个人选股已经成为时髦的口号了。但是，有一点是自相矛盾的，如果很容易就能获得市场的平均收益率，那么投资水平一般的投资者几乎不可能获得高于平均水平的收益率。

我们手里掌握了投资基金的运作与业绩的所有相关信息。在 1949—1960 年这段时间里，和早些年一样，投资基金整个行业的平均收益率并没有跑赢标准普尔 500 指数和综合指数。也许这种由专业人士负责管理的基金正好是市场的主要投资主体，因此整个基金行业的总体收益率很难超过市场的平均收益率。正如我猜测的那样，也许正是因为基金行业选股的基本原则存在着某些缺陷，因此抵消了专业投资管理人员所具有的优势——卓越的培训、丰富的情报以及他们为这项工作所付出的努力。不过，我们这里讨论的重点是分析股票市场的整体状况会对常见的股票追加投资计划造成怎样的影响。

我们尝试着简单总结一下这两个市场时期的主要特征，希望从中能找到一些有助于预测未来的线索，也许我们要在两个市场时期之间做出选择。表 9-1 列出了一些数据，这些数据涵盖了收益、股息以及价格波动行为这三大主要因素。我们将 1949—1961 年分成两个长度为 6 年的周期。我们可以采用多种方式来处理稍长一点的周期，并决定，针对 1871—1961 年这个长达 90 年的研究周期，可以计算一下平均值。

表 9-1ᵃ　股票市场的表现情况（1871—1960 年与 1947—1961 年）

周期	平均价格（美元）	平均盈利（美元）	平均市盈率（倍）	平均股息（美元）	平均收益率（%）	平均股息支付率（%）	年增长率ᵇ 盈利（%）	年增长率ᵇ 股息（%）
1871—1880	3.58	0.32	11.3	0.21	6.0	67	……	……
1881—1890	5.00	0.32	15.6	0.24	4.7	75	−0.64	−0.66
1891—1900	4.65	0.30	15.5	0.19	4.0	64	−1.04	−2.23
1901—1910	8.32	0.63	13.1	0.35	4.2	58	+6.91	+5.33
1911—1920	8.62	0.86	10.0	0.50	5.8	58	+3.85	+3.94
1921—1930	13.89	1.05	13.3	0.71	5.1	68	+2.84	+2.29
1931—1940	11.55	0.68	17.0	0.78	5.1	85	−2.15	−0.23
1941—1950	13.90	1.46	9.5	0.87	6.3	60	+10.60	+3.25
1951—1960	39.20	3.00	13.1	1.63	4.2	54	+6.74	+5.90
1951	22.34	2.45	9.1	1.41	6.3	58	……	……
1961（H）	72.20	3.10	23.2	1.97	2.7	64	+2.5	+3.5
1947—1949	15.71	2.18	7.1	0.97	6.4	45	……	……
1953—1955	31.64	3.02	10.1	1.51	4.8	50	+5.7	+7.8
1959—1961	59.70	3.24	18.3	1.91	3.2	58	+3.5	+5.9

注：a. 表中数据主要来源于莫洛多夫斯基（Molodovsky）1960 年 5 月发表在《金融分析师杂志》上的文章《股票价值与股票价格》"Stock Values and Stock Prices"。而莫洛多夫斯基使用的数据，1926 年之前的来源于考尔斯委员会出版的《普通股指数》，1926 年及以后的则是来源于标准普尔 500 综合指数数据。

b. 年增长率数据是由莫洛多夫斯基整理的计算结果，涵盖了多个连续的 21 年周期，每个周期的终止年份依次为 1890 年、1900 年……以此类推。较低的增长率数据涵盖的是截止于 1961 年的 10 年周期，分别截止于 1953 年、1954 年、1955 年以及 1956 年的 6 年周期，截止于 1959 年、1960 年以及 1961 年的 12 年周期。1961 年的价格选取的是年内截止到 12 月 7 日的最高价格。

粗略地研究一下表 9-1，我们发现这两个阶段存在一些显著的差异。莫洛多夫斯基的研究证明，在 1871—1959 年的 88 年里，投资者获得的总收益中，股息收益率平均达到了每年 5%，因证券价格上涨而获得的收益率达到了每年 2.5%。在计算这两种收益率指标时，均是与每年的市场价格进行了对比。市场价格每年的涨幅为 2.5%，以复利的方式计算，几乎与企业的年增长率以及每年的股息收益率持平。[1]

但是在 1947—1949 年与 1959—1961 年这两个阶段内，各个因子的增长率存在着较大差别，而且在每个周期内，前半段与后半段的增长率差距非常明显。因此，如果我们考虑的是收益而不是市场价格，考察的时间范围是过去的 6 年而不是过去的 12 年，那么我们将会得到截然不同的市场反馈。

根据我们掌握的数据，在过去 12 年间，不管是在哪一个等长的研究周期，股票市场的表现都存在着较大的差别。我们经历了看似单一的牛市，综合指数从 13.55 一直涨到现在的 72。这一上涨趋势曾经三次被经济衰退所干扰，每次的倒退幅度接近 20%。用常见的术语来说，这些都可以被称为牛市过程中的修正或者回踩。

众所周知，股票市场的长期发展历史与前面的分析结论差异更大。如表 9-2 所示，我们列出了多个完整的牛市与熊市相互转化的周期数据。1899—1949 年，共有 10 个界限清晰的周期，因此平均每 5 年为一个周期（根据两个价位最高点之间的距离判断，最长的周期为 10 年，为 1919—1929 年；最短的周期为两年，为 1899—1901 年以及 1937—1939 年）。工业平均指数的下降幅度在 40%～50% 之间；早些年间，综合平均指数的下跌幅度更小一些。最令人震惊的市场下跌当然要数综合指数从 1929 年的 31.92 点下降到 1932 年的 4.40 点，下跌幅度为 86%。同时期，道琼斯工业平均指数的下跌幅度也与之基本相同。

还有一点应该指出，从历史数据来看，人们本以为股票市场的螺旋式运行轨迹应当发生在明确界定的、稳固的上升趋势线附近，每年的变化比率为 2.5%，可是这种想法也许是错误的。价格数据与收益数据都证明，规律的趋势线并不存在。我们对 1871—1950 年期间连续多个 10 年周期的平均数据的检验结果，与表 9-2 莫洛多夫斯基提供的增长率计算结果都能证明这一点。

表 9-2　1871—1949 年主要市场的波动情况

年份	标准普尔 500 指数			道琼斯工业平均指数		
	最高点	最低点	下降幅度（%）	最高点	最低点	下降幅度（%）
1871	—	4.74	—	—	—	—
1881	6.58	—	—	—	—	—
1885	—	4.24	28	—	—	—
1887	5.90	—	—	—	—	—
1893	—	4.08	31	—	—	—
1897	—	—	—	—	38.85	—
1899	—	—	—	77.6	—	—
1900	—	—	—	—	53.5	31
1901	8.50	—	—	78.3	—	—
1903	—	6.26	26	—	43.2	45
1906	10.03	—	—	103	—	—
1907	—	6.25	38	—	53	48
1909	10.30	—	—	100.5	—	—
1914	—	7.35	29	—	53.2	47
1916	10.21	—	—	110.2	—	—
1917/1918	—	6.80	33	—	73.4	33
1919	9.51	—	—	119.6	—	—
1921	—	6.45	32	—	63.9	47
1929	31.92	—	—	381	—	—
1932	—	4.40	86	—	41.2	89
1937	18.68	—	—	197.4	—	—
1938	—	8.50	55	—	99	50
1939	13.23	—	—	158	—	—
1942	—	7.47	44	—	92.9	41
1946	19.25	—	—	212.5	—	—
1949	—	13.55	30	—	161.2	24

市盈率同样也表现出了股市震荡的特征。由于受到经济周期周而复始的影响，收益比价格更不稳定，因此出现了这一个明显的趋势——当经济萧条时期，市盈率倍数倾向于最高。几十年的平均数据抚平了这种变化趋势。不过，数据并没有显示出市盈率的增长趋势，原本我们以为伴随着企业潜在能力与收益数据可靠性的提升，市盈率也会随之变高。实际上，在 1949—1950 年期间，市盈率为 6.2 倍——当时正处在目前这个牛市周期的初期，在 90 多年的股票价格与收益数据里，这是所有两年期数据里的最低值。经济现象钟摆理论的支持者或许会把目前再创新高的市盈率倍数解释为，它是市场对 1949—1950 年期间企业盈利金额减少的回应。

II

现在，两幅迥异的股票市场画卷摆在我们面前。有种观点认为，1949—1961 年这个周期基本上就是 1871—1949 年周期的延续；还有一种观点认为，1949—1961 年这个周期完全不同于之前，是一个新的开始，将决定未来市场的特征。那么我们现在要问一问，这两种观点各自有哪些论据。对学生而言，将目前市场的变化模式套用到过去期限更长的研究周期中，并不是什么太难的事。确实，眼下这场牛市持续的时间长度以及涨幅早已超越历史上的其他所有牛市。[2] 然而，一个沿用数十年的模式应该会不断地创造不同类型的新纪录，这种期望只能心里想一想罢了。新纪录不会创造一种新的市场模式或新特性。

有没有可能我们现在生活的年代与 20 世纪 20 年代并没有什么本质上的区别，只是一个改良版本而已？不言而喻，两者之间肯定存在着令人印象深刻的差异；否则从一开始两者的相似之处就会让我们大吃一惊，而我们的反应不可能会让现在这个时代成为 20 世纪 20 年代的翻版。更有可能的是，用抽象一点的语言来描述的话，一开始就存在的差异让我们相信这个时代与 1929 年大萧条那段痛苦的经历毫不相关，但是后来我们慢慢发现了两者之间的相似之处；而且不知不觉间，我们在心理上再也无法察觉到这些相似之处。让我们试着列举一下当前的股票市场与 20 世纪 20 年代的股票市场有哪些较为明显的差异以及相似之处。

两个时期的主要内部差异均与各种金融操纵以及过度的投机借贷相关。人们疯狂地用极少量的保证金买入了大量的股票，这股浪潮导致 1929 年的牛市出现了几个高点。然而现如今，监管部门不允许过少的保证金金额。经纪人发放的贷款金额从 1926 年的 276.9 万美元增加到 1929 年的 854.9 万美元，当时这些贷款占到了所有会员银行贷款总额的一半左右。与之相反，到目前为止，经纪人贷款的增长幅度要比 20 世纪 20 年代小得多（以少量的保证金为担保，从其他地方获得贷款无疑会是股票交易者获取资金的主要来源，不过这无法改变市场的整体趋势）。从金融交易的角度来看，在 20 世纪 20 年代，主要的滥用行为包括投机势力对股票价格的随意操纵，以及通过各种类型的控股公司层次构建金字塔型的公司结构。而目前，股票市场操纵与公司结构操纵均已被美国证监会以立法的形式严格限制，同时股票交易所更严格的监管也对其有约束作用。在我看来，没有被察觉的操纵案例应当是相当少的。虽然目前正在进行中的各种调查也披露了一些惊人的内幕，但是不管现在存在着怎样的滥用行为，都不会像 30 年前那样渗透到整个金融体系之中。

上述结论有一个例外，那就是新股发行。我认为，至少已经形成了一种半操纵性质的操作手法，专门用来对付所谓的热门股。过去两年来，这种热门股数量在稳定增长，但它们的质量却在以同样的速度倒退。在这个投机领域，我发现，目前的市场环境与 20 世纪 20 年代末期（特别是 1919 年）的市场状况最为接近。品质可疑的新证券会不会在市场的融资总量中占比过大，以至于最终会导致整个市场的规模变小呢？我不敢妄加猜测。但这并非是不可能的。

有一个传播已久的说法——我们身处一个全新的股市年代，其本质特征与过去牛市—熊市循环交替的特征有本质上的区别，过去的市场与现在的市场有很多明显的差别。这已经远远超越了股票交易与企业理财领域的改革范畴。

人们用这个说法来证明现在的股票价格水平与市盈率达到史无前例的高度是

完全合理的；但是反过来，从本质上看，我们也可以用这种说法证明股票市场的特征以及未来总是处在不断的变化当中。如今，人们认为普通股投资的安全性与潜在的吸引力具有非常坚实的基础，这个基础便是多种有利因素构成的复杂环境。所谓的有利因素包括：

● 人口和国民生产总值的确定性增长；

● 比以前更快的经济扩张速度，这源于技术进步以及与俄罗斯的竞争；

● 大萧条的防范治理措施，美国联邦政府应履行的新职责便是防止或迅速终结类似的大萧条危机；

● 公众已经认识到，普通股投资是应对持续通货膨胀的必不可少的措施；

● 共同基金、养老金信托以及其他机构投资者的涌现，成为普通股的主要需求来源以及持续不断的有力支撑。

那些研究过 20 世纪 20 年代的学者会发现，曾经有人在那个年代也用类似的理由试图证明市场价格的上涨是完全合理的。"普通股是最好的长期投资"，这种说法出现在 1924 年，成为市场哲学的基础，并催生了市场过剩。人们对国家未来的经济增长以及高速增长环境下的普通股收益都抱有很强的信心和乐观态度（1922—1929 年期间的资本回报率要高于 1950—1961 年的回报率）。旧的价值标准，尤其是以前债券利息与普通股投资效益之间的正常关系，被彻底抛弃了，理由是它们与新经济形势没有什么关系。人们对未来商业的稳定性以及不会再发生大萧条的判断有很强的信心。而这所有的一切都建立在这样的想法之上：科学的管理、认真控制存货数量、保持较低的通货膨胀率，以及其他一些能帮助企业领导者不再犯以前的错误的因素。

在我看来，20 世纪 20 年代的经济与现在相比，存在三个主要的差别。第一个与通货膨胀因素有关，第二个与冷战有关，第三个与政府在商业市场上扮演什么角色有关。20 世纪 20 年代的牛市没有得到商品价格不断上涨所带来的助力；

从 1949 年开始的市场上涨，是一种虽无规律但确实能一直持续下去的上涨，这首先反映在批发领域以及消费者价格指数的变化。很难说，投资者目前十分关注未来的通胀预期是否应当被看作投资者本人对客观事实的一种理性反应，还是一种过于强烈的主观反应，毕竟通货膨胀并不是金融领域的什么新鲜事。与 1950—1960 年这 10 年相比，在 1900—1910 年期间，批发价格的上涨幅度更大；同样，与 1940—1960 年这 20 年相比，在 1900—1920 年期间，批发价格的上涨幅度也更大一些（相当于 36 美元涨到 100 美元与 51 美元涨到 120 美元的对比）。很多人相信，不管是政府、工党领袖还是商业领袖，通货膨胀都是阻力最小的经济发展途径，因此这一政策将会被延续下去。过去的记录无法帮助我们确定未来几十年里通货膨胀率到底会有多高，不管通货膨胀的发展过程是有规律的，还是中间时不时地伴随通货紧缩（就像 1921 年与 1932 年那样）；也不管未来投资者是否还会像今天这样对通货膨胀持关注与保守的态度。人们对通货膨胀的态度，就像人们对其他每一种投资产品或投机交易的态度一样，似乎更关注股票市场的波动会带来的后果，对原因却不太关心。

至于冷战对普通股价值的影响，我说的只是我的个人观点，当然并非人人都认同。首先，我认为这有助于商业扩张，同时有利于过去 10 年的相对稳定。但相反的是，我看不到我们现在正经历的冷战可以为我们的生活和下一代做出什么贡献。在现在这个 10 年里，我们必须要找到一个方法结束冷战，否则它会转变成大规模的核战争。如果自 1949 年以来的经济繁荣主要依靠的是巨额的国防支出，那么我们很快就会发现，未来代替冷战的要么是和平，要么是核战争。到了那时，与 1929 年一片祥和的国际局势相比，今天的国际情形不可能有利于普通股的升值。

政府承诺尽量防止大规模的失业以及严重的大萧条，这不仅是一个新的影响因素，而且有着非常重要的影响作用。预期未来股市的运行周期不同于过去，这种说法的最合理理由与商业周期有些相似。1949 年以来的数据强有力地支持了这个结论。每个月更新的"经济周期的发展"数据说明，自 1948 年以来，一共有 4 个时期出现了商业萎缩的现象，分别是 1948—1949 年，1953—1954 年，1957—1958 年以及 1960 年。相比于 1937—1938 年的迅速衰退以及 1919 年后、1929 年后的大萧条来说，上面列出的这 4 个时期，业务萎缩的幅度还没那么大。自 1950 年以来，股票市场曾经出现过三次平均指数下跌 20% 的危机，这恰恰对应了工业产量指数的三次下跌，每次下跌的幅度约为 10% 左右。如果现在我们已经进入了一个没有萧条的新时代，那么似乎可以合理地推导出这个结论：我们也已经进入了一个不再有熊市的新时代。

III

我的分析还有我的直觉警告我，在这个貌似真实和可靠的平行时期，仍有一些信息可以捕捉。如果现在的情况是，股市与国民产值增长的比例是同步的，那么观察者得出的结论是——也许他多少有点惊讶，不止经济，人性也变得焕然一新了。不过，这样的结论一半是事实，另一半则是假设。首先，股市的发展水平并不主要由商业的发展水平所决定，而是取决于新的投资理论、投资态度、投机兴趣的增长以及投机交易的增加。一些老套的金融滥用手段虽然曾经在以前的牛市上非常常见，然而现在已经消失不见了。不过，现在有些重新冒头的迹象，而且一些新的滥用手段已经出现，并且飞快地散布开来。企业的财务报表、融资安排、企业公开发行的证券质量以及新发行证券的上市交易，在上述这些领域，我们都能看到新手段的身影。

在我看来，同样重要和危险的是，证券分析师轻易地接受了现在的市场价位以及将市盈率倍数看作证券估值衡量标准的观点。成长型股票的估值，"现金流"，对企业免税股息的期望会导致企业利润显示为"赤字"——这些新的分析观念看上去很合理，但是缺乏自我约束，最终必将导致投资者与投机者误入歧途。总的来说，新的投资理论和技术使我想起了 1928—1929 年期间二流企业曾大量发行普通股的现象，层次更低的企业也使我想起了 1919 年的情形。如果商业环境以及企业盈利的相对稳定能创造出市场对普通股的无限热情与无限需求，那么最终这必将会导致股价不再稳定。我们已经在成长型股票身上看到了这一矛盾关系。成功且前途远大的公司，例如美国德州仪器公司（Texas Instruments），之所以会被投机者炒到如此高的价位，就是因为投机者过分强调了公司的未来发展预期，随后市场的反应让德州仪器公司的股价下跌了一半，然而在整个过程中，公司的基本面根本没有发生任何变化。现在这样的例子太多了。成长型股票的价格波动轨迹能让我们提前预测整个市场的最终反应——市场各方面的总体反应，看一看本质上普通股投资是不是已经与普通股投机划等号了。在这种情形下，股票市场会有自己的生命周期，并且独立于经济周期。事实会再次证明，市场周期就是人性周期；它的经济背景会改变，但是它的根本特征或这些特征所导致的结果是不会发生变化的。

这些否认股市出现新特征的论据并不能证明目前股票市场的价位过高——尽管按照旧标准来判断的话，现在的价位确实很高。令人信服并极其可能的情形是，促进经济发展的新因素将会使得公司盈利的中心值向上移动，并且股票收益率与债券收益率之间的关系比以前更有利。如果整个商业社会可以永远不再爆发经济危机，就像自 1941 年以来的经济发展一样，那么前面这种猜测当然是对的。我们关心的不是股票市场未来的中心值，而是未来围绕着这个中心值，市场的波动幅度以及后果。

为了减轻人们对新估值标准的偏见，请让我用下面这段话来证明——基于一些可信的计算推导，目前的股票价格水平也许是合理的。我们假设投资者想获得 7.5% 的年总收益率，其中包括股息收益与市场升值带来的平均收益（7.5% 这个目标是根据股息收益率以及证券升值收益率的长期数据制定的；用它作为对未来的预期是很合理的）。然后再假设在无限的未来，公司的盈利与股息每年增长 4.2%，这正是这个 10 年的计划目标。投资者应该对 3% 的股息收益率感到满意。目前，标准普尔综合指数的点位为 65 点，仅比近期的最高点低 10% 左右，这看上去也挺合理。只要做小幅调整就有可能让指数再创新高。

假设永远保持 4.5% 的增长率并不是不可能的事，那么我们必须要让 GNP 的增速变得更快，否则在与俄罗斯的竞争中就会输给对方。常见的反对意见是说这只不过是一个假设，过去的经验认为将增长率设定为 2.5% 是比较合理且符合现实的，4.5% 和 2.5% 之间的差距就相当于标准普尔综合指数 65 点与 39 点之间的差距。我的经验告诉我，在应将未来增长率设定为多高的问题上，投资者的选择会受到市场形势的制约，而不是相反。

现在我已经把所有支持或反对"股票市场已经进入了新时代并具有了新特征"的观点及其理由全部介绍了。如果 1949 年以后的市场走势预示着未来，那么投资股票所带来的累积收益将会难以置信的高。投资者要做的事便是投入大量资金，买入具有代表性的各类普通股，然后再有一点耐心，能耐得住市场平淡时期的"寂寞"。标准普尔 500 指数成分股的总体年化复利率大约是 13%——让人奇怪的是，这与特别选定的一组成长型股票的平均收益率基本持平。[3] 在没有严重干扰的情况下，即使年收益率比这个值低得多，也能为投资者带来满意的回报。

IV

但是，我认为更可能的情形是，股市的基本特征肯定是像人的本性一样没有发生变化，那么从现在开始不断加大股票投资的交易者就要面对另一种截然不同的局面。新产品可变年金的出现类似于 20 世纪 20 年代。在那个牛市期间，美国的投资信托业经历了第一个重要的发展时期。绝大多数支持这个行业的论调也同样适用于共同基金的份额销售以及股票投资。1929 年的大股灾让信托基金行业遭遇了严峻的挑战，甚至是倒退。一般来说，这是导致人们对普通股投资信心大幅下降的原因之一。当然，很多人，尽管不足总数的一半，还是熬过了这场劫难，重新为自己赢得了比以往更多的敬意。而且，定期定额投资法这种最常见的股票追加投资方式，在经历了 20 年由不满意到普普通通的发展历程以后，终于证明了自己。[4]

根据定期定额投资法的理论所进行的计算推导让我们敢于更大胆地预测，这种策略最终必将取得成功——不管投资者从何时开始执行这一策略，也不管市场形势如何风云变幻，只要他们都能坚持不懈地始终执行这一策略。这可不是一个可有可无的附带条件，而是必须遵守的条件。假设定期定额投资策略是个与众不同的人，那么不管股票市场的气氛是愉悦欢快还是阴郁愁苦，他都不会受到影响。不过，我很怀疑这一点，因为使用这种投资策略的大多数人都是普通人，他们之所以会参加股票定投项目，只不过是被共同基金销售人员的巧舌如簧给说服了（现如今，共同基金行业的销售技巧非常高超）。

让我们再回顾一下我对股票市场特征以及股票累积投资这两个问题的评论。首先，我对过去 12 年以及过去 90 年间的股票市场走势进行了统计数据的比较分析。但是，我们知道，人们对股市市场行为的分析远不止 90 年，实际上应该从 1711 年南海公司（South Sea Company）算起，距今已经整整两个半世纪了。在 1934 年出版的第 1 版《证券分析》中，我们认为 20 世纪 20 年代股市的疯狂只不过是“南海泡沫事件”的重复而已。通过比较，我们发现，现在市场的行为反应更合理、更稳重，同时也更让人放心。今天，没有任何人，甚至连那些根深蒂固的保守主义者（比如我），会希望类似于 1929—1932 年经济大萧条那样的惨剧在股票市场或经济领域再次上演。但是我仍然感觉金融行业对未来的前景过于自信，以为普通股市再也不会爆发危机，市场累积的财富再也不会大幅缩水。

一个伟大的公司可以经得起巨大的时代变迁，一个好的制度也应该这样，而普通股投资以及股票定投策略也很重要。但是，牛市从来都不会演变为一种金融制度，并且鉴于人性存在诸多的弱点，我很怀疑这种诱人的发展前景最终是否真的能够实现。

BENJAMIN
GRAHAM
本章小结

　　我对目前股票市场的评价是：市场机制刚刚摒弃旧标准，但是尚未找到值得信赖的新标准（从这个角度来看，当代的投资活动与当代油画艺术所处的境地是一样的）。市场也许会重新使用旧的估值标准，但是更有可能的是，最终会建立起更新、更自由的股票估值标准。如果是前一种情形，对很多采用定期定额投资策略的交易者来说，普通股的收益肯定会让他们失望。如果市场想确立基础稳固、更新且更高的估值标准，那么我猜测也许这是一个不断试错的过程，我们无法预料需要多长时间，也不知道会出现多少次高低起伏或左右摇摆，波动的幅度也难以预测。我不知道在未来15年时间里，债券的收益率是否会优于股票。但是，我所知道的是，美国教师退休基金会的管理人员非常明智，会一直坚持将受益人至少一半的资金投资于债券，其余的投资于股票。

BENJAMIN GRAHAM
BUILDING A PROFESSION

---第**10**章---

通胀的国库券与"紧缩"的股东：公司是要榨干它的所有者吗 [①]

（写于 1932 年）

五折出售美国

在公开市场上，有超过 1/3 的工业公司股票，其交易价格低于公司速动资产的账面净值。许多普通股的售价都低于其公司财务报表上的现金价值。

那些商业贷款风险低的公司并不需要借钱。在这样一个新时代里，股东会为它们提供大量的闲置现金。公司的财务主管高枕无忧，但是股东每天却坐立不安。

银行不再直接给大企业放贷，而是将钱借给股东，使得他们以虚高的价格购买公司的股票，从而为公司提供了充足的融资金额。

公司、董事和股东的责任分别是什么？如何划分职责才是最佳的解决办法？股东到底是公司的部分共有者，还是冤大头？

早在 1929 年的时候，公司所采用的方法就是赋予股东能够退股的权利，减少资本化，平衡公司与股东之间的负担。现在，难道公司要彻底转变这种方法

[①] 本文节选自：《福布斯》杂志，1932 年 6 月 1 日 "Is American Business Worth More Dead Than Alive?" 第一部分。

吗？如果因为未来可能出现的长期持续亏损，使得市场行情走低，从而大量的现金储备出现折价，那么，股东是不是可以在他的钱消耗殆尽之前，就要求进行清算呢？

公司这样运作，对股东公平吗？

假设你是一家大型制造企业的所有者。像其他许多人一样，你在 1931 年赔了钱；近期前景也并不乐观，你对未来感到悲观，并且愿意以较低的价格出售企业。潜在的买主向你要财务报表。事实上，你可以给他一张业绩非常优异的资产负债表：

现金和美国政府债券 - 8 500 000 美元

应收账款及商品 - 15 000 000 美元

工厂、不动产等 - <u>14 000 000 美元</u>

37 500 000 美元

扣除流动负债 - <u>1 300 000 美元</u>

净值 - 36 200 000 美元

买主随意翻看了一下，然后出价 500 万美元要买你的企业——包括现金、自由债券以及其他的一切。你会卖吗？这个问题看上去就像是一个笑话。只要是一个正常人，就不可能用 500 万美元换 850 万美元的现金资产，更不要说 2 800 万美元的其他资产。这种交易听起来很荒谬，但怀特汽车公司（White Motors）的不少股东确实这么做了，或者说他们所做的事情跟这种情况类似，以 7~8 美元的价格，将所有的股票卖光了。

上述数据向我们揭示了怀特汽车公司在 1931 年 12 月 31 日的状况。每股 7.37 美元的价格已经算比较低了，然而在这个较低的价格水平上，该公司的 65 万股份以 480 万美元的价格被售出，而公司的现金及现金等价物的 60% 就有 480 万美元之多，这也仅占公司速动资产净值的 20%。普通股并无其他的出资义务，而唯一的负债就只有上面显示的当前应付账款。

一家历史悠久的大公司，在市场上所卖出的价格，竟然只占其速动资产的一小部分，毫无疑问，这让人感到很惊讶。

但令人印象更为深刻的是，我们发现很多其他企业也在以低于其银行现金存款的市价主动抛售自己。更有甚者，相当一部分企业的售价都低于他们的速动资产价值，更别提还有工厂和所有其他的固定资产了。这意味着，大量美国企业在市场上的报价远远低于其清算价值，从华尔街的最优判断来看，这些企业破产比延续更有价值。

大多数工业企业应该进行有序清算，清算的价值至少不能低于其速动资产的规模。虽然说工厂、房地产等不能按照其账面价值出售，但它们还是足够弥补应收账款和商品价值的缩水的。如果这个假设不合理，那么，我们的大企业所采用的会计方法就存在根本性的错误。

在笔者的指导下，哥伦比亚大学商学院进行的一项研究显示，包括在纽交所上市的约 600 家工业企业中，有超过 200 家或接近 1/3 的公司，已经以低于速动资产净值的价格出售了。其中，超过 50 家的售价还不到它们现金和有价证券的价值。在表 10-1 给出的部分清单中，就包括属于后一类且更具代表性的公司。

表 10-1　一些售价低于其现金资产的股票　　　　　　　　单位：美元

公司	1932 年的市场最低价	最低价时公司的市场价值	现金和可交易证券金额	流动资产减去所有负债	每股现金资产	每股净速动资产
Am. Car & Fdry[a]	20¼	9 225	14 950	32 341	50	108
Am. Locomotive[a]	30¼	14 709	14 829	22 630	41	63
Am. Steel Foun.[a]	60	8 021	8 046	11 720	128	186
Am. Woolen[a]	15¼	8 354	14 603	40 769	30½	85
Congoleum	7	10 078	10 802	16 288	7	12
Howe Sound	6	2 886	4 910	5 254	10	11

续表

公司	1932年的市场最低价	最低价时公司的市场价值	现金和可交易证券金额	流动资产减去所有负债	每股现金资产	每股净速动资产
Hudson Motors	$4^1/_8$	6 377	8 462	10 712	$5^1/_2$	7
Hupp Motors	2	2 664	7 236	10 000	$5^1/_2$	$7^1/_2$
Lima Locomotive	$8^1/_2$	1 581	3 620	6 772	19	36
Magma Copper	$4^1/_2$	1 836	3 771	4 825	9	12
Marlin Rockwell	$7^1/_2$	2 520	3 834	4 310	$11^1/_2$	13
Motor Products	13	2 457	2 950	3 615	$15^1/_2$	19
Munsingwear	$10^7/_8$	1 805	2 888	5 769	17	34
Nash Motors	10	27 000	36 560	37 076	$13^1/_2$	14
N.Y. Air Brake	$4^1/_2$	1 170	1 474	2 367	5	9
Opp'hm Collins	5	1 050	2 016	3 150	$9^1/_2$	15
Reo Motors	$1^1/_2$	2 716	5 321	10 332	3	$5^1/_2$
S. O. of Kansas	7	2 240	2 760	4 477	$8^1/_2$	14
Stewart Warner	$2^3/_8$	3 023	4 648	8 303	$3^1/_2$	7
White Motors	$7^3/_4$	4 938	8 620	22 167	13	34

注：a. 优先股。

这种情况意味着什么呢？经验丰富的金融从业者肯定会回答说，这意味着股票总是在繁荣过后以过低的价格出售。正如纽交所主席所证实的那样："在这样的时代，受惊吓的人们让美国经济现出了原形。"

换句话说，这种情况之所以会发生，是因为这些有企业但没有钱或者有钱但没有企业的人，都希望在价低时买进股票。在以前的熊市里，我们不也遇到过这样的情形吗，比如，1921年的时候？

然而，真实的情况则完全相反。在第一次世界大战后的大萧条时期，股票虽然以较低的价格出售，但在证券交易所，却很少有人可以用低于速动资产价值的价格买到，也不可能用低于该公司可用现金的价格买到这些股票。

我们对两个不同的时期进行了比较，比较的对象涵盖了具有代表性的企业，得出来的结果可以说令人震惊。比较结果表明，1931年的企业经营业绩其实并不比 1921 年差。在 1931 年的时候，这些公司正在以各自流动资产一半的价格出售；而 10 年前的 1921 年，企业流动资产的规模只有底价的一半。考虑到现金资产，当前的价格相比于 1921 年的价格，低了 6 倍。

因此，我们必须认识到，现在的情况还不是典型的熊市。从广义上讲，它是全新的、前所未有的。这是继 1928—1929 年之后新时代里又一个奇怪、讽刺、疯狂的现象。它反映了金融人士的态度和国家金融体系中深刻却又不为常人所知的变革。

两个貌似可信、看似无辜的想法被扭曲和利用成了疯狂的金融福音，这两个想法是：第一，好股票都是好的投资；第二，价值取决于盈利能力。结果，把我们所有的投资者都变成了投机者，企业是有钱了，可股东却一贫如洗。商业贷款和华尔街融资的相对重要性被倒置了，只靠出台一些颠三倒四的会计政策和完全非理性的价值标准——在很大程度上看，这些就是引发自相矛盾的经济萧条的原因所在，而我们自己也被经济萧条所迷惑。

许多股票售价远远低于其营运资金，这样一个简单的事实背后，其实存在着一系列复杂的原因、结果和影响。本文接下来将详细阐述形成目前这种特殊情况的原因，而其他方面存在的分歧，将会在以后发表的文章中加以论述。

当前市场价格和流动性资产的差别，在很大程度上是由于最近几年股东行使认购权，使得大量的现金如洪水般涌进他们的公司。这种现象，是 1928—1929 年大牛市中的一个显著特点，但却出现了两种截然相反的后果。一方面，额外的资金极大地改善了公司的现金流及营运资金状况；另一方面，发行额外股份也大大增加了股票的供应，弱化他们的市场地位，强化市场走低的趋势。因此，同样的状况，既可以提高股票的内在价值，也可以压低股票的市场价格。

然而，令人生疑的是，如果在过去 10 年时间里，投资者仍保持着研读资产负债表的习惯，下跌的走势不至于到目前这种程度。在过去一年里，大部分股票抛售是出于恐惧而不是出于理性。如果这些胆小的持有人都能清楚地看到他们所抛售的股票只是各自流动资产的一小部分，他们中的许多人可能会做出其他的选择。

但是，由于价值与盈利能力相挂钩，股东不再关心企业拥有什么，甚至连企业存在银行里的钱都不在乎了。

毫无疑问，过去的投资者过于强调账面价值，而对资产所能带来的收益关注较少。忽略那些企业账目上的各类数字不失为一个良策，除非这些数字有着与其相称的盈利能力。和华尔街大多数的理念一样，这一观点被过度利用。结果就是，引起大家对报告盈余过分重视，而企业盈余可能只是暂时的，甚至还带有一定的欺骗性。这一观点还完全忽视了构成证券价值的一个非常重要的因素，即公司营运资本的头寸状况。

华尔街对很多公众企业进行估值，采用的却是一个完全不同于私营企业的价值标准。在行情好的时候，由普通的商业标准评定的资产在证券交易所的价格高得惊人；而现在有了补偿法则，同样是这些公司，其资产估价却又低得惊人。

造成股票现在的价格低于其速动资产价值的另外一个原因，是投资者害怕未来经营出现亏损。许多读者认为，这是导致目前市场水平较低的潜在原因。这些报价不仅反映了盈利能力的缺失，同时也表明存在"不断削减的权力"，这带来了当前股票背后所代表的营运资本的浪费。

1/3 的美国企业注定要继续亏损，除非股东抛光他们所有的股份，这会是真的吗？这就是股市在确定性环境下的必然结果？这显然是错误的，我们总是在对未来的主要判断上出错。众所周知，华尔街的逻辑是不可靠的，经常会自相矛盾。例如，对铁路市场的绝望是来源于卡车将会抢占它们大部分的市场份额，与此同时，卡车行业也不被市场看好，所以，尽管卡车企业股票的价值很高，但投资者却放弃股票来换得一小部分的流动资金。

然而，即使在繁荣时期，许多企业做出了许多承诺，但最终也是半途而废，可以肯定的是，这种运气不佳的企业的数量，比以前增加了不少。处于弱势地位的企业将会发现，想要生存下去是很困难的，也许压根不可能。因此，在一些极端情况下，市场会灭绝的预言会得到证实。尽管如此，但用只占清算价值一小部分的价格大规模抛售股票，一定存在一个根本性错误。

如果一个企业注定要亏钱，为什么还要继续经营呢？如果它的未来是如此的无望，它继续经营下去的价值还远远比不上把它卖了值钱，那为什么不清算它呢？

当然，企业的所有者有着比给现金更好的选择，他们只是担心这些选择最终都会消失。让我们回到本文一开始提到的，怀特汽车公司股东和私人工厂老板之间签订的合同上。

问题背后的逻辑关系其实很简单。怀特汽车公司继续经营下去的价值，要么比其在银行的现金多，要么比银行的现金少。如果比银行里的现金多，那么股东以远低于其现金价值的价格抛售股票的做法，简直是愚蠢至极，除非他有不得已的苦衷。如果比银行里的现金少，企业就应该被清算，每个股东就能获得现金以及其他资产所能带来的价值。

显然，股东们已经忘记了应该多看看资产负债表。他们也都忘记了，他们是企业的所有者，而不仅仅是股票代码和价格的主人。是时候做一些改变了，我们应该让成千上万的美国股东，把眼光从每天长时间地盯着股市行情，转到关注企业自身上来。毕竟他们才是企业的主人，企业之所以会存在，是基于他们的利益所在，并且会为他们带来快乐。

当然，对这些企业的监督，必须委托董事，并让拿着薪水的管理层来执行。但是，所有者的钱是否可以因为经营亏损而出现浪费，以及当他们自身都急需资金时，是否还应该为企业贡献大量的非生产性现金，这些都是每个股东必须思考，并且对自己的决定负责的问题。

这些都不是管理上的问题，这些都是产权问题。在这些问题上，管理层的意见也许举足轻重，但是还没有到决定性的程度。

今天的股东，不仅仅需要有关注资产负债表的意识，更重要的是，要有所有权的意识。如果他们意识到自己作为企业所有者应该享受相应的权利，这种因现金和资产负重不堪而争相抛售所持股票的疯狂景象，就不会出现在我们眼前。或许就是公司本身在回购市场上那些他们所抛售的股票，极具讽刺意味的是，我们看到，股东自己的现金还少得可怜，根本不够支付。

传说中的诙谐的理发师打着广告说：

> 你知道吗——
> 我们不仅免费给您刮脸，还送您一杯饮料！

即便没有说完整，这句广告语也可能被今天的股东们当作箴言。他们把手中的库存和应收账款的份额亏本抛出，然后便转而投身于房地产、建筑业、机械行业。

这种幽默可以被进一步解读，但需要的不是俏皮话，而是在直面股东、管理人员和银行家的时候，对至关重要的问题做出直截了当的表述。这些将会在随后的文章中谈到。

BENJAMIN GRAHAM
BUILDING A PROFESSION

───── 第**11**章 ─────

资本雄厚的公司是否应该将现金返还股东 [①]

（写于 1932 年）

在前面的文章中，我们提到了这样一个问题：企业持有的现金资产与其股价存在严重的不匹配。这个现象，一般而言，我们都认为是企业大量增发新股所导致的。增发新股将钱从股东的口袋里转到了企业的账户上。根据纽交所的数据，1926—1930 年间，仅挂牌交易的企业，就通过这种方式获得了至少 50 亿美元的资金。

这期间，企业通过发行证券，公开募集资金总额超过 290 亿美元。这 290 亿美元中，只有很小一部分可能重新回到了个人投资者手里，大部分资金还是投入了企业的再生产过程中——要么扩大生产规模，要么补充营运资本。

必须明确一点，还有一大笔资金被以未分配利润的形式积累起来。在如此巨大的现金流入后，即便这些资金被消费或被亏损，抑或被当作股息支付给股东，但毫无疑问，企业的资产规模还是增加了不少。

然而，提供这些资金的投资者和股东又得到什么了呢？他们的财富没有任何增长，有的甚至背上了沉重的债务负担。但企业在获得投资者的"慷慨解囊"后，

---

① 本文节选自：《福布斯》杂志，1932 年 6 月 15 日 "Is American Business Worth More Dead Than Alive?" 第二部分。

既解决了发展过程中的资金"瓶颈",实现了财富的快速积累,同时又解决了偿债资金的来源问题。

这就带来了一个很诡异的后果:股东夜不能寐,承受着巨大的财务压力;而企业高管却高枕无忧,甚至还因股票增发变得富有起来。

诚然,公众持股份额越多,意味着其所拥有的企业现金资产的权限也就越大。但事实上,对股东而言,这并没有多大意义。如果股东遇到流动性问题,银行不会提供以股票为抵押的贷款,或者提供保证金贷款。如果股东想卖出股票,就必须承担股票价格波动带来的风险。如果股东要求企业管理层分出一些原本属于他们的现金资产,管理层可能会用一个微笑来打发股东。或者可能出现这样的情况,即管理层表现"仁慈",以市价回购股东手中的股票。当然,回购的价格仅为股票公允价值的一小部分。

与此同时,企业在新时期里通过增发新股募集大量资金的行为,不仅给股东带来财务上的困境,还沉重打击了银行体系。一直以来,商业贷款都是信用体系中的核心业务与天然屏障。虽然证券贷款的业务规模逐渐上升到第二名的位置,但它们的信用等级却要差许多。

但近年来企业与公众之间出现了一些什么样的变化呢?企业更多地采用了证券贷款,商业贷款的需求在减少。银行不是直接将钱贷给大企业,而是被迫接受股东以所持有的企业股票作为抵押,发放贷款,或者用银行自己的账户直接买入这些证券。

银行贷款构成比例的变动情况,可以从美国联邦储备系统所提供的数据中得到佐证(见表11-1)。

表 11-1　1920—1930 年银行贷款构成变动情况　　　　单位：百万美元

	商业贷款	证券贷款	总额
1920 年 10 月	9 741	7 451	17 192
1932 年 5 月	6 779	12 498	19 277

这数年间发生的变化，使得股东的处境更为糟糕，也让银行陷入了一种进退两难的尴尬之中。最优等级的贷款类别已经被最差等级的贷款类别所取代。之前，贷款的安全性以及企业的偿债能力都是取决于大企业的财务状况，而如今，却被股票市场的波动性所取代。

成千上万的股东，虽然他们是公司的所有者，但现在却发现自己处于一个很荒谬的境地。例如，他们所持有的股票市场价值大约只有 1 000 万美元，最高可抵押换来 800 万美元。而只有 1 500 万美元资产的企业，却可以借到远远超过其速动资产规模的贷款。如果这家企业的所有者能够实际掌控企业，他不仅可以从企业中抽离大约 1 500 万美元的现金及现金等价物，而且还能从银行获得 500 万美元的贷款。即便这样，他仍然可以让企业正常运作，并持有大量的股份。

如果股东以每股 10 美元的价格将所持有的股票作抵押去申请银行贷款，银行可能会犹豫；但同一家银行却乐意将钱贷给企业，而这些贷款足以支持企业以每股 15 美元的价格从股东手中回购股份。

一方面，企业掌控着大量的现金和丰富的信贷资源；另一方面，这些企业的股东将大量的资金注入企业，却不能够将自己所拥有的企业资产变现，或者从企业借出现金，哪怕这只占他们所拥有企业权益的很小一部分。于是就造成了这样的局面：股东昔日慷慨解囊为企业贡献资金来源，而当股东今日面临流动性问题时，企业却"一毛不拔"。

银行看似是罪魁祸首之一，但事实上，他们也是这一状况的受害者。信贷结构的变化扭曲了原先的信贷体系，加剧了信用风险，违约等情况时有发生。银行在这个过程中也接受教训，决定重拾商业贷款，将它们放在优先考虑的位置。

但现在谁是商业贷款的借款主体呢？历史信用记录良好的大企业会有季节性贷款的需求吗？还真不一定。这些大企业并不需要银行的支持，当融资很容易的时候，它们直接可以从股东那里获得企业发展所需要的资金。

商业贷款的借款人主要有三类：第一类，小型或私人企业——可能是不错的企业，也可能不是；第二类，在上一次经济繁荣时期信用状况较差的大型工业集团；第三类，需要临时现金补充的铁路、市政公司，并通过永久性的融资加以偿还——就所有能够考虑到的情况来说，这是问题的根源之一。

必须意识到，以股票为抵押品的贷款正侵害着银行体系以及绝大多数股东的利益。有没有补救措施呢？肯定有，而最简单的方法就是：让企业将维持日常运转以外的闲置资金返还给股东。

这一举措最直接的好处就是，首先，它改善了股东的财务状况，为他们提供了资金，可以满足他们必要的需求，或者将钱用在他们想要的地方。其次，这有利于提升公众信心，提高公司股价，因为公众很在意美国企业背后所蕴含的现金价值。最后，它还有利于改善银行的信贷结构，提高商业贷款的比重（特别是在企业扩张的时候），并允许企业偿还一定数量的证券贷款。

如何将现金返还给股东呢？最好的选择是财务上直接返还，这种方法已经引发了当前股东面临的困境。企业不仅要为股东提供买入股票的权利，还应该为股东提供按照特定价格卖出一定比例股票的权利。约定股票的卖出价格应该高于当前的市价，但在大多数情况下，约定的价格低于每股净速动资产的价值，从而大大低于每股账面价值。从企业的角度来看，这种回购行为将会带来剩余股份的盈余与净流动资产的同时上升。

有一些企业就是按照上述流程操作的，最早采取这一措施的是西蒙斯石油公司（Simms Petroleum）。近期，汉密尔顿羊毛制品公司（Hamilton Woolen）回购了 1/6 的流通股份，回购价格大约为每股 65 美元，这相当于其净速动资产的价值，但比它的市场价格要高许多。此举相当于向股东返还了 1929 年间通过增发新股募集的大部分资金。

其他的企业，如无敌汽车公司（Peerless Motors），通过不注销股票的特别发放形式，将盈余资金返还给股东。尤里卡吸尘器公司（Eureka Vacuum Cleaner）为缓解危机带来的影响，宣布以特别发放的方式支持其他企业的发展。还有部分企业，如著名的标准石油公司（Standard Oil）以及一些新英格兰的工厂通过降低股票面值的形式，将盈余资金返还给了股东。

上述这些方法最终的目标都是相同的，其差异主要在于技术层面。我们所建议的股份回购方法，在绝大多数情形下，都比直接降低股票面值更具操作性。而且与直接派发股息相比，股份回购在记账方面更具优势。此外，与优先认股权相比较，股份回购在逻辑上更具吸引力。

相当数量的企业，开始在公开市场上运用盈余资金回购股票。这也意味着，部分企业资金开始流向股东。毫无疑问，这对稳定市场价格非常有利，从而有助于限制抛盘，以合理的价格回购股份对现有股东来说也是一种福利。很显然，以这种方式处理盈余资金的企业，与那些拼命将钱留在银行的企业相比较，显得要大方许多。

然而，这一模式受到了各种各样的反对。如果回购的价格过高，董事们就要面临反对者的批评，而回购的受益者却不再对董事会或者企业感兴趣了。如果要避免这一状况，董事会就必须在股价非常低的时候回购股份，可这样做，对股东来说又是非常不公平的事情。此外，这些并不公开透明的市场操作，可能还会给公司董事和内部人士提供谋求不当利益的机会。

班迪克斯航空公司（Bendix Aviation）近期派发了股息，同时宣布在公开市场上大规模回购股份的计划。其他一些现金盈余充足的企业也效仿这种股息政策，尽管有的企业并未将回购股份的计划对外披露。对股东而言，这样的操作可能有失公允。当企业拥有累积盈余且现金充足，董事会首先应该用这些闲置资金满足发放股息的需要。

企业累积盈余，最主要的作用就是平抑经济波动对企业的影响，使企业有充足的现金维持股息的发放。因此，没有盈利并不应该成为企业中断股息发放的理由。将本应该作为股息发放给股东的钱留存下来，在股票价格处于非常低的位置时，用这部分钱回购股东手中的股票，这种行为涉嫌欺诈交易。

正是因为上述原因，所以我们并不认为在公开市场上回购股票是将公司现金返还给股东的最佳方式。按比例注销部分股票，对于卖出股票和持有股票的股东而言，不存在利益冲突；从管理层的角度来看，这种做法也杜绝了任何不公平交易的机会。

那些以低于净流动资产价值的价格出售股份的企业（参见表10-1），从其披露的信息来看，均拥有较多的闲置资金。如果股东对管理层施压，他们能追回一笔可观的盈余现金，这将会改善中小股东的财务状况，提升市场交易活跃度，减少银行的坏账。

为了实现这一理想目标，股东首先必须意识到盈余资金的存在，并对企业的资产负债表保持密切关注。最近几年，财经专栏作家一致认为，与盈利能力相比较，资产价值并不重要。然而，似乎没有人意识到，不管是忽视资产的价值，还是过分强调资产的价值，都可能（或者已经）矫枉过正，结果都不会好到哪儿去。

在整个新时期里，对众多蓝筹股的狂热追捧来源于对盈利趋势的过分关注。每股净利润从4美元增长到5美元，仅仅是这1美元的增长，就可以将乘数从10上调至15，股票的价值也就从40美元上涨至75美元。遵循着这样的理念，估值变得盲目且主观，其结果就是，打着"投资"的旗号，每个人都成为了肆无忌惮的赌徒。

正是在这种利益的诱惑下，投资者的投资行为演变成了猖狂的投机活动，虽然它延长了 1928—1929 年的经济繁荣，但也引发了随之而来的经济危机。随着股票市场的崩盘，很多企业破产了，正如我们所看到的那样。

新的会计操作规范为操纵盈利大开了方便之门。为了削减折旧费用，从而虚增利润，固定资产可以作价为 1 美元。这么做的理论基础是，通过降低资产价值，我们可以提高盈利能力，进而提升市场价值。既然没有人关心资产价值，又何必在乎账面上的价值是多少？这是财务领域又一个被利用的童话故事。

与上一次股票掺水受到严重批评相比，这一次的会计操作，面对的却是完全不同的结果。股票掺水就是抬高固定资产的价格，从而虚增账面价值，这样就可以在市场上卖一个好价格。这一次，虚增的不是资产的价值，而是盈利能力。虽然操作流程完全相反，但是，目的和背后的骗术却并无二致。

由于投资者和投机者均对企业利润表盲目迷信，于是，仅会计方法的改变就会引起股票市价的宽幅震荡。市场上这种造假机会还是有很多的，相关人士不可能会对这些机会视而不见。

一家在纽交所上市的企业，近期仅仅通过补足商誉，并将差额计入当期损益中，就让经营性损失变成了经营性利润，而根本不会有人提到这中间的细节。很显然，管理层认为股东不可能会认真审视企业的资产负债表，从而不会发现他们的造假行为。这并不是没有道理。

同时，对资产价值的忽视，也给企业重组和并购带来了一些新的麻烦。对债权人来说，企业不再对债务直接用现金进行偿付；对股东来说，在合并过程中，原来投入的资金被迫转换成优先购股权。例如，菲斯克橡胶公司（Fisk Rubber Co.）每 1 000 美元的逾期未偿债务中，企业有 400 美元的现金以及 900 美元左右的速动资产可供偿债，当然，这些还不包括企业厂房等固定资产。然而，企业重组计划并没有将现金偿还给债权人，而是以新成立企业的股票作为偿债方式。

与此类似，草原管道公司（Prairie Pipe Line）的股东所持有的股票，每股现金价值为 12 美元，他们对此感到满意。在并购之后，他们突然发现，他们所持有的新公司股票，没有现金价值，而且，这些股票的市值还不到他们原来所持股票现金价值的一半。

在我们看来，所有这些奇怪的现象均源于股东并未意识到自己享有与私营企业合伙人相同的财产地位与法定权利。华尔街的各种策略与方法也都忽视了这一简单的事实。如果这个观点能够在全美数百万的投资者中得以修正，那么，这对卓有成效的公司治理模式与理智的股票估值方式的完善，都会产生深远影响。

BENJAMIN GRAHAM
BUILDING A PROFESSION

─────── 第**12**章 ───────

资本雄厚却正在亏损的企业应该被清算吗 [①]

（写于 1932 年）

目前，我们面临的是前所未有的新情况：超过 1/3 的工业企业售价低于净流动资产，还有大量企业的市场价格低于他们可支配的现金。针对这种情况，我们已经在之前的文章中指出了三个可能的原因：

- 第一，忽略了基本的事实；
- 第二，强制出售和无力购买；
- 第三，由于担心现有流动资产会流失而不愿意购买。

在前面的文章中，我们讨论了前两个原因以及由它们引发的诸多启示。然而，不管是因为忽视现状，还是害怕公众施加的财务压力，都无法对当前低迷的市场价格水平做出完整的解读。

如果不附加任何的条件，金币（gold dollar）的实际价格为 50 美分，由于需求强劲、购买力旺盛，金币的价格可能会迅速抬升。在 50 美分甚至更低的价格水平上，公司金币的数量充足，但是它们通常带有附加条件。虽然它们属于股东，但是股东不能掌控这些金币。股东可能不得不坐下来，看着它们越变越少，直至

─────────────────

① 本文节选自：《福布斯》杂志，1932 年 7 月 1 日 "Is American Business Worth More Dead Than Alive?" 第三部分。

消失，就好比经营性亏损带来的影响。正因为这个原因，公众无法接受公司金币，即使公司的现金持有量与其市价相当。

事实上，精明的读者可能会不耐烦地问："当公司不准备清算时，为什么一直都在讨论清算价值？对于股东而言，他们在公司现金账户上的利息，理论上等同于工厂固定设备账户上应该产生的利息。如果企业被清算，那么，股东就应该获得这部分现金；如果企业能够继续盈利，那么，公司的价值就是其账面价值。如果我们手头上有些现金……"

这种批评很有道理，但是，回应这种批评也很容易。股东没有能力让自己的企业盈利，但他们却有权对其进行清算。说到底，这根本不是一个理论问题，而是一个非常现实而又紧迫的难题。同时，它还是一个非常有争议的问题。这个问题包括公司管理层与股票市场之间的一个不容置疑的判断矛盾，以及公司管理层与股东之间的一个可能的利益冲突。

用最简单的术语来描述上述问题，就是：到底是管理层出错了，还是市场出错了？难道如此低的价格，只是非理性恐惧的产物，或者它们是在传递一个严重的警告，是清算还是等等再说？

现在，就像回答公司其他难题一样，股东将这个问题抛给了管理层。然而，当管理层的判断与市场的判断出现严重分歧时，让管理层决定谁对谁错，这种做法看上去非常幼稚。当问题牵扯到管理层与股东之间的矛盾冲突时，就显得尤为荒唐。因为管理层的薪水是由公司发放的，而股东才是公司的真正所有者。就像如果你是一家经营不善的杂货店的老板，你不会让一个拿酬劳的经理来帮你决定是继续经营还是关闭店铺。

在这个关键的问题上，公司管理领域的两个错误的信条让公众固有的无力感变得更为凝重。第一个信条是，对于公司股票的市场价格，董事会没有责任或者说不感兴趣；第二个信条是，公司外部股东不清楚公司业务，因此，他们的观点不值得考虑，除非这些观点是由管理层提出的。

借助第一个信条，董事们成功地规避了一系列难题，这些难题都是基于股票市场价格而产生的。第二个信条作用也很大，当外部股东认为管理层的做法不明智，或者不是以股东利益最大化为出发点时，借助这一信条，管理层可以将这些声音迅速打压下去。这两个信条结合起来，就成了管理层的一把完美的保护伞。当现实表明，清算最有利于股东利益时，管理层就会借助这把保护伞，让公司能够继续经营下去。

董事并不关心股票的市场价格，这一公认的观念本身就是虚伪荒谬的。当然，管理者对市场波动是不需要负责任的，但是，他们应该意识到，过高或者过低的股票价格水平都是不合理的。董事有责任保护股东免受市场价值贬值的风险，只要在他们权力的合法范围内，他们就有责任保护股东避免遭受收入或资产的损失。

如果这份责任被管理层认可并且坚持下来了，那么，当前市场价格与清算价值之间的荒诞关系就不可能会出现。董事会和股东都意识到，股票的真实价格水平在任何情况下都不应该低于企业的变现价值，反过来，企业的变现价值通常也不会低于企业净速动资产价值。

他们将进一步认识到，如果企业的真实价值低于其可变现价值，那么，企业就应该被清算。最终，董事会将会承认，他们有责任保护企业可变现价值免受损失，并在合理的范围内确保股票价格水平不会长时间、大幅度地低于企业的可变现价值。

因此，董事会不会对股票价格跌到非常低的水平熟视无睹，相反，他们会采取一些建设性行动，来应对股票价格下降带来的挑战。首先，董事会将会尽一切努力维持股息的发放，确保股息处于一个与最低股票真实价值相称的水平。出于这个目的，他们会巧妙地处理累积盈余，确保公司的财务状况处于盈余状态。其次，他们肯定会转移股东的注意力，让股东意识到最低清算价值超过股票市场价格，并让股东相信，这个清算价值是完全可以实现的。再次，在可能的情况下，他们将在一个公平的价格水平上，通过销股或者按一定比例回购股份，将公司现金盈余返还给股东，帮助股东改善财务状况。在前面的文章中，我们提出过类似的建议。

最后，董事会将会仔细研究公司的现状和前景，以确保公司可变现价值不会出现大幅度下降。如果他们发现存在导致未来发生严重损失的危险，他们会认真地考虑股东的利益，以确定股东的利益在公司被出售或清算时是否得到最大的满足。

然而，尽管市场明确表示公司应该被清算，但没有迹象表明管理层给予这个问题认真的思考。事实上，股权多元化的公司很少自愿解体，这可能是一个值得研究的课题，或是一个让人困惑的问题。在私营企业里，从企业撤资是每天都会发生的事情；但在股权分散的企业里，这种现象却很少出现。

当然，破产后的清算经常会出现，但在司法介入前就关门，在华尔街的潜规则看来，这是令人反感的做法。有一点倒是可以为我们的管理层开脱——他们不是轻易放弃的人。幽默大师乔西·比林斯（Josh Billings）出于爱国热情，宁愿与妻子撇清所有关系，与他类似，管理层为了让企业继续运转下去，宁愿花光股东所有的钱，一分不剩。

高薪管理层必须遵循代表股东利益的董事会所做的决定——如果有必要，这些决定甚至会违背管理层的利益，真的是这样吗？在理论上，这个说法成立，但在实践中，行不通。

对任意一个有代表性的董事会进行研究都会找到原因。我们会发现：

●高薪管理层首先关心的是自己的工作，第二才是股东的权益；
●投资银行家最感兴趣的是承销利润；
●商业银行家最关注的是放贷和确保贷款安全；
●处理各种公司业务的个体；
●只有很少一部分董事会关注股东的福利。

即便是董事会成员，通常也受制于与经理层的友好关系（董事会提名经理层），从而使得整个董事会的会议气氛朝着不利于股东利益的方向发展，转而满足经理层的要求。这并不是说董事不诚实，而是他们也是普通人。在本人当选为几个董事会的成员后，这方面的感悟更为深刻。

结论显而易见，对于股东而言，清算是一个很特别的问题。它不仅取决于股东独立的判断和偏好，而且在大多数情况下，影响清算的积极性和压力必须来自股东而不是董事会。考虑到这方面的关系，我们相信，充分认识下面的原则，对我们理解清算有着非常大的帮助：

公司股票持续以低于清算价值的价格出售，自然就会产生这样一个问题：清算是否明智。

请注意，我们并不认为低价可以证明清算是必要的。它只是证明任何股东都可以提出这个问题，并且有权得到重视和尊重。

这意味着股东应该以开放的心态来考虑问题，并以事实为依据，做出最好的个人判断，决定是否进行清算。毫无疑问，在许多情况下，也许可以说是大多数情况下，客观公平的研究将表明清算是不合理的。在正常情况下，与清算能实现的总价值相比，持续经营带来的价值可能会更高一些。因此，我们应该确保企业安然度过经济萧条的冲击，尽管从目前来看，企业还面临着经营亏损的现实问题。

然而，可以想象的是，在目前经济困难的境况下，许多企业主可能会认为，缩减规模而不是继续经营，效果可能会更好。这一想法对整个经济形势走向又会带来什么样的影响呢？这是不是意味着经济紧缩、失业和购买力下降的恶性循环呢？股东会损害自己的利益吗？从表面上看，似乎如此，但有力的论据会证明，结果可能正好相反。

继续经营状况不佳的企业，可以说对整个美国的经济状况有百害而无一利。我们不仅遭受着产能过剩的困扰，还面临着许多没有生存机会的公司带来的破坏性竞争。这些企业依然存续着，对股东以及它们所处的行业来说，都是一种损失。

这些企业自己没有能力赚取任何利润，却破坏了其他企业盈利的机会。它们破产，可能会带来行业供求关系的改善，从而让活下来的企业获得更大的市场份额，进一步降低生产成本。棉纺织品行业正在积极行动，努力实现这一目标。

从就业的角度来看，让无利可图的企业破产清算，并不会降低产品的需求。因此，产品的生产转移到其他地方，总的就业人数并不会减少。相关的个体可能会面临巨大的困难，这个无法否认，也不应该淡化。可是，在任何情况下，在经济基础并不稳固的企业里工作，本身就是一件风险很大的事情。必须承认，我们应该给员工以关怀和同情，但是要知道，经济规律并不支持我们为了解决就业问题就可以牺牲股东的资本和利益。

面对当前产能过剩的困境，我们还没有找到任何方法来阻止经济衰退。但毫无疑问，肯定存在这样的方法，可以缓解股东的困境——虽然他们名义上的资产很多，但能实现的却很少。对于士气低落的美国股东来说，这一新颖的观点可能会帮助他们解决难题。

BENJAMIN GRAHAM

BUILDING A PROFESSION

| 第三部分 |

拓宽证券分析的适用领域

　　本杰明·格雷厄姆一直认为作为分析师不仅应该认真学习证券专业知识，还应该学习和了解这个世界是如何运行的。对他而言，"只见树木不见森林"是没有意义的。

　　在这一部分，本杰明·格雷厄姆考虑的问题主要有：跟公司管理部门保持什么样的关系才是合适的呢？如何改善公司的税负状况？像政治民主那样，在公司内部实行类似的"公司民主"可行吗，或者说，这么做明智吗？战争时期的通货膨胀对股票价格可能会有怎样的影响？立法机构和政府官员应该如何解决失业、贸易赤字以及美元贬值等问题？

　　当格雷厄姆对自己专业领域以外的世界进行探索时，他总是显得很有兴趣，一点也不懒散。他写过两本有关国际经济学的著作，分别是《储备与稳定》（*Storage and Stability*）、《世界商品与世界货币》（*World Commodities and World Currency*）。其内容主要是讨论将本币币值盯住充分多样化的一篮子商品能有助于政府有效地管理通货膨胀，将汇率波动带来的风险降至最低。[1]连伟大的经济学家凯恩斯（John Maynard Keynes）也支持格雷厄姆的观点，他还花时间亲自写了一封私函寄给格雷厄姆，信中写道："你和我都是在同一个领域奋斗的热情的改革者。"[2]1943年，弗里德里希·哈耶克（Friedrich Hayek）称赞格雷厄姆的计划"非常重要……很简单，并且具有很强的可行性"。[3]10年后，于1969年与他人共同获得第一届诺贝尔经济学奖的简·丁伯根（Jan Tinbergen）再次对格雷厄姆的建议大加赞赏。[4]格雷厄姆接受过的经济学正规教育仅限于在大学二年级的时候听过4个星期的经济学入门课程，然而他在经济学领域所做的工作却能得到这么多知名的经济学家的交口称赞，实在是让人感到惊奇。[5]

　　在《关于股东与管理层关系的问卷》这篇文章（本书第13章）中，格雷厄姆介绍了1947年他向纽约证券分析师协会的573位会员进行问卷调查所得到的结果。格雷厄姆非常细致地设计了问卷，目的就是想了解分析师如何定义管理层的能力，以及当管理层能力不足时，他们认为应该采取哪些合理的措施加以弥补。实际上，这篇文章就是一份行动宣言，它是资本家的战斗号角：通过观察分析师的反应，有一点是很清楚的，那就是，分析师都相信公司确实存在管理不善的情形，就不应该让那些表现不好的经理人员继续经营管理公司。分析师应积极地承担起责任，适时出手干预，换掉那些不称职的管理人员。

然而，正如多年来格雷厄姆一直指出的那样——他的情绪也随之变得越来越愤怒：投资者喜欢抱怨公司治理太糟糕，但却讨厌做出任何改变。数百位分析师和投资者都赞同应该做出改变，可惜他们只是嘴巴上说说而已；只要是让他们当中的任何一个人采取一丁点儿实质性的行动，马上所有人都闭紧了嘴巴。

在 1949 年出版的《聪明的投资者》（*The Intelligent Investor*）一书中，格雷厄姆特意描写了这样的情形，语言直白而犀利：

> 在我们看来，在金融领域，没有什么事能比普通股投资者以及华尔街的投资顾问看待公司管理问题的老观点更昏庸、更有危害性。他们的态度可以用这样一句话来概括："如果你不喜欢这家公司的管理，那么就卖掉这些股票吧。"……作为一个整体，投资者从来没有做过任何能够纠正公司管理问题的事情……股东是彻头彻尾的失败者，他们既没有展现出任何聪明才智，也没有表现出应有的小心谨慎；他们像小绵羊那样温顺地接受了管理层的所有建议，也不在乎管理层的表现是多么糟糕……这么多年的经验告诉我们，若想让美国普通的持股投资者立即采取独立而又明智的行动，唯一的方式就是在他们每个人的脚边点燃爆竹。[6]

1947 年格雷厄姆针对证券分析师开展的问卷调查所得出的结论，可能与今天类似的调查所得出的结论差别不大。下面列出的调查结果尤其值得我们关注：

● 97% 的参与者认为评判公司管理层的能力是分析师工作职责的一部分。

- 50% 的参与者认为有一半公司的管理情况不尽人意。

- 61% 的参与者主张采用累积投票制的方式选举董事。

- 72% 的参与者认为董事会中至少应该有大部分董事会小股东是独立的，有 51% 的分析师主张董事会大股东都应该是独立的。

- 94% 的参与者认为"股东有权要求"调查不良的盈利记录。

- 57% 的参与者认为董事会应该设定能够反映股票内在价值的股息水平。

- 83% 的参与者一致同意，公司管理层有义务告知股东"以高于当前市场价格的价位大规模买入公司股票的任何要约"。

这里有必要对一个术语做一些解释说明。"累积投票制"指的是在选举董事时，股东可以自行处置自己的投票权。比如某位股东持有 10 000 股股票，他可以将这 10 000 份投票权投给（或者反对）某一位董事，或者按照自己的意愿将这 10 000 份投票权分散地投给不同的董事。在格雷厄姆那个时代，累积投票制在美国已经很普遍，然而最近几十年来，各州的立法机构却破坏了这项制度的基础。绿票讹诈者和其他一些通过控制大额股份确保自己私利的人也会滥用累积投票制，这导致了董事会在很多问题上的意见不一致。但是，聪明的投资者同样可以利用这一捷径，合法行使自己的权利，进而影响到公司的最终决策。格雷厄姆强烈地支持这一制度，特别是主张通过这种方式将外部力量引入董事会，从而达到监督公司管理层的管理能力和公平性的特殊目的。直到今日，格雷厄姆可能依然会感到奇怪，为什么那么多投资者从来没有考虑过努力推动这件事，至少可以让累积投票制在各州的层面上立法？[7]

在《控股股东与外部股东》这篇文章（本书第 15 章）中，格雷厄姆表达了自己的困惑：为什么在一个政治民主的国家，公司内部却没有民主？格雷厄姆认为，想要让"大量的"投资者能够像在选举投票站投票那样"选举公司领导者，并通过一些重要的公司决策"，就必须先满足下面这些条件：

- 没有哪个人或者某个有组织的群体持有公司的大多数股票。

- 管理层的支持者并不具备实际的控制权（或其持有的股票份额不超过 20%）。

● "外部股东有能力而且有意愿对特定的公司治理问题形成独立的判断。"

从理论上讲，这些就足够了，不需要其他任何条件。然而，格雷厄姆却警告说："将理论能力转换为实际有效的民主行动还需要股东拥有更高层次的教育背景。"帮助投资者意识到股息政策是控股股东与外部股东之间争斗的核心，是分析师义不容辞的责任，他们应该在这个过程中发挥领导性的作用。控股股东总是希望将股息支付额压至最低水平，目的就是避免当期缴纳高额的所得税——因为他们的持股比例大，自然获得的股息收入额也高。此外，为了将赠与税和财产税的金额降至最低，他们也特别乐意让股票的市场价值保持在较低的水平。而较低的股价能帮助他们继续增持公司的股份，或者是以非常低廉的成本将公司变为自己的私人财产。因此，控股股东和外部股东两者之间的利益关系是直接对立的。格雷厄姆向我们展示了一个令人惊讶的案例：两家公司的账面资产价值相近，但是股票的市场价格却相差悬殊；尽管这两家公司其他方面的条件都相当，但投资者却清楚地表达了对能支付股息的公司的喜爱之情。[8]

现金就是权力，支付股息就意味着现金脱离了控股股东的控制范围，被分配给外部股东。因此，股息是调整两者之间关系的一种有效方式。格雷厄姆提出了一个引人注目的观点，即对信托责任的界定应当被进一步扩展为防止少数股东的利益"由于刚愎自用或自私自利的股息政策而遭受严重损失"。与此同时，公司也应该让其股息政策变得更加公开透明——事先解释清楚，在正常的条件下，公司准备将多少比重的盈利所得以股息的方式发放给投资者。

只要你买入了某只股票，就需要时刻保持警觉；只有当股票被卖出后，你才能放下警惕之心。正如格雷厄姆在 1951 年写的那样：

> 合理的普通股投资要求股东采取正确的态度和行动……如果股东将自己看成是公司的部分所有者，对公司持有的部分所有权取决于自己投资金额的多少，那么他有必要时刻提醒自己要像一个真正的所有者那样关心公司，慎重地决定与公司所有权相关的各种决策。如果他希望自己的利益能够得到完好保护，那么他就必须主动采取行动来保护自己的利益不受侵犯。[9]

格雷厄姆从来没有怀疑过这样的观点，那就是：聪明的投资者同时也必须是聪明的所有者。然而可悲的是，格雷厄姆却不相信他能够成功地劝说投资者把自己当成公司的所有者来行使权利。随着时间的流逝，格雷厄姆放弃了努力，他不再劝说分析师和投资者监督公司的政策、举措以及管理者的薪酬水平。

1949 年，在第 1 版《聪明的投资者》中，全书以超过 1/8 的篇幅讨论股东的权利和责任。但是在 1972 年，格雷厄姆有生之年完成的这本书最后一版修订版中，大幅削减了这方面的讨论内容，仅用了 8 页的篇幅解释了一下股息政策。几十年来，格雷厄姆一直在呼吁投资者应当积极地行使自己的合法权利，结果他的呐喊却没人听得进去。最终，格雷厄姆只好无奈地宣布放弃。

我们只能盼望新一代的分析师和投资者能够尽快提高认识，听从格雷厄姆的建议——不管是哪一家公司，在管理时都应当遵循简单而一致的绩效标准以及薪酬标准。同时我们还希望，不论何时，当公司管理层出现失误时，股东能够用头脑思考，而不是简单地选择"用脚投票"。

在《如何避免对公司盈利重复征税》这篇文章（本书第 14 章）中，格雷厄姆谈到了直到 50 年以后还一直困扰我们的问题：如何消除公司盈利的双重税负负担。在他写这篇文章的时候，公司所得税的税率和个人所得税的税率比现在都高。然而这么多年过去了，情况并没有什么变化。格雷厄姆一直很担心公司会用债券代替股票，进而改变资本结构。正如投资银行家常说的那样，这是因为对发行人来说，债券利息费用的避税作用使得"债券比股票更便宜"。他期望公司能够更多地运用"收益债券"（这是一种长期债券，利息支付额会根据发行人的净利润额而变动）作为实现税负最小化的工具。收益债券从来没有像格雷厄姆期待的那样兴盛过。[10] 然而，股票和债券的税收不平等待遇持续地扭曲了发行者与投资者之间的关系。比如，它促使公司发行更多的债券筹资，将所得资金用于回购公司的已发行股份，而不是向股东支付股息。格雷厄姆提出了几个解决方案，但都没有得到彻底地执行。只要有财政压力，税率就有可能会被推高。不过，在这种情形下，资金也倾向于流入税率最低、税法最不严格的市场。因此，分析师可能会发现，不同国家或地区如何对利息与股息收入征税是一个特别值得研究的课题。

在《战时经济与股票价值》这篇文章（本书第 16 章）中，格雷厄姆猛烈地抨击了每个时代都会出现的"末日预言者"，也包括我们这个时代。于是，就像今天我们看到的那样，世界依然处在混乱与恐怖的阴影之中。在遥远的朝鲜半岛上发生的朝鲜战争，至少曾经是美国所担心的焦点；美国和苏联之间的冷战一度有可能消灭整个全人类。正如格雷厄姆所指出的那样："美国正面临着令人恐惧的新危险——大量的建筑物被毁以及难以计数的平民伤亡。"同年，他还这样写道：

> 在所有人的心里，第三次世界大战发生的概率正变得越来越大……这样的战争给我们自身以及我们的制度带来的影响是无法计算的。然而，在证券分析领域，我们只需要考虑战争的阴影会对投资者的选择造成什么影响：在不同的证券之间做出选择，或者是在证券与货币（纸币）之间做出选择……由于战争与通货膨胀总是紧密联系在一起、不可分割，因此纸币以及支付一定金额的纸币即可买入的证券看上去似乎无法向投资者提供什么保障，它们的抗风险作用还不如精心挑选的普通股。因为，普通股代表的是对有形生产资产的所有权。[11]

于是，格雷厄姆得出这样的结论，朝鲜战争爆发以来，市场的上涨是理性的。朝鲜战争刚刚爆发时，投资者并没有惊慌失措——以前其他战争刚爆发时，他们经常表现得很慌张；相反，投资者进行了冷静的思考，在评估股票价值时充分考虑了未来通货膨胀率将会升高的预期。（格雷厄姆在其他文章里提到说，不管是第一次世界大战还是第二次世界大战，都"对股票价格产生了非比寻常的影响"。[12]）与此同时，格雷厄姆还观察到，从长期来看，不断上涨的物价水平与不断贬值的美元看上去都与不断走高的股票价格有一定的关系，尽管股票并不能完美地对冲掉通货膨胀的风险。于是，他得出的结论是，当我们面临战争时，投资者选择股票是正确的决定。后来，事实证明他是对的，20 世纪 50 年代的市场走势已经证明，那段时间是股票市场发展史上股价上涨幅度最大的大牛市阶段。

在《影响充分就业的结构性关系》《美国的国际收支："沉默的阴谋"》这两篇文章（本书第 17 章和第 18 章）中，格雷厄姆站在证券分析师的角度来研究如何处理这两个宏观经济政策问题。

在第一篇文章中，格雷厄姆发现，从长期来看，生产增长的速度要快于消费增长的速度。因此，他得出这样的结论：问题并不在于美国经济不能提供充分的就业岗位，而在于很多美国人工作太积极，甚至远远超过他们必须工作的时间。至于解决方案，他是这样建议的，将工作周期缩短，为工人释放更多的时间去放松。[13]但每周工作 35 个小时的做法在法国已经试行了好几年，并没有有效地降低法国的失业率。不过，格雷厄姆的分析特别适合于那些将生产能力发挥到极致的高速增长经济体。在经济快速扩张发展的国家，他的这一建议对降低失业率仍然有一定的效果。

在第二篇文章中，格雷厄姆认为，政客和评论家对美国国际收支平衡恶化的原因存在误解，这种恶化进一步导致了美元的币值下跌。他认为，国际收支平衡的恶化并不是由于基本贸易失衡或者美国的对外支出过多，而是因为美国的公司和居民对外投资增长的速度太快。换句话说，美国并没有过度消费或者从国外过多地进口商品，而是因为对外投资过多。格雷厄姆指出，海外投资应该被确认为资产，而非负债。他同时还警告说，提高美国国内的利率水平可能并不能将"长期资本"从海外吸引回国内；同样，美元的进一步贬值可能也无法解决国际收支平衡表上的赤字问题。大约50年之后，随着财政赤字问题越来越严峻以及美元再一次处于被动地位，格雷厄姆之前提出的建议值得我们再好好地研究一下。

BENJAMIN GRAHAM
BUILDING A PROFESSION

———— 第**13**章 ————

关于股东与管理层关系的问卷 [①]

（写于 1947 年）

1947 年 6 月，格雷厄姆向纽约证券分析师协会的会员们发放了一份调查问卷，共包含 7 个问题，均与股东—管理层之间的关系有关。有效回收 573 份问卷。我们的目的是将此次问卷调查的结果记入综合性的教科书《证券分析》，且该书的合作作者也参与了此次问卷调查。纽约证券分析师协会的会员们可能会对围绕着下列各个问题的讨论以及受访人的回答比较感兴趣。

问题 1：你认为投资者在选择证券时，企业管理者的能力是否是一个实际的考虑因素？

回答：是 - - - - - - - - - - - - - 558 份

否 - - - - - - - - - - - - - 14 份

没有回答 - - - - - - - 1 份

讨论：这个问题的关键词就是"实际"。每个人都认同管理层的能力对股票投资的成功起着极其重要的作用。但是，证券分析师对管理层能力的评价能否高明到值得在选股时加以考虑呢？当然，证券分析师自己对这个问题的回答毫无疑

---

① 本文选自：《分析师杂志》, vol. 3, No.4（1947）: 57–62.

问是肯定的。很明显，在实际进行证券分析工作时，证券分析师总是试图对管理层的能力水平形成自己的判断。

问题 2：在 100 家随机选择的上市公司中，你认为公司的管理让人完全满意的能占到多大的比例？

这个问题的回答范围分布比较广，我们将回答总结如下：

回答："完全满意"所占比重　　　　　　　　　　　问卷份数

0～25% - 142 份

26%～50% - - - - - - - - - - - - - - - - - - 143 份

51%～75% - - - - - - - - - - - - - - - - - 140 份

76%～100% - - - - - - - - - - - - - - - - 61 份

合计 - 486 份

没有估算 - - - - - - - - - - - - - - - - - - - 87 份

因此，我们估计完全满意的中位数是在 50% 以下。

讨论：大多数分析师都愿意就管理层的好或坏明确表达自己的想法与观点。我们所使用的"完全满意"这个词不会产生任何歧义，也不需要任何解释。在我们看来，如果对管理层没有任何具体的批评性建议，我们就认为是"完全满意"的。那些认为管理层未能达到完全满意的想法值得保留，可能管理层在某些方面还有待进一步改进。不管我们如何组织语言，但低于 50% 的完全满意度还是表明，在证券分析师看来，公司的管理方法或者人事政策方面还是存在很大的提升空间，有些可能还需要做一些比较大的改变。

如果在这一点上分析师的判断是正确的，那么作为公司所有者的股东，应当对管理层的能力问题保持警惕，积极参与进来。公司哪些地方看上去还有缺陷，他们就应该想办法采取合理的改进措施，改善当前不合理的状态。在作者看来，在投资领域，即使对公司管理层的不满意比例低至10%，也意味着这个问题很严重。

问题3：你是否赞成用累积投票制选举公司董事？

回答：是 - - - - - - - - - - - - - 349 份

否 - - - - - - - - - - - - - 169 份

没有回答 - - - - - - - 55 份

讨论：累积投票制这种制度可以让大量的小股东在选举董事会成员时拥有更多的权利，从而保证小股东可以履行公司的部分管理职能。在美国，有将近一半的州强制实行累积投票制；[1] 其他大部分州则是要求将累积投票制写入了公司章程或其附则。如果大多数的分析师认同这一制度，那么就应当强烈建议股东向其持股的公司引入累积投票制。股东可以在公司年会上以投票的方式通过引入累积投票制的决定。

现任的公司管理人员可能会反对这一方案，因为这会威胁到他们的地位，所以他们也许会说这个问题将会影响到股东对管理者品质与能力的整体信心。一般情况下，股东们也会从这个角度出发，自动地支持现任管理层。于是，累积投票制或任何类似的公司改革措施的提出者，都要与传统势力作激烈的斗争。不过，经过持续的教育与启发，这些困难最终必将被克服。而教育的重担肯定要由证券分析师以及其他金融监管机构一力承担。

问题4：你认为普通企业的董事会大股东（或大部分董事会小股东）是否应当与公司的运营管理层保持相对独立，尤其是他们应不应该从公司领取任何形式的薪水，或者是其他金额的可观的收入？

　　回答：董事会大股东 - - - - - - - - - - - - - 291 份

　　　　　大部分董事会小股东 - - - - - - - - 120 份

　　　　　两者都不 - - - - - - - - - - - - - - - - 80 份

　　　　　没有回答 - - - - - - - - - - - - - - - - 82 份

　　讨论：对公司组织结构有意见的批评人士经常提到，尽管从理论上来说，公司的董事要负责挑选公司的管理者并对其工作业绩做出评价，然而实际上，董事们在做出判断时不可能保持真正独立的状态。很明显，当公司的高管人员占据了董事会内的多数席位时，或者董事会的大部分成员来自于公司的管理层，同时其他董事又与前者有着密切的关系，比如，是朋友或在业务上有往来，那么情况确实如此。

　　我们提出的这个问题，本身就已经给出了解决方案，那就是让董事会的大部分成员独立于公司管理层。由于三种答案都有可能，所以受访人对这一问题的回答要比其他问题更加分散。超过 50% 的受访者支持董事会内的大部分董事应当为独立董事，超过 80% 的受访者赞同要么确保大部分董事成为独立董事，要么让董事会内的少数董事 [1] 成为独立董事。

　　在作者看来，前面提到的这些观点都是完全合理的。对于股东来说，有必要做出一些改变，确保董事会的大部分成员或少数董事为独立的股东兼董事。我们的意思并不是说当公司高管控制董事会时，对股东来说，结果总是让人不满意的。相反，我们看到的是很多非常成功的公司就是这样安排的。不过，当然，这些公司的经营管理并没有因为几个代表外部股东利益的董事加入董事会而受到不利的影响。很多经营管理不太成功的公司，可能就是因为董事会加入了一些善于独立思考的新董事，经营管理状况才得到了非常明显的改善。

---

① 这里的"少数"指的是虽然数量未过董事会席位的一半，但所占的比例依然不小，下同。——译者注

就这一问题，我们想引用某位协会会员来信中的一段话，目前这位会员是某家大型银行的大股东，他在回答调查问卷时写下了下面这段话：

在我看来，作为公司董事的首要工作就是评价一下公司的管理者是否合格。如果董事会的大多数成员都是公司高管，那么他们肯定会采取措施一直保住自己的管理职位，从而导致股东无法将业绩糟糕的管理者换掉。我认为，董事会的大部分成员必须独立于企业高管，这是极其重要的一件事。不过，这些独立董事有资格拿到一定金额的薪水，这样才有可能吸引合适的人选加入董事会，同时也能充分补偿他们作为董事所承担的风险。公司每天支付给董事的薪水高达 5 000 美元，有些情况下甚至高达 10 000 美元，现在这样的现象已经变得越来越普遍了。

几位会员在回信中也都建议应当向独立董事支付金额合理的薪资。一般来说，独立董事的薪水还没有达到与公司高管的薪酬水平持平的地步。

问题 5：如果公司的平均盈利未能给股东投入的权益资本带来合理的回报，或者说如果公司的盈利水平大幅低于行业平均水平，你认为这会导致股东向管理层提出质询吗？

回答：是 - - - - - - - - - - - - - 539 份

否 - - - - - - - - - - - - 18 份

没有回答 - - - - - - - 8 份

讨论：这一问题将重点从管理层人员的构成转移到管理层绩效的衡量上。如果想让企业的经营管理得到改善，那么首先要做的事就是确定企业的经营管理真的存在缺陷。这个问题要求受访人根据第一印象回答企业的管理是否需要改进。我们并不建议企业一看到测试结果不太好，就打算换掉经理人——棒球比赛时经常出现这样的情况，但是我们建议公司的所有者应该认真分析这个问题。

问卷调查显示，大家一致同意股东应提出质询，这样的回答看上去有些令人惊讶，因为我们发现在现实生活中，从来没听说过哪家公司的股东提出过类似的质询。在我们看来，这个问题是问卷调查所有题目中最有意义的一道题目，因为它清楚地向我们展示了在管理股东—管理层的关系时，应当做的事与实际做的事之间竟然存在着这么深的割裂。

由股东提出质询的机制是完全可行的。正如我们在讨论累积投票制时分析的那样，股东所要做的便是在每年的股东大会上通过投票提出合适的解决方案。方案应该对解决方法加以认真的研究，并由该领域的专家对管理层的绩效加以评估。这些专家应该直接向股东组成的独立委员会汇报，同时解决方案还应明确任命独立委员会的成员。

当然，在证明了该解决方案比较合理之后，如何实施方案才是问题的关键所在，因为这肯定会招致管理层的反对。如果在实践过程中，证券分析师能真正支持股东在这方面所做的努力——就如同他们在理论上表示支持一样，那么花不了多长时间，这种做法就会得到广泛的认同，成为改进所有者权益保护状况的工具之一。

问题 6：向股东支付合理的股息——股息的支付率不超过公司的平均盈利水平，并与股票的内在价值相对应，你认为这是公司董事们的责任吗？

回答：是 - - - - - - - - - - - - - 329 份

否 - - - - - - - - - - - - - 162 份

没有回答 - - - - - - - 74 份

讨论：股东抱怨的一个重要原因就是分配的股息不够多。公司管理层总是想证明将盈利留在企业内部能同时给公司和股东带来好处，因此他们在分配股息时总是显得有些小气。这个问题暗示着，合理的分配股息应遵循这样一个简单原则，那就是：当公司的盈利足够多的时候，股东应该获得与权益投资额相对等的股息收益。在当前的条件下，合理的股息收益率不应该低于公司每股内在价值的4%。

由于股票的内在价值如何评定存在较多的争议，所以我们的问题隐含着这样的假设条件，那就是：公司董事对公司股票的内在价值有着自己的判断，然后按照这个标准，尽可能地实行合理的股息分配政策。

受访人的大量回信都表达了这样的观点：股息分配政策不仅需要考虑公司的平均盈利情况，还必须考虑公司的财务状况与资金需求。毫无疑问，这种观点是完全正确的。显然，当公司的财务状况较差时，需要采取比较保守的股息分配政策。不过，当公司管理层想要扩张规模时，一个现实的矛盾摆在眼前。股东可能更愿意选择通过增发新股的方式来实现资本的扩张，而不是把应发放的股息截留下来，因为第二种方式会让他们的股息收入变少，同时也会导致股价降低。到底采用哪种方式来满足公司扩张的需求，这应该根据具体情况判断。不过，如果董事都秉承这样的理念，即除非受到特殊情况的制约而没有更好的选择，否则公司应该根据股票的合理价值支付相对合理的股息。这种方式对股东比较有利。[2]

问题 7：你觉得管理层有义务向股东提出按照大幅高于当前市价的价位赎回公司大量股份的要约吗？

回答：是 - - - - - - - - - - - - - 477 份

否 - - - - - - - - - - - - - 67 份

没有回答 - - - - - - - 21 份

讨论：若想改进企业管理不尽如人意的现状，方法之一就是通过并购引入新的利益相关者，使其成为公司的控股人。有时候，他们愿意以高于市场价格的价位获得公司的控制权，特别是当公司由于经营管理不善而导致自身的市场价值非常低的时候。协会会员都认为，每一个股东都有权利决定自己是否接受这样的收购要约。然而，公司管理层总是有办法找到拒绝收购要约的合法理由。正如本次问卷调查的其他问题所揭示的那样，证券分析师的观点与实际发生的情况之间明显的差别清楚地说明，股东真的应该觉醒了。

BENJAMIN GRAHAM

BUILDING A PROFESSION

—— 第**14**章 ——

如何避免对公司盈利重复征税 ①

(写于 1954 年)

税收改革法案正在进行中，人们对这次改革普遍寄予厚望，希望能够缓解股息收入的双重税负压力。显然，没人支持重复征税，它存在的唯一理由就是为了增加政府的税收收入。彻底取消重复征税至少会给财政收入带来 35 亿美元的损失。鉴于当前美国政府巨大的财政赤字，这样的损失不容忽视，但又无法通过其他的税收收入得以弥补。因此，投资者必须降低自己的期望值，可能减免的税负只相当于原来总额的 20%。大多数人估计，纳税人获得的股息收入中大概 5%～10% 能享受免税的待遇。加拿大已经实行了这种形式的优惠政策。还有一些人预期政府会对一些小额的股息收入直接免税，比如 10% 或 200 美元的股息收入，当然要取两者之间的较小值。

很多人付出了极大的努力来谴责重复征税是不公平的、极具破坏力的，但却没有考虑哪些减税措施最可行或最令人满意。在一开始的时候，我们就应该牢牢记住一点：两种完全不同的方法都可以解决这个问题。第一种方法是只向公司征税；第二种方法是只向股东征税，而对公司已分配的盈利不征税。在税法的发展过程中，这两种方法都是有一定背景的，而且我们可以在目前的税法法典里找到

---

① 本文选自：《分析师杂志》，vol. 10，No.1（1954 年 2 月）：15–17.

与之类似的做法。每种方法都有其独特的优势，尤其有助于矫正税率过重所导致的谬误观点或操作行为。

在这篇文章中，我们将要探讨目前重复征税的做法有哪些潜在的影响，并与商业环境以及投资政策结合起来分析。我们不讨论沉重的双重税负会给企业普遍造成哪些负面的影响，因为人们经常抱怨这一点。相反，有一点我们必须要指出，那就是到目前为止，不管是哪一次商业活动的大规模紧缩或衰退，我们都不能把原因归咎于高税率。也许，美国企业（尤其是大型企业）发展过程中的非货币性、非计算性因素要为此承担一定的责任，而对此经济学家与社会学家还没有彻底研究清楚。也许更为重要的因素是迟钝或滞后反应。企业家和投资者的行为并不太符合税法的逻辑，因为一些外部因素，比如说税率，要花好长一段时间才能改变企业与人们的生活态度与习惯。

一些企业家与投资者执行了特定的经营策略，比如公司的组织结构、资本结构、对股息政策的态度以及分配程序等方面的改革政策，它们的目的都是尽可能地降低高税率带来的不利影响。然而结果却失败了，这让很多人感到惊讶，其实前面讲到的便是导致失败的原因之一。不过，我们敢于很有把握地预测，除非未来税负能有所减轻，否则企业适应与调整的速度将会越来越快。如果我们的经济真的受制于税收因素，如果我们的税收法律和规定所带来的影响都会充分反映在公司的行为与投资活动当中，那么美国人将会发现自己如今真的处境困难。

对公司所得税的回应

从逻辑上看，公司的盈利被重复征税应该会招致两种回应或者倾向。第一种应对措施是更改企业的组织形式，只要行得通，都可以改为合伙制，尤其是有限合伙制。第二种应对措施是在资本结构中尽最大可能引入要支付利息的证券，尤其是可以优先引入收入型债券。这么做的原因是，利息费用可以预先从应税利润里扣除，从而能达到避税的效果。

为了达到避免公司利润被重复征税的目的，这两种方法在使用时都会面临许多限制条件。当然，一些大公司将组织形式转变为合伙制几乎是不可能的。不过，考虑到目前美国有 50 多万家企业，且规模大小不一，而且几乎涵盖了各种各样的所有制形式，因此通过变更组织形式达到避税的目的还是有一定可行性的。最近政府征收的超额利润税进一步拉开了公司所得税税率与合伙制企业所得税税率之间的差距。而这已经是我们这一代人见证过的第 4 次强行征收，前 3 次都是仅针对公司征税。

很多年以前，股份有限公司的组织形式之所以会被广泛使用，目的就是为了降低私营企业的税收负担。企业将盈利所得进行再投资，可以避免缴纳股息所得税，而且公司税率一直保持在 15% 甚至更低的水平上。因此，简单计算一下便知，公司的税收负担明显要比合伙制企业更轻一些。现在，我们假设公司从未支付任何股息，所有的盈利最终都是通过资本利得的形式实现的，而公司的所有者通常要面临高达 63% 的所得税。在大多数情况下，实际税负甚至更高。

公司制与非公司制企业面对的税率水平完全不同，从根本上来讲，这样的安排是完全不合理的。随后，我们还会对这一点加以评论和分析。

公司的利息费用可以起到避税的作用，优先股和普通股的股息收入却不能享有这样的好处。因此，如果现在以公司债券利息的形式发放股息，那么重复征税的情况就会消失。按照我们的假设，即所有的利息费用都可以用来避税，则所有的留存收益都不需要交纳个人所得税。我们可以通过两种方式来达到这样的效果。第一种方式就是改变现有的法律，让股息与利息费用享有相同的税率；第二种方式就是改变公司的资本结构，将当前公司所有的名义资本额全部转换为负债——可以考虑转换为长期的收益债券。

传统的或"制度性的"思维一直在阻止政府按照新的经济环境迅速调整政策。一些公司想充分利用收益债券来达到节税的目的，但最终宣告失败，就已证明了这一点（收益债券的坏名声正是这种避税方式失败的关键因素，不过，有一些信誉很好的公司凭借自己的超强能力可以突破这一不利因素带来的羁绊）。美国财政部和法院也不会允许公司使用收益债券去突破某些底线，虽然政策并没有明确界定底线到底在哪里。但是，从历史的决策记录来看，这一底线要远远高于企业愿意接受的标准。

我们预测，重复征税所带来的强大压力最终还是会战胜人们对收益债券或其他的发行人可以享有"例外条款"的债券的传统偏见。这样的话，一旦新的流程被建立，它将会以越来越快的速度传播开来。于是，资本完全由债务构成的企业与债务仅占资本总额一部分的企业相比，两者之间的税负差别将会越来越大。大家不会乐意看到这样的局面。因为如果这样的话，则企业的盈利能力与投资价值将只取决于资本结构的选择。此外，不同公司的税负变化幅度太大，会引发不公平感。

上面的分析表明，解决重复征税问题的最好办法之一，就是在应税收入中尽可能地提高股息支付额享受税收减免的额度标准。如果就像我们最开始所假设的那样，美国财政部的税收损失大概为 50 亿美元，那么最开始的减免额度或抵扣额度可以不超过这一金额的 10%。但是，我们还应该考虑其他形式的减免，当美国国会判断可以实行更多的改革措施时，减免的额度还会进一步提高。

这一政策实施后，最终的效果便是公司与其他形式的企业都面临相同的税率（或者基本相等）。因为如果公司所有的股息支付额都可以抵税的话，且如果正常的公司税率近似等于个人的股息收入复合税率，那么不管如何分配，总的税收金额应该是相等的。而且，不管是对合伙制企业还是私人企业来说，税率水平都将会趋于一致。了解历史的读者应该能够回想起来，这就是 1936 年管理部门制定税法草案时所公开宣称的目标，结果后来这一法案却规定了如何对未分配利润进行征税，遭致了公众大量的指责和攻击。为什么政府原本打算减税，结果最后反而增税了呢？因为原有的公司税依然被保留，同时还增加了新的税种。如果这一次税收减免条款在刚开始实施时步子不迈得那么大，也许就不会被扭曲，而最终导致企业税负增加的效果。

公司如何利用股息支付额进行税负抵扣，当前和近期的税法主要提供了两种类型的先例。第一种类型是根据《1942 年税法》（*Revenue Act of 1942*），公用事业公司的优先股股息支付额可以享受一定的抵扣幅度（这通常限制在所谓的正常税率水平）。第二种类型就是依据《税收法典》（*Revenue Code*）第 362 款，与被监管的投资公司（诸如共同基金之类）相关。满足这些特殊条款的公司支付给股东的股息就不需要交纳任何税金。

当前的税收体制忽视了一个非常重要的问题，即政府获得了公司 50% 的净利润，但并不享有公司 50% 的净资产所有权。假设某家公司的税前收益率为 10%，刚好够支持其资本的可实现价值。如果要按照 50% 的税率纳税，那么公司的盈利就只剩下一半了，当公司被出售或停止营业清盘时，公司的价值就会明显地被低估，只相当于原本价值的一半。税率越高，根据资产计算的公司价值高于根据盈利计算的公司价值的比例就越大。在交税之前，投资资本应该获得的股息可以适度地抵税，这种做法有助于减轻目前经济运行过程中重复征税这个不利因素的影响作用。

对股东的减免

现在我们分析股东的税负情况。降低股东税负最明显的方式就是将股东的股息收入免征个人所得税。由于所得税的历史比较久（1913—1935 年），所以这样的减免实际上是正常税的减免而不是额外税的减免。理论上讲，公司所得税与个人所得税是对应的正常税税种，因此个人应享受两种正常税带来的减免额度。这个简单的道理却并不适用于我们当前复杂的税收体制，因为按照当前的税收制度，公司所得税同时包含正常税和额外税，公司所得税的税率要比部分股东的个人所得税税率高出许多，但同时又比其他一些税种的税率低许多。因此，哪怕只是将股息收入从个人所得税的最低等级里（目前该等级的税率为 20%）划掉，这样的减税措施也是受欢迎的，而且也比较可行。

当前的股息税收政策还造成了一种特殊的经济扭曲现象。那就是，高收益的投资者总是倾向于谋求较高的资本利得收益，这部分收益要高于正常的股息收益。由于目前长期资本利得收益的最高税率水平是 25%，对于高收入群体来说，这个优势还是非常巨大的。税率的不一致会带来很多负面的影响，它可能会让投资与投机变得没什么差别，让公司在制定股息支付政策时左右为难，还让投资者的利益与小股东的利益存在直接冲突。如果想从根本上减轻重复征税所带来的负担，那么缩小资本利得收益与股息收益之间存在的税收差别待遇，就显得非常有必要，而这么做一定能带来一些特别的好处。

让这一切变得合理公平的方法应该就是同等看待国内公司分配的股息收益与长期资本利得收益。目前的税法体系确实有这样的先例，就是在我们前面提过的第 362 款专门谈到的"资本利得型股息"。它指的是投资管理公司将自身投资获得的资本利得收益以股息的形式分配给股东，而拿到这些收益的股东则按照资本利得税税率来交税。如果这种做法被彻底普及，那么可能会导致目前的股息收入纳税额下降 2/3，而这意味着政府让步的幅度太大了，不太可能实现。但是，只要将一部分股息收入看成是资本利得收入，实现一定幅度的减免，剩余部分继续按照现在的税率征收，这还是比较容易实现的。与此同时，如果想对中小投资者实施一些特殊的税负减免措施，我们也可以这么做，即将投资者获得的头 400 美元股息收入当作资本利得收入来征税。

两类方法的比较

如果我们计划改变这种重复征税的状况，降低公司的税负与降低个人的税负相比较，哪种选择更好一些？考虑到股权投资以及更广泛的经济政策，让公司的税负与非公司行业的税负相等也许是比较好的选择——那些享受税收减免待遇的企业除外，因为它们也会为此付出相应的代价。可能最好的办法应该是给予公司一定的免税额度，让其使用这个额度向股东支付股息，具体的做法可以与目前债务利息费用的免税安排相类似，也可以与超额利润的免税安排相类似。

从普通股估值的角度来看，与让获得股息收入的个人享受免税待遇相比，直接让公司盈利享受免税待遇所带来的积极效果会更明显。其原因就在于，我们可以根据更高的每股盈利直接推算出前者的影响效果。然而对不同的股东来说，股息收入的所得税税率降低具有不同的影响作用。不过，任何联合起来的税收减免形式都会让普通股变得更有吸引力，从而更有价值。

在逻辑上看，股东的税负减免与公司的税负减免并不是一回事。不过，它带有更多个人的或者选举人的诉求。这或许能够解释为什么人们总是有这样的预期。进一步降低企业或个人的税收负担，让股息收入适用的税率与资本利得收益适用的税率相等，而并不只是给予一定额度的股息免税额，这是整个社会的强烈呼声。

BENJAMIN GRAHAM

BUILDING A PROFESSION

————— 第**15**章 —————

控股股东与外部股东 [1]

(写于 1953 年)

公司民主管理的实际操作情况与公司的控制问题是紧密联系在一起的。如果某家公司的普通股东或者外部股东对董事会成员的选举没有任何实际的影响力，那么民主的基本概念或者"人民的权利"在这里基本上也不适用。大多数股东都会要求公司信息公开，他们可能会在公司年会上主张自己拥有讨论或批评的权利，然而他们却无法管理或掌控一项具体的公司决策——除非在某些情况下，公司的某项决策需要得到 2/3 或者 3/4 的股东同意才能通过，只不过这样行使权利带有消极的意味。

金融分析师将公司控制分为三种类型：第一种，"绝对控制"，意味着个人或者紧密结合在一起的组织控制着公司的大部分所有权；第二种，"工作控制"，虽然只掌控公司 20% 的股份，但是可以实际地"管理公司"；第三种，"公开市场"，指的是"内部人"控制的股份比较少，因此外部股东可以通过稳步收购股份来获取公司的控制权。有趣的是，最后一种类型的控制并不意味着外部股东或者公众股东能够在不受管理层干扰的前提下，全体一致地行使控制权。这种类型的控制只是表明理论上有这种可能性，到目前为止，确实也曾出现过类似情况。然而，

---

[1] 本文选自：《弗吉尼亚法律周刊》（*Virginia Law Weekly*），vol. V, No.21（1953）：1, 3–4.

这种绝对的公司民主管理形式实际发生的概率非常之低。在绝大多数情况下，对于这种控制类型，外部股东的核心还是希望掌控更多的股份而不是专注于管理，外部股东与控股股东之间的争斗事实上是为了获得更多的公众支持。

因此，与我们的政治民主相比较，从某种意义上讲，我们距离真正的公司民主管理还有很长的路要走。在政治民主制度下，普通大众充分享有选举领导人和审核各种重要政策的全部权利。如果公司民主想要与政治民主采用类似的方法管理公司事务，必须满足两个条件：第一，控股股东手上并未掌握绝对的控制权或者强大的经营控制权；第二，外部股东有能力而且愿意就特殊的公司问题形成自己独立的判断。将理论上的权利转换为实际有效的民主行动，这要求股东的素质必须有幅度较大的提升。此外，笔者相信，该领域的发展动力与前进方向将会来自各种各样的机构组织，这些机构拥有特定的资质，可以对公司管理问题提出专业、公正的建议。这样的机构包括投资基金管理公司、投资顾问、证券交易所以及证券分析师群体。

当前，人们对公司民主管理现状的悲观评价带有某种自相矛盾的意味。外部股东有两种选择，一种方式是将多数股权应享有的权利委托给少数股东代为行使；另一种方式是外部股东自己联合起来，从而形成一个拥有控制权的多数股东利益集团。前者向外部股东提供的积极保护作用有可能会大于后者。多数股东的信托义务属于一种法理原则，要受制于司法解释。如果少数股东受到了不公正待遇——不公正待遇的现象经常出现，我们需要重新界定其定义，那么一位股东便可以为所有少数股东申请司法救济。但是，如果公众持股人联合组成一个数量占优的多数股东集团，那么法院可能会要求通过股东投票和更换管理层的方式来纠正公司管理权力被滥用的情形。即使问题一清二楚，解决起来依然非常困难——这确实会让人生气。

事实上，公司管理前沿的两个重要领域确实存在着矛盾，这两个领域分别是：基于破产法案第 10 章的公司重组破产清算，以及根据《1935 年公用事业控股公司法案》进行的资本结构调整和破产清算。在这里，公司民主的理想状态被一种现实观念所限制，这种观念就是：如果没有美国证券交易委员会以及法院的指导与上层控制，公众投资者为自己的利益着想做出选择的做法将得不到信任。不管赞同某一计划或交易的股东比例有多大，只要监管部门判定这个计划或交易不公平或者不合理，那么最终肯定会被否决掉。于是，手握决定权的个别大股东就可以压倒性地战胜数量众多的小股东。反过来，这种可能性就会让大量的小股东更加坚定地选择跟随少数控股股东所做的决策。

不过，在一般的公司管理事务中，感到失望的单个股东或者少数小股东没有可以表达抱怨的合法渠道，除非他们抱怨的事情与控股股东"把手伸得太远"有关。即便是外行，也很清楚，下列情况是可以得到纠正的：

● 公司与内部控制人之间的不公平交易，包括支付明显过多的薪酬；
● "公司的机会"由公司转移给内部控制人；
● 按照相应的法定条款（例如，《1934 年证券交易法》［the Securities Exchange Act of 1934］第二部分，第 16b 款），买卖公司证券所获得的短期利润。

对于前面两种情况，显然应给予股东一定的赔偿。不过第三种情况存在一定的争议，因为一些交易表面看上去似乎有问题，但其实却没什么问题。

不过，我们认为，控股股东与外部股东的利益冲突这个问题要重要得多。到目前为止，该领域很多问题还存在法律上的漏洞，因为公司内部权势更大的群体（指的是控股股东）"把手伸得太远"，严重侵犯了少数股东的权益。存在上述问题的领域大多与管理能力、资产控制以及股息政策等相关。其中最明显的就是公司的股息支付政策，下面我将主要分析这个问题。

当公司的财务状况允许其按照适度的比例支付股息时，如果实际的股息支付比例不足，那么这就对外部股东的利益造成了实际损害。这不仅让外部股东的收入遭受了损失，还让他持有的股票资产的市场价值缩水。因为这是他能够通过投资获得实实在在收益的最重要的两种方式，所以不合理的低股息政策给他带来的损失是多方面的。当然，随后实施的更加自由的股息政策可能会给他提供一些补偿，但是由于较低的股息政策总是不可避免地促使大量的股票持有人以非常不公平的低价卖出股票，所以很多已经造成的损失其实是无法弥补的。

从股息的角度来看，控股股东的立场则完全不同。在考虑这个问题时，他完全有权利将公司假想为是自己的私人企业。通常情况下，他不会依赖公司发放的股息来满足日常生活需求，而较高的股息收入则会带来税率等级升高的问题。因此，他们通常都强烈支持"保守的"股息政策，这意味着任何能够减少股息发放的理由都是受欢迎的。通常，他们能很容易地找到各种各样的理由。事实上，只需要在恰当的时候抛出"扩大企业生产规模"这样的简单决策就可以了，因为这需要企业持有更多的留存收益。

控股股东可能不会像外部股东那样关心不恰当的股息政策会导致股票市场价格下跌这个问题。在大多数情况下，控股股东的投资都是永久性的，而且没有任何抵押品。较低的股票市场价格意味着赠与税与财产税也会比较低，而且他们还可以抓住股票市场价格较低的机会，买入更多的企业股份。如果某些控股股东想获得一些"现金收入"，他们一般会安排合并交易或在某个价位卖出股票，实际的卖出价与公司的盈利能力以及资产规模紧密相关，因此这个价位会远远高于过去一段时间内市场上的平均价格水平。如果为了卖出股票或者其他目的必须要调整股息支付政策，那么股息的支付额肯定会被提高到某个相对合适的水平。

到目前为止，为了维护自己的利益，控股股东故意调低股息的发放水平，以至于严重损害了外部股东或者其他公众投资者的利益，这样的情形到底到了何种地步？看上去，这种事发生的概率与公司的规模成反比关系。绝大多数真正意义上的大公司总是努力地按照比较公正的比例向股东支付股息，他们很在意保护全部股东的利益，这是他们的责任。尽管有时候股息的支付额还是非常低——这种情况从 1946 年之后就经常出现，但是其背后的理由是站得住脚的，即使并不总能让人信服。

股息政策被滥用的大多数事例都发生在规模比较小的公司，特别是那些控股权高度集中的家族企业。最典型的例子就是在纽交所挂牌交易的 D 公司。1946 年，该公司的股票第一次上市交易，股票价格是每股 23 美元，账面价值是每股 22.5 美元，之前一年（修正后）的每股盈利是 2.41 美元，当时宣布发放的股息额为每股 1 美元。到了 1948 年，每股盈利超过了 3 美元（未扣除存货预备金之前，而这个存货预备金也从未使用过），那一年的每股账面价值增加到了 29.67 美元。但是，在那一年的年初，这家公司宣布不发放股息，于是股票的市场价格迅速跌到了每股 11 美元。当时，该公司既没有任何负债，也没有发行过优先股，仅仅是净流动资产这一项的价值就超过了每股 19 美元。

诺文·格林（Norvin Greene）于 1952 年 11 月份发表在《金融分析师杂志》上的一篇文章提到了另一个例子。这篇文章将 X 公司和 Y 公司放在一起进行比较研究：这两家公司处在同一行业，规模基本相当，公司的经营状况与财务状况也基本类似。不过 X 公司的每股价格是 24.75 美元（相对应的每股账面价值为 16.60 美元），而 Y 公司的每股价格是 15.75 美元（相对应的每股账面价值为 18.60 美元）。显然，它们之间之所以差别如此明显，原因在于"投资者关系"的不同，当然其中最显眼的就是股息支付政策。1951 年，X 公司支付的每股股息为 2.15 美元，而 Y 公司仅支付了 1.40 美元的股息。其他方面的差别，例如上市地点、提交财务报告的频率以及报告中的数据，同样也都对 X 公司更有利。

一些规模比较小的公司向股东出售股份时，价格定得比较高；然而，随后公司制定股息支付政策时，与外部股东当初买入股票投入的资金额相比，实际支付的股息额明显过低，而且这种低股息政策还会导致公司股票价格的下跌，让外部股东的投资价值大幅缩水。毫无疑问，这样的案例确实不少。其中有些是因为公司的发展出现问题，因此无法按照承诺支付股息，这是可以理解的；但是大多数情况是，公司的盈利足以支撑企业发放足额的股息，然而企业为了满足更大规模的资本扩张需求，故意压低了股息的支付额。对于后面这种情况，我们是否有充足的理由指责这些公司为了满足控股股东的利益需求，而故意损害外部股东的利益？要知道，这些外部股东原本也是怀着美好的信念，才向企业提供股权投资的。

也许未来有一天，控股股东的信托责任可能会由少数股东来履行，于是少数股东可以更好地维护自身利益，防止武断而自私的股息政策给自己造成严重损失。或许良心大发的承销机构终于意识到各种不利的传闻会让新股的发行定价受到严重影响，因此要求公司管理层在适当的时机必须坚持按照合理的比例发放股息，除非是公司经营状况不够理想，无法足额发放股息。这样的建议可能会让控股股东们三思而后行，不轻易做出为了扩张企业规模或其他计划而压低股息支付额的决定。同时，如果股息支付政策伤害了少数股东的利益，同时反而给公司内部股东带来了好处，那么这些少数股东有权申请法律救济。

股息问题的异常现象之一就是股息政策的失败很大程度上在于整个财务部门的决策失败。财务管理人员不明白，面对当前的高税率以及不断高涨的再投资需求——显然这是因为通货膨胀以及企业的扩张需求，股息政策在整个投资政策当中扮演的是什么角色。大多数内部控股股东和外部股东在股息政策方面存在的潜在冲突，只要在制定股息政策时认真协商，并预先清楚说明企业的当期收益会有多大的比例以留存收益的形式保留在企业内部，那么问题就能得到解决。不过，对于华尔街来说，能够解决潜在问题的思路总是来得很慢。

除了股息支付政策以外，对资产的控制也能让内部控股股东受益，而让外部股东的利益受损。对公司资产享有持有和管理的权利是控股股东的正常权利，它能带来很多好处，比如能确保自己的地位很牢固等。这样的好处不容否认，只要公司正常、管理有序，内部控股股东享有这些好处都是正常合理的。不过，有太多的例子表明，目前一些公司的组织结构只让控股股东获得了相应的好处，而外部股东的利益受到了侵犯。控股公司就属于这种情况。我认为密西比公司

（Mission Corporation）就是最典型的例子：一开始成立时，该公司的某些制度就对少数股东非常不公平，因此当控股股东提议一笔极其不正常的并购交易时，公司总裁不仅表示反对，而且还提到了公司初创时少数股东的不公平待遇。我没有把这个案例的结局写出来，不过它值得关心公司控制问题的学生进行具体分析。

也许最自相矛盾的一种观点是，如果内部控股股东的管理十分不利，那么外部股东有权获得赔偿。人们通常认为，不管是好是坏，少数股东对大股东的管理状况只能接受，只有在极少数由于疏忽大意造成了资产的明显浪费等情况下，少数股东才可以寻求法律保护。（R-K-O 影像公司的接管人接下来可能采取的行动就是符合这种情况的案例之一。）然而我们可以想象得到，在适当的时候，作为一个整体，少数股东可以在法庭上主张自己要求企业获得良好管理的权利。前提条件是在大股东操控下的公司管理不善证明大股东总是将自己的私利置于公众股东的利益之上，这是对信托责任的滥用。法律层面上的改革即使可以进行，也会进展得比较慢。因为这要求各方取得共识，即大家都承认许多简单可信的事例都已证明企业现有的管理是不合格的，必须加以改进。

BENJAMIN GRAHAM
本章小结

我们讨论的问题可能超出了公司民主的范围，因为这些问题更多地在强调保护少数股东的利益。不过，正如其他领域里面所发生的事情一样，在这一领域，一个警告和一个积极有效的建议也许能向很多毫无意识且行动缓慢的人提示未来的前进方向。少数股东希望能唤醒控股股东履行信托责任，在此基础上建立起来的公平待遇标准应当成为被普遍接受的原则，指引着公众股东采取明智的行动，团结在一起形成真正的"多数派"，并通过投票行使"多数派"对企业的控制权。

BENJAMIN GRAHAM

BUILDING A PROFESSION

─── 第**16**章 ───

战时经济与股票价值 [①]

(写于 1951 年)

1950 年 6 月朝鲜战争爆发时，华尔街的分析师就准确地预测到准战时经济或者战时经济将会来临，随着物价控制政策的执行，政府至少会实行配给制，同时征收比较重的超额利润税。尽管他们都认为整个经济总量已经很大了，但是依然相信战争将会使公司的净盈利严重减少。这样的预期，再加上身处战争环境，导致整个市场普遍预期股票价格将要下跌。

上涨的股票市场

与大多数专家预测的走势并不一样，在过去 6 个月的时间里，股票市场非但没有下跌，反而上涨了。到目前为止，这一现象向我们展示了与证券交易毫无关联的两大特征。第一个特征是，即使面对着最不稳定的国际因素，股票市场的反应也并没有我们想象的那样恐慌或者悲观。我们无法忽视这样的一个事实：美国正面临着令人恐惧的新危险——大量的建筑物被毁以及难以计数的平民伤亡。过去的历史已经证实，一旦这种危险真的变成现实，不管是投机者还是投资者，都会长时间处于神经敏感紧张的状态。第二个特征是，市场的变化似乎要由原来的

---

① 本文选自：《分析师杂志》，vol. 7，No.1（1951）：34–35.

中期趋势转变为真正的长期趋势。近期股票价格上升已经从本质上反映了公众的预期，即战时经济就是通胀经济。而且，从长期来看，通货膨胀就意味着股票价格将会全面上涨，我们认为这种假设是比较客观合理的。

需要考虑的两个问题

对最近市场表现的解读向我们提出了两个问题：从长期牛市的视角来评判股票价值的做法是正确的吗？即使第一个问题的答案是肯定的，而且短期的市场走势不会受到悲观或恐慌情绪的影响，那么股票市场会对这样的看法做出怎样的反应？在这篇文章中，我会尽自己最大可能去找到这两个问题的答案。

从历史经验来看，战争发展的模式都是一样的：先通货膨胀，然后紧跟着就是通货紧缩，我们这一代人对此都已非常熟悉了。在战争时期，通货膨胀会被严格控制在一定范围内，就像第二次世界大战所经历的那样，目前也是如此。不过，在战争末期，控制力度会有所放松。于是，财政赤字带来的压力会迅速地推高物价水平。战争使得美元的地位下降，币值贬值，特别是当美元只是作为纸币的时候。

因为美元在贬值，就以为股票市场的整体价格水平或早或晚肯定要上涨，这样的预期难道不合理吗？从1900年到今天，股票市场的发展历史证明，从总体上看，股票价格的上涨与一般物价水平的上涨之间确实存在着相互趋同的关系，尽管在很长的一段时间里，两者之间也曾出现过非常明显的分歧。在成本不断上涨、工资水平也明显提高、所得税也急剧增加的情况下，经济本身有能力进行自我调节。但是，考虑到正常税税率的快速上升以及超额利润税的税率也被调高，这很容易导致公司的利润额明显低于近几年的平均水平。因此，我们不仅能想象得到税率的上调将会导致公司的净利润无法跟上通货膨胀的脚步，而且也清楚不管公司的资产价值表面上增长了多少，实际的盈利能力却在下降。由于公司的盈利能力要比资产价值对股票价格的影响作用更大，因此如果事态照此发展下去，股票市场的长期走势将会进入熊市的观点显然是有根据的。

可能性的大小

战争环境可能会给股票价值带来毁灭性的影响，这样的观点虽然很难被证伪，但也只不过是存在这种可能，说明不了什么。而我们感兴趣的是这种可能性到底有多大。为了更好地分析这一问题，我们应当从过去的历史经验着手。在有生之年，我们很不幸地经历了两次世界大战。有了这样的经历，我们至少可以说扩展了自己的见识，也许还让我们拥有了一些智慧。有一种观点很盛行——认为第三次世界大战对经济造成的影响与前两次是截然不同的。这是一个需要被事实证明的观点。在第三次世界大战没有到来之前，我们最好还是根据已经发生了的事寻找一些线索。

盈利能力降低

在第二次世界大战期间，由于受到价格管制、重新谈判和超额利润税等因素的影响，业内处于领先地位的大公司的盈利能力均有所下降。然而，道指成分公司的平均利润率却比战前高出了 20%。在主板市场上，二流公司或者规模更小的公司其盈利有了大幅度的提升。所有公司的战后利润额都出乎意料地增加了不少，而且还保持了相当长的一段时间。一些保守的分析师原本以为，相比于 1946—1950 年期间的平均盈利水平，战后企业的长期盈利水平必然会大幅下跌。然而，后来他们不得不承认，当前企业的盈利增长已进入一个稳定期，或者说企业的平均盈利能力至少要比 1936—1940 年高出 50% 以上。因此，对道指的成分公司来说，人们普遍预期和平时期的平均每股盈利大约为 15 美元，而战前的平均每股盈利只有 9 美元。

1936—1940 年期间，道指成分股的平均水平为 135。然而到了 1946—1950 年，成分股的平均水平上升到了 180。我自己计算了一下中间值（选取的是 1947 年），计算结果约为 215。

如果对战时经济来说，这一总体发展模式是成立的，那么我们就可以做出如下几个方面的预测：

- 战争动员或者敌对时期会带来严格但是又实际的盈利增长；
- 与战前的"正常"水平相比，战后企业的盈利能力会显著上升；
- 在接下来的几年时间里，股票价格会出现非理性或者至少是难以预测的波动；
- 没有合理的理由能够证实战争会导致股票价值缩水；
- 我们有足够的理由相信，最终股票价值的中间值将会远远高于近期的计算值。

一些真实的数据

跟道指成分股有关的一些真实数据可以支持我们的结论。在 1946—1949 年期间，道指成分股的税前平均每股盈利为 30 美元，每股税后利润为 18 美元。到了 1950 年年末，这两个指标都有了很大的提升，其中税前平均每股盈利涨到了 60 美元，每股税后净利润超过了 30 美元。当前，企业的整体税率水平约为 62% 左右，而在第二次世界大战期间，企业的整体税率水平为 72%。

如果我们假设道指成分公司战前每股税前盈利为 50 美元，有效的总体税率是 70%，则每股净利润就等于 15 美元，这个计算结果与 1945 年以后和平时期的平均盈利水平相当。如果将"正常的市盈率倍数"与每股盈利值相乘——正常的市盈率倍数要取决于当时的利率水平以及道指成分公司的质量，计算结果与 1951 年年初的价格水平相近。真实的数据可能比这一预测值还要更好些。尽管整体税率会涨到 70% 以上，道指成分公司的税前每股盈利也会超过 50 美元。

铁路公司的合理避税方法

随着交通运输量的成倍上升，铁路公司的净盈利也有了惊人的增长，于是铁路公司现在面临着超额利润的合理避税问题。这样的情形不可能永远持续下去，但是似乎税收优惠政策还将一直延续下去，就像石油公司和矿业公司一样，它们也享受了很长时间的税收优惠待遇，经历过多次税率调整。公用事业公司未必总是战争的受益者，不过它们确实享有合理避税的权利，而且其盈利的稳定性似乎并没有受到严重的威胁。

上述分析反映的是战时的经济活动情况，与战争所导致的通货膨胀无关。过去的历史经验也证明，大多数通货膨胀都是在战后恢复生产时才出现的。没人能准确地预测未来的经济形势会怎么发展，不过我仍然有充足的理由相信，股票的价值要比美元钞票的价值更坚挺。

价格价值、资产价值和盈利能力

悲观的想法能很容易地描绘出这样的画面：高工资与让人难以承受的高税负将公司的盈利水平压制到"低于任何可分配的程度"，完全无视物价水平的飞快上涨。我们必须指出，美国的现行体制不会允许出现这样的情形——尽管存在不断加强的政府控制以及其他的不利因素，但从本质上看，美国的经济体制依然维护自由的投资选择权。这一体制的核心或基石是除了生产资料以外，每年的自由投资金额高得惊人。只有当现有的资本投资显示出稳定的盈利能力，后续才会有大量的资本源源不断地流进来。反过来，企业获得的盈利必须要与现有工厂的重置价值相对应。换句话说，由于物价水平持续上涨，资本商品的重置成本必然也随之上涨，因此重置成本的增长必须对应着历史投资所创造的利润额的增加。

资产价值与盈利之间的关系

资产价值与盈利之间的关系既不精确也不唯一。事实上，由于投资资本的收益状况变化幅度非常大，因此这意味着两者之间的任何关系可能都是不靠谱的。然而，当我们从更广泛的角度来审视经济活动时，会发现，往往先是事实证明传统的或综合性的历史投资能够创造丰厚的利润，大规模的新投资才会接踵而至。其实，随着新投资的规模不断上升，我们可以假设存在这样一个规则：历史投资资本的盈利与新投资资本的盈利之间的关系越来越紧密，而且逻辑联系也越来越强。

鼓励新投资

政府在维持充分就业方面的重点政策就是鼓励新投资，将鼓励投资作为一项基本国策。反过来，这样的做法给政府干预企业的税后"合理利润率"设置了一些操作上的障碍。我们可以尝试着解释一下这个矛盾：尽管最近几年，美国企业界一直在抱怨华盛顿政府对商界的政策不友好，但是若按照最初的成本来计算，投资资本所获得的收益率已经创造了历史新纪录。

**BENJAMIN
GRAHAM
本章小结**

我们的结论就是，对于战时经济，公众将自己的关注焦点放在通货膨胀以及随之而来不断上涨的股票价格，这是一种本能的正确做法。而股票价格之所以会不断上涨，战争所导致的恐慌情绪就是一个诱因。这一次面临战争的威胁，投资者与投机者的反应非常理性；可是以前他们在面临类似的情况时，占据主导地位的情绪很明显都是恐惧。为什么这一次不同呢？让我们尝试着提出这样的想法，我们正好见证了人们通货膨胀意识的不断发展成熟，这与政府首批发行的 E 系列储蓄债券的到期期限几乎是同步的，这样的同步虽然有些怪异，但还不至于让人太惊讶。恐慌情绪促使人们大量买入股票，就如同恐慌情绪驱使他们大量抛售股票一样。从去年 6 月开始，股票市场越来越像是"恐慌性买入"，但围绕我们身边的各种不安因素都是在担心美元的币值是否稳定，以及与美元相关的投资价值是否稳定，这说明一种全新的导向力量正在慢慢渗入普通投资者的心中。

20 世纪 20 年代波澜壮阔但结局惨淡的股市新时代发端于 1924 年。当时的情形与今天的情况在有些方面很类似：期限相同的股票与长期债券相比较，前者的收益率要远远高于后者的收益率。不过，大家也能想象得到，其他方面则与今天的情形完全不同。或许，这时我们不得不重复一句为华尔街量身定做的法国谚语："万变不离其宗。"

BENJAMIN GRAHAM
BUILDING A PROFESSION

——第17章——

影响充分就业的结构性关系 ①

(写于1955年)

1946年的时候，我们对充分就业的承诺还在持怀疑态度，然而到了今天，充分就业承诺已经逐渐成为政治领域和经济领域一个普遍接受的前提条件。不管是民主党还是共和党，都认为政府有责任控制失业率的不断攀升。

早些时候，我们主要关注的是如何履行这一责任，不过到了今天，这一点已经不那么重要了。过去13年间如此优异的就业率，特别是我们的实体经济甚至连1954年这么恶劣的环境也能扛过去，已经给美国经济注入了一针强心剂，从而可以继续向前发展，不再像以往那样总是"开倒车"。

这一乐观的论调被一些人以不同的方式加以重新阐释。不过，他们要表达的核心思想都是相同的，那就是：为了维持充分就业，要么是企业必须以更快的速度无限扩张下去，要么是政府部门（不管是哪个政党上台）将会尽一切可能干预经济活动，以免让普通群众陷入恐慌。换句话说，这一观点意味着，积极的商业活动和近乎充分就业的状态是有保障的，唯一的问题是为了达到这一目标，我们到底该不该接受更严重的通货膨胀呢？1953—1955年的牛市也许已经反映出了未来这一革命性的新观念对投资者思想的渗透。

---

① 本文选自：《分析师杂志》，vol. 11，No.2（1955）：13–16.

在金融分析师或者学习经济学的学生准备接受或者拒绝这一关键性假设之前，他可能对一些长期的经济关系有过比较深入地思考，而这些长期的经济关系均与过去是否实现了充分就业有一定的关联。现在我们已经获得了理论上值得信赖的一些总体数据，这些数据包含 4 个方面的基本要素，这些要素综合起来最终能够决定失业人数会有多大的变化。这 4 个要素是：（1）劳动生产率；（2）人均产出（或者消费）；（3）劳动时间；（4）劳动力。这 4 个基本要素的数学关系体现在如下的方程中：

失业人数 = 劳动力 – GNP（或消费）– [每人每小时的 GNP 产出（即劳动生产率）× 每个工人年平均工作小时数]

在这篇文章中，我准备讨论一些比较重要的定量关系——上面列举的 4 个变量彼此之间早就存在这种关系，然后将记录与最近当局对 1965 年的规划方案加以比较。规划方案以及我们大部分的统计资料都是来自（国会）联合委员会（Joint Committee）的研究人员新近发布的一份经济报告，这份报告的标题是《下一个 10 年美国经济的潜在增长情况》（1954 年 10 月）。

为了更好地实现我们的目标，有必要将 1900—1953 年的这段时间分成跨度大约相等的 4 个时期，以便更好地考查这 4 个因素的百分比变化情况，也就是：1913 年与 1900 年相比较，1927 年与 1913 年相比较，1940—1941 年的平均数与 1927 年相比较，1953 年与 1940—1941 年的平均数相比较。按照克利夫兰信托公司（Cleveland Trust Company）的总体经济活动指数来衡量，我们选取的这些年份均不属于衰退期。不过，1953 年应该被划入经济的繁荣阶段，而其他年份的经济数据与基准年份相比或高或低，具体如下：

1900 年 - - - - - - - - - +3%

1913 年 - - - - - - - - - +4.5%

1927 年 - - - - - - - - - +3%

1940—1941 年 - - - - –1.5%

1953 年 - - - - - - - - 15.5%

根据我们前面提到的公式，要维持充分就业的状态主要取决于 3 个基本的定量关系之间的相互作用情况：

- 劳动生产率和产出比率。这一比率一方面衡量的是生产率（每人每小时的 GNP 产出）的增长情况，另外一方面衡量的是消费能力或者生活水平（人均 GNP）的增长情况。它会推导出中间计算结果 I ，也就是单位人口必需的劳动时间的变动情况。
- 劳动时间的变动情况。这是一个综合系数，用总的劳动时间除以被雇用的工人数量。与第 1 步的中间计算结果 I 相比较，进一步推导出中间计算结果 II ，它衡量的是单位人口必需的工人数量（被雇用）的变动情况。
- 劳动力人口数的变动情况。这里最重要的数字就是与总体人口数量相关的劳动力人口数。根据中间计算结果 II ，我们可以推导出最终结果 III ，也就是单位人口失业率的变动情况。

表 17-1 向我们提供了研究所需要的基本数据以及一些重要的结论性数据。在表 17-2 中，前面我们讨论过的这些定量关系以百分比的形式向我们展示了 4 个时间段的变化情况。在表 17-3 中，我们计算了大概的平均百分比，然后再将这些百分比计算值与前面提到的研究人员对 1953—1965 年的估计值加以比较。

表 17-1　基本的经济数据

项目	1900	1913	1927	1940—1941（平均值）	1953	1965（规划）
人口（百万）	76.1	97.2	119.0	132.8	159.6	190.0
调整后人口（百万）[b]	63.8	82.7	102.1	117.5	138.1	163.5
根据 1953 年的物价水平测算 GNP（10 亿美元）	75.6	113.1	160.5	220.1	364.9	535.0

续表

项目	1900	1913	1927	1940—1941（平均值）	1953	1965（规划）
平均每周工作时间（小时）	58.0	51.4	48.1	42.9	40.6	37.1
劳动力人数（百万）	29.1	38.7	46.9	56.9	67.0	79.0
就业人数（百万）	27.7	37.6	45.0	50.0	65.5	76.0
失业人数（百万）	1.4	1.1	1.9	6.9	1.5	3.0
总工时（10亿小时）	83.5	100.4	112.6	111.5	138.2	146.6
劳动生产率（每人每工时的GNP，按照1953年的物价水平计算）	0.905	1.126	1.461	1.974	2.640	3.649
调整后的人均值						
GNP（按照1953年的物价水平核算）	1 185	1 367	1 570	1 873	2 643	3 272
劳动时间	1 308	1 214	1 103	949	1 001	897
劳动力人数	0.456	0.468	0.460	0.484	0.485	0.483
就业人数	0.434	0.454	0.442	0.426	0.474	0.465
失业人数	0.021	0.14	0.18	0.058	0.011	0.018

注：a. 联合委员会 1954 年 10 月报告。

b. 年龄不满 14 周岁的儿童被计为 0.5。

表 17-2　不同时期的百分比变化情况 [a]

	1913 年 VS. 1900 年	1927 年 VS. 1913 年	1940—1941 年（平均值）VS.1927 年	1953 年 VS.1940—1941 年（平均值）
劳动生产率（每工时的 GNP）	+19.6%	+22.9%	+26.0%	+25.0%
产量或消费量（调整后的人均 GNP）	+13.4	+12.9	+16.2	+29.1
劳动工时 [b]	−7.2	−9.3	−14.0	+5.2
工作周	−11.5	−6.3	−10.8	−5.4
就业人数 [b]	+4.6	−2.9	−3.6	+10.1
劳动力人数 [b]	+2.8	−1.7	+4.9	+0.2
失业人数 [b]	−38	+28	+69	−81

注：a. 根据较高的值计算百分比增长率，详见正文。

b. 调整后的人均值。

表 17-3　1953—1965 年的预期变化情况与历史平均变化情况的比较分析

	1900—1953 年每个阶段的 平均变化比例 ª	预期变化 （1965 年 VS.1953 年）
劳动生产率	+22%	+27.5%
产量或消费量 ᵇ	+16½	+17.9
劳动工时 ᵇ	–6	–10.4
工作周	–8	–8.6
就业人数 ᵇ	+2	–1.9
劳动力人数 ᵇ	+1½	–0.5
失业人数 ᵇ	—	+3.0

注：a. 调整为 12 年。
　　b. 调整后的人均值。

我们必须要提醒读者，表 17-1 至表 17-3 的计算结果有两个不同寻常的特征，我们认为这两个特征会让这些计算结果变得更有意义。第一，我们的人均数据是基于"调整后的人口总数"来计算的，这意味着年龄低于 14 岁的孩子只算半个成人。这么处理的目的是考虑到这个年龄段的儿童数量占总人口数的比例出现了显著性下降，从 1900 年占总人口数的 32.3% 下降到 1940 年占总人口数的23.1%。

第二，我们的百分比变化都是以"较高"的数据作为比较基础的。举例来说，当数值从 100 上升到 200，我们认为增长了 50%，如果从 200 跌到 100，我们认为下降了 50%，这两者都是以 200 作为比较基础。这一改进的计算方法有很多优势，特别是在连续的比较计算中，优势更为明显。

当我们认真研究不同时期的百分比变化时，一些有趣的结构性关系让我们印象非常深刻。具体说来，这些关系包括以下几个方面：

● 在过去的 53 年时间里，生产力以加速度的比率在前进。由于生产力本身发展的速度很快，如果没有其他因素中和的话，这会导致市场减少对工人数量的需求，于是就业率将难以提升。

● 人均 GNP 或消费，同样在每个时间段都保持在一个比较合理的稳定增长率水平。尽管 1940—1953 年这段时间内的升幅最大，让人感到很振奋，但是从变化幅度来看，这属于例外情况。很大一部分原因在于企业的飞速发展——1940—1941 年还稍低于平均值，而到了 1953 年，就创下了最高纪录。

● 对于就业来说，最重要的数据并不是单独考虑劳动生产力的变化情况或者消费的变化情况，而是考虑其相对增长率的变化情况，也就是我所说的劳动生产力和产出比率。在我们考察的 4 个时间段里，有 3 个时间段的劳动生产率增长速度都大于产出（或消费）的增长速度，于是导致"劳动生产力过剩"。在 1947 年发表的一篇相关文章中——这篇文章包含更多类型的考察周期长度，我发现"劳动生产力过剩"的现象在所有经济活动类似的时间段里都存在。[1]

只要存在劳动生产力过剩，其必然的结果就是减少单位人口的人均工作时间。在 1900—1953 年期间，调整后的人均工作时间从 1 308 个小时下降到 1 001 个小时。如果每周的劳动时间没有缩短，那么人均就业率将会下降 23%，因此 1953 年才会有 1 600 多万的劳动力人口失业。

● 当然，劳动时间的缩短正好可以抵消劳动生产力过剩的问题。在每个时间段内，每周工作小时数都有所下降，但是却是以一种不规律的比例下降。没有证据表明每周工作小时数会按照维持充分就业状态所需的劳动时间进行同步调整。但实际的结果显示，与这一目标相差并不大。

这里有一个重要的问题：劳动生产力过剩是否就是美国经济的一个结构性特征。如果劳动生产率的增长速度高于消费的增长速度是一个必然的趋势——50 年来的数据已经证明了这个结论，每周劳动时间的逐步降低（或者，更好一点，每年劳动时间）将会成为阻止失业率攀升的一个必然手段。

● 劳动力数量相对总人口数量的比例关系与其他几个因素彼此之间是相对独立的，因此它对失业率的影响作用也是独立的。在过去 53 年的时间里，劳动力数量增长的速度稍快于总人口增长的速度。如果按照不调整的人口计算，每 1 000 人劳动力数量从 407 人增加到 420 人，如果按照调整后的人口计算，每 1 000 人劳动力数量从 456 人增加到 485 人。如果不考虑其他因素的对冲作用，单单是这一差别，就会让 1953 年的失业人数增加几百万。

上面这个关于劳动力数量的推论有些违反常理。其中一个就是，生活水平的大幅提升应当对应着劳动力数量占总人口数量的比例下降。(事实上，女性参加工作所产生的抵消作用大于儿童劳动力的减少以及退休提前这两个因素的合力。)劳动力数量的变化让政府感到困扰，原因在于这种变化基本上完全集中在 1927—1940 年这个时间段。因此在这段时间，它进一步加重了由劳动生产力过剩所导致的失业状况。

● 最后，我们必须意识到，失业率——这是最后一个也是最关键的数据，最终反映了 4 个决定性因素之间的边际关系。这 4 个决定性因素分别是：

> ➤ 不断增长的劳动生产率；
> ➤ 不断增长的消费支出；
> ➤ 不断减少的劳动小时数；
> ➤ 劳动力数量的变化。

如果只是劳动生产率有所增长，那么只需要两年时间，它就会导致严重的失业问题；常见的劳动生产力过剩可能在 6 年时间里导致失业率攀升；而劳动力数量的反常变化对失业数据造成影响则可能需要 12 年的时间才会显现。

至少，从理论的角度来看，这是实现充分就业目标最重要的障碍。我们相信，当决定就业人数与失业人数的这几个重要变量之间出现轻微的不平衡时，强势的政府干预是必不可少的。

1952—1954 年之间的发展情况也佐证了这一事实（具体的数据并没有列在表 17-1 至 17-3 里）。在这两年里，人均实际产出并没有发生任何变化，但平均失业人数却几乎翻了一番，从 167.3 万人增加到 320 万人。作为控制变量的劳动生产率增长了 4.4%，部分抵消了劳动时间和相对劳动力数量 1% 的下降所带来的影响。

对未来的预示

联合委员会的研究人员在经济报告中提出了对 1965 年的预测，这一预测也是建立在前面分析的基础上——虽然这个分析还不够全面。他们的研究结论表明，在 10 年左右的时间里，经济可能会达到让人满意的均衡状态，国民生产总值将会达到 5 350 亿美元，较 1953 年增长 47%，但价格水平却不会发生任何变化。

按照他们在研究报告里提供的模型，为了实现这一平衡关系，必须满足三个结构性的关系要求。首先，用于储蓄的可支配收入必须从当前的 8% 调低到 6%，目的是将这些钱用于消费。其次，各个政府部门的非军事支出增长速度要远远快于 GNP 的增长速度。最后，每周的劳动时间必须大大地缩减。尽管没有很清楚地说明，但是报告的讨论内容暗示着，只有缩减劳动时间，才能将失业率维持在可接受范围内。

总之，与 1953 年的水平相比，经济环境要求人们减少工作时间，降低储蓄额，并且政府也应该增加国内支出。这听起来好像有些颠倒是非，但这确实是 20 世纪美国经济过剩的真实反映，而经济过剩的原因正是不断提高的劳动生产率水平。

按照研究人员的预测，考虑到控制失业率水平的核心变量关系，我们已经计算出了 1953—1965 年间的失业率的百分比变化情况。具体的数据都列在表 17-3 中。

有必要强调的一点是，我们估算的劳动生产率增长速度要稍快于 1940—1941 年到 1953 年的增长速度。不过，预计的消费支出（人均 GNP）将会比 1940—1941 年到 1953 年的水平稍微低一些。事实上，这一水平比 1900—1953 年整个期间的年平均水平还要高出 10%。其结果就是引发大量的劳动生产力过剩（10.4%），人均所需的劳动工时数出现了相应的下降。

我们预计（或者说要确保），每周劳动时间下降的幅度与 50 年以来的平均水平基本相当。这三个因素的综合影响效应便是人均就业人数会下降 2%，其中 0.5% 的影响效应会被相对劳动力人口数的小幅下降所抵消。最后的计算结果表明，以调整后的人口为基础，每 1 000 人里的失业人数由 11 人上升到 18 人。

当然，这是一个令人振奋的预测值。（不过，研究人员警告我们说这个预测值是建立在经济能够实现高速增长的基础之上，而真实的增长速度可能要比预计的要慢。）这当然不是乌托邦，因为与前面我们已分析的 4 个时间段相比，这一预测值与美国经济增长的真实水平是非常接近的。

即使我们觉得这个预测很合理，但是若想用这些数据来指导投资与商业决策，我们脑海中还是要牢牢记住两点忠告。第一个忠告就是在未来 12 年间，经济快速增长的过程中也许会伴随着相当长时间的持续衰退，而且这两种情况会交替出现。在 1900—1941 年的三个考察周期里，尽管从整个考察时间范围来看，经济表现出了比较好的持续增长态势，但是中间依然经历过经济衰退。

避免经济周期性地出现衰退，从而避免出现较高的失业率，这是两个不同的问题，两者是相互独立的。国民经济能够像 1953—1954 年那样有效地抵抗消极因素的不利影响吗？不管是我们前面的分析，还是联合委员会提交的研究报告，是否能针对这个重要的问题给出一个肯定的答案，对此我持怀疑态度。

第二个忠告与总失业率的边际特征有关。前三个决定因素的反向小幅度变动可以让最终的失业率数据从令人相当满意变为让人头疼。例如，如果劳动时间减少的是 2 个小时，而不是之前的 3.5 个小时，那么失业人口的计算结果将会翻倍，例如可能达到 600 万之多。第 4 个重要的变量——劳动力，它的威力也不输给前面三个因素，也能给失业率数据带来大麻烦。

最近几年，美国经济的表现实在令人满意。但是，如果我们据此判断说美国经济已经可以抵御衰退与失业，那还有点为时过早。而且，经济衰退与失业的特征也是不同的。

1913 年及以后年份的数据均来源于联合委员会的报告。劳动工时数按照政府统计的就业人数进行了调整，与报告里面的数据不一样。1900 年的数据来自于不同的渠道，不过我们在选择数据时尽可能地与联合委员会提供的报告数据保持一致。

"按照较高值计算百分比"方法的运用

在本文中，凡是需要计算百分比增长的地方，我们都是用较高的那个值或最终的值作为比较的基准。一直以来，我都认为这一传统方法更适合经济学家和证券分析师的研究工作，且优于用最初的数据作为比较基准的做法。我之所以在此处敢大胆地使用这一方法，是因为联合国经济和社会事务部公布的名为《欠发达国家出口市场的不稳定性》（*Instability in the Export Markets of Underdeveloped Countries, 1952*）的研究报告就使用了该方法。正如这个研究报告的附录 B 所指出的那样，与普通的百分比计算方法相比，"按照较高值计算百分比"的方法具有以下几个优势：

● 在评价 100、80、100 这个序列数据的变化情况时，如果使用"按照较高值计算百分比"方法，计算结果是先下跌 20%。然后再增加 20%。可是，若是使用传统的计算方法（这方法还有些麻烦），计算结果则是先下跌 20%，然后增加了 25%。

● 在使用这一方法时，单次最大涨幅永远低于 100%；同理，单次最大跌幅也永远低于 100%（只使用正数）。

● 对于下列两组数据，10、5、8、10 和 5、10、8、5，当我们使用"按照较高值计算百分比"方法时，它们的平均绝对波动幅度是相同的；而当我们使用普通的百分比计算方法时，它们的平均绝对波动幅度差别很大。

要注意，"按照较高值计算百分比"的方法只适用于比较连续的数值的变化情况。在计算盈利、死亡率或者类似变量的百分比变化时，这个方法是不适用的。

BENJAMIN GRAHAM
BUILDING A PROFESSION

——— 第**18**章 ———

美国的国际收支："沉默的阴谋" [1]

(写于 1962 年)

美国的国际收支平衡问题是一个自相矛盾的难题。一方面，美元的国际地位确实面临着实实在在的威胁；另一方面，导致这些威胁出现的原因绝不是基本经济要素的变化，而且也与导致汇率波动的常见原因完全不同。

在这篇文章中，我将会更多地关注最近的发展情况，进一步深入分析我认为最有趣的一个问题：为什么从美国总统肯尼迪到美国钢铁大王罗伯特·泰森（Robert Tyson），都没有弄清楚（或者只是非常含糊地提到）"美元危机"背后的真实原因到底是什么？事实上，他们一致忽视了一个最重要的事实，那就是我们文章标题所提到的"沉默的阴谋"。

我将会以一种绝不妥协的姿态写完这篇文章，而且还会对其他人的观点给出非常尖锐的批评。毫无疑问，这会伤害到某些人的感情，甚至会显得有些傲慢和自负。我的理由（为什么值得这么做）是，美元的力量代表着美国的基本利益，面对存在诸多误解的当前局势，我们有必要正确地理解这个问题。为了达到这一目的，直率的表达方式可能是最基本的。

---

[1] 本文选自：《分析师杂志》，vol. 18，No.6（1962 年 11–12 月）：9–14.

美元危机的出现与"消失"

美国的国际收支平衡问题始于 1958 年。1951—1957 年间，美国国际收支的年均逆差值为 10 亿美元。这被认为是维护国际货币体系稳定的重要保障，因为其他国家可以抓住这个机会获取黄金与美元，为本国积累急需的外汇储备。但是在随后的 3 年时间里，情况发生了变化，美国每年的平均逆差额达到了 37 亿美元，随后 1961 年的逆差额达到了 25 亿美元。在这 4 年间，美国为提供国际"流动性"而遭受的损失额高达 135 亿美元，这使得美国由原来的贷方余额为 67 亿美元，转变为借方余额为 67 亿美元（具体数字见表 18-1）。很明显，我们不可能按照这个速度一边持续地提供国际流动性，另一边维持美元的国际价值。因此，"美元危机"以及美元很快会贬值（相对于黄金）的说法广为流传。

表 18-1　1949—1961 年美国的流动性头寸与权益头寸　　　单位：10 亿美元

项目	1949.12	1957.12	1961.12[a]
黄金储备量	24.6	22.8	16.9
减去：对外国人的短期债务	7.0	16.1	23.8
第一流动性	17.6	6.7	亏损 6.9
加上： 美国私人投资			
短期（总额）	1.3	3.2	6.0
长期（净额）	8.4	20.8	30.2
美国（私人）股本	27.3	30.7	29.3
加上： 美国政府预支款	11.0	17.3	17.0
权益头寸总额	38.3	48.2	17.0

注：a. 部分根据国际收支平衡表的数据估计。

美国政府坚决否认会导致这样的后果。政府部门声称，他们估计通过实施各项措施，截至 1963 年年底，美国的国际收支账户将会重新实现平衡。今年第二季度的数据表明情况确实在改变——年度逆差额回落到 10 亿美元以下，预期 1962 年的逆差规模大概会在 15 亿美元的水平。

9 月，在华盛顿举行的世界银行和国际货币基金组织例会上，来自不同国家的中央银行家都在"欢呼美元危机已经接近尾声""不会贬值了"，它再也构不成任何威胁了。事实上，他们开始表达了另外一种担心：当美国的对外贸易赤字削减之后，他们本国的国际收支与国际流动性将会发生怎样的变化。（美国的国际收支平衡是否完全在政府的掌握之中是另外一个问题，后面我们还会谈到这一点。）

观察家可能会怀疑，如果只凭单个季度的数据变化和其他一些官方统计报表就可以断定美元危机已经解除了，那么美元危机根本就构不成问题了。这正是我们这篇文章的观点：从 1957 年开始，美国流动性的减少可以直接追溯到美国对外净投资额的年增长率，而这是减少了的流动性唯一的去向。这样的变化不是影响一国外汇头寸规模的基本因素；过去它从未导致美元的贬值，当然未来除非政府故意这样做，否则也不会让这一因素成为美元贬值的"罪魁祸首"。

最近，一位参加世界银行会议的代表讽刺了目前的实际情况："美国的国际收支并没有达到入不敷出的地步，但是美国对外投资的发展速度确实在'寅吃卯粮'——远高于本应该保持的水平。"

接下来我们将用比较的数据证明上述说法的正确性。我们先谈一谈某些观点，这些观点认为美国过高的对外投资率并不是导致美元危机的根本原因。随后，我们要问一问，为什么这些事实几乎被完全忽视了。最后，我们会讨论这些困难的根源，并给出解决问题的最佳方案。

从长期视角审视美国的国际收支情况

如表 18-2 和表 18-3 所示，为了突出这些数据的重要性，更好地体现最近几年的对外投资与之前所有阶段相比呈现出的特殊变化，我们用调整过的表格形式汇总了 1929—1961 年这段较长时期内的对外账户收支状况。表中提到的账户可以被划分为下列三种基本类型：

A 组：所有私人部门的交易、净值，私人资本账户除外。

B 组：所有政府部门的交易、净值，包含资本账户在内。

C 组：私人资本账户、净值（不包括对外短期资本流动），加上 "未记录交易（错误和遗漏）"。

表 18-2　长期视角下的对外收支平衡表　　　单位：百万美元

期间	A 组 所有私人交易 （剔除掉私人 资本账户） cr（代表贷方）	B 组 所有政府交易 （包括资本账户） dr（代表借方）	A+B 经常项目余额 （权益变动）	C 组 私人投资净额 （净额）[a]	A+B+C 最终余额 （流动性变动）
1929—1941	650	100	cr 550	cr 570	cr 1 120
1942—1945	–	–	dr 1 530	dr 170	dr 1 700
1946—1949	7 942	5 928	cr 2 020	dr 100	cr 1 920
1950—1957	4 537	4 877	dr 340	dr 940	dr 1 200
1958—1961	5 016	5 326	dr 310	dr 3 130	dr 3 440

注：a. 此处不包括国外短期投资。

表 18-3　两个时期的总额对比　　　单位：百万美元

	1929—1949 （21 年）	1950—1961 （12 年）
经常项目余额（权益变动）	cr 9 100	dr 4 000[b]
对外投资（净额）	cr 6 300[a]	dr 20 000
最终余额（流动性变动）	cr 15 400	dr 24 000

注：a. 负投资。例如，国外投资流入额超过我们的对外投资额。
　　b. 权益连续不断产生的收益可能会超过负债总额。

A 组包括进口和出口、各种服务、对外投资所得的转移性收入以及美国私人部门的对外汇款。这一组不包括政府服务和 "军事交易"，按照官方的分类标准，这两项原本被计入 "商品与服务的进出口" 项目下。而我们则是将政府服务和 "军事交易"计入 B 组的政府其他收入和支出项目下——这些项目从 1940 年之后变得尤为重要。

"未记录交易"与资本账户一起被计入 C 组。因为我们通常认为，大多数此类项目都代表的是资本流入或流出某一国，而这些流入或流出都是通过"正常的记录系统所没有考虑到的渠道"进行的。C 组不包括对外短期资本流动，因为这个项目被视为平衡项目，与黄金流动项目相类似。（美国的私人部门和政府部门的海外短期投资并未与外国短期债务相冲抵，这主要是因为美国政府无法随心所欲地动用它们来满足他国对美国黄金的需求。）

将 1929 年后的对外收支账户分为 5 个时期加以分析是非常有指导意义的。这 5 个时期分别是：(1) 第二次世界大战爆发前，1929—1941 年；(2) 第二次世界大战期间，1941—1945 年；(3) 第二次世界大战结束后，1946—1949 年；(4) 朝鲜战争期间，1950—1957 年；(5) 美元危机爆发期间，1958—1961 年。只需要将 A 组和 B 组加总起来，就可以算出上述每个时期真实的"对外贸易余额"，当然要把美国私人投资交易的净值剔除掉。这一对外贸易余额可以被视为美国与世界其他国家交易所获得的"净利润或亏损"或者"经常账户余额"，抑或是"对外国权益投资的净变化额"。

我们发现，1929—1949 年的情况与最近这 12 年的情况不太一样——过去这 12 年里，贸易余额呈逆差状态，逆差额较为适中。事实上，如果我们将对外投资所获得的未汇回国内的收益也计算在内，逆差就消失了。因此，不管是从 1949 年开始计算，还是从 1957 年开始计算，如果不考虑美国政府的预支款项，那么从某种意义上说，美国的海外"权益"是增加的。不过，现在政府的预支款项也被计入了国际收支差额。

值得注意的一点是，美元危机期间与 1950—1957 年"令人满意的时期"相比，"经常性亏损"项目的值要略低一些。不仅如此，1961 年，也就是美元恐慌情绪达到顶点的那一年，即使扣除了高达 50 多亿美元的政府海外净支出额，这一年

（1946—1947 年除外）美国经常账户的余额依然是历史上顺差额最高的年份之一。

对于表 18-2，我们首先要关注的数字是我们的国外净投资额（C 组）。事实上，1929—1949 年间，美国基本上处于"负投资"的状态，因为在这段期间内，国外买入美国资产的金额超过了美国的对外投资额，两者的差值高达 70 亿美元。1950—1957 年间，美国的年均私人净投资额基本上都在 10 亿美元以下。

从那个时候开始，美国的流动性就处于非常宽松的状态，拥有世界上规模最大的黄金储备，我们完全有理由将过多的流动性（没有任何收益）转换为具有良好收益的长期投资。不过，随后的事实证明，我们的行为很像牛市来临时投资者和投机者的行为。

随着流动性的减少——这里流动性指的是在不引起货币供给紧张的前提下对外投资的能力，美国对外投资的年增长速度变得越来越快。剔除掉其他投资者投资行为的抵消作用，美国的资本转移额从 1949 年的 6 亿美元增加到 1955 年的 13 亿美元，1961 年进一步增加到 46 亿美元（这 46 亿美元里包含了 6 亿美元的未记录交易）。实际上，美国的对外投资额已经超过了本应该维持的投资水平。

面临的挑战

我认为，正是由于对外投资的比例上升速度太快，才会导致美元危机爆发。其他人从各个角度对这一观点提出了质疑或挑战，不过认真考虑这些反对意见可以帮助我们更好地认清状况。第一种观点认为，单独把投资项目拎出来作为承担危机责任的"替罪羊"，这样做根本没有合理的理由，因为美国的贸易不平衡是多个因素共同作用的结果。例如，从借方角度来看，对外国的巨额援助费用以及海外军事费用就是其中一个影响因素。美国商务部国际收支部门的负责人沃尔特·莱德尔（Walter Lederer）就是这种观点的坚持拥护者。他说："不管怎样，只要资本流动与其他交易项目之间始终存在相互抵消的关系，那么在评估国际收支状况时，就应该同时考虑这两者，我们不能认为其中的某一方比其他的交易具有更'基本'的作用。"

这番话听上去似乎意味着，每年的对外投资额可能会对相关的贷方项目产生较大比例的抵消作用。如果事实如此，那么在分析当前美国所面临的困境时，认为对外投资项目便是美元危机的根本原因的分析结论显然是不合适的。

但是，具体的事实和数字又是如何呢？让我们先看一看表18-4。表18-4将1949年和1961年的数据放在一起进行了比较。在1949年的时候，美国的经常账户有少量逆差，但美国的对外投资要稍微低于外国人投资美国的数量（将未记录交易视为投资）。因此到1949年年末的时候，美国的流动性依然有小幅增加。1961年，美国的经常账户有将近15亿美元的顺差，然而对外净投资额却变成了40亿美元的逆差，因此最终导致美国的国际收支逆差超过了25亿美元。

表 18-4　1949—1961 年美国国际收支余额发生变化的原因　单位：百万美元

	（商品贸易余额）	A 组 所有私人交易 （剔除掉私人 资本账户）	B 组 所有政府 交易	A+B 经常项目 余额	C 组 私人投资 净额	A+B+C 最终余额
1949	（5 424）	cr 6 140	dr 6 270	dr 130	cr 341	cr 211
1961	（5 340）	cr 6 815	dr 5 327	cr 1 488	dr 3 949	dr 2 461
变化	（dr 84）	cr 675	cr 943	cr 1 618	cr 4 290	dr 2 677

注：cr 代表增加；dr 代表减少。

如此明显的变化，贸易账户、政府支出与对外投资这三大项目都是导致问题出现的原因吗？无法确定哪个才是最主要的原因？美国获得的巨大贸易顺差主要得益于第二次世界大战结束后欧洲重建的巨大需求——1961年的商品贸易顺差额（53亿美元）与1949年基本相当。在这样的背景下，我们怎么能把贸易逆差归咎于出口的落后，像某些人一样，把"出口商品定价太高以至于销路不好"作为借口？

此外，美国商品与服务的合并贷方余额（不包括政府部门）比1949年高出

6.75 亿美元。确实，从某种意义上来讲，美国政府的对外援助项目与军事开支就是导致国际收支赤字的罪魁祸首。不知道这些专家是否注意到，1961 年美国政府在这些方面的支出要比 1949 年少 9.4 亿美元？那么，既然这个项目已经有所改善了，那为什么还要把美国国际收支逆差的后果归因于这个项目呢？这样做符合逻辑吗？由于对外投资是唯一发生显著逆向变化的组别，而且变化的幅度确实比较大，因此当人们看到这些数据时，容易把它当作导致美国国际收支失衡的罪魁祸首。

反对理由

不过，反对者再次谈到，这些海外投资同时产生了较为强烈的抵消作用，因此它对美国的整体流动性并没有造成太大的损害。我们首先要考虑的是美国从中获得的收入。1961 年，美国海外投资获得的收益合计为 36.45 亿美元，与美国 39.51 亿美元的对外投资规模相差无几（此处没有包括未记录交易）。每年的对外投资规模与对外投资的收益在金额上如此接近，这从很大程度上说明对于美国近期的国际收支逆差，对外投资项目并不应当承担太大的责任。

这一论点听上去好像很合理，但实际上却是谬论。它没有考虑到，即使不把 1960 年和 1961 年的所有新增投资都计算在内，只按照 1959 年末美国 450 亿美元的对外投资规模来计算，1960 年与 1961 年依然能够获得这么多的投资收益。

表 18-5 就是考虑到了这一点，因此计算出来的结果更加合理可靠。如表 18-5 所示，在最近 4 年时间里，美国合计 140 亿美元的私人对外投资共创造了 12 亿美元的收入，仅相当于资本流出额的 10% 不到。如果我们能够将资本流出总额从每年 45 亿美元左右减少至 10 亿美元的话（这种程度的资本流出规模减少之后，会让当期的投资收入略微减少一点），那么就有可能把 1960 年和 1961 年的整个国际收支"赤字"全部抹平（这两年正是美元危机最严重的时期）。

表 18-5　1958—1961 年对外投资额对美国海外投资收入的影响　单位：百万美元

截至 1957 年 12 月的投资收入	2 900
不考虑新增投资的前提下，1958—1961 年的预期投资收入 （相当于截至 1957 年 12 月投资收入值的 4 倍）	11 600
1958—1961 年的实际投资收入	12 815
1958—1961 年新增投资所创造的投资收入	1 215
1958—1961 年的资本流出额（估值）[a]	14 700
流动性的净损失额 1958—1961 年的资本流出额减去新增投资的投资收入	13 500

注：a. 包含净值约为 12 亿美元的未记录交易。

　　考虑到这一背景，那些巨额资本流出说的支持者进一步辩解说，巨额资本的流出还以资本品出口的方式创造出了其他重要的贷方项目，如果对外投资额没有增长的话，这些额外的贷方项目本不应当出现。因此，很难找到一个正确的方法来评判资本流出对美国国际收支平衡的总体影响到底有多大。

　　从某种狭义的角度来看，这当然是完全正确的。不过，我们也找到了一些数据，来说明所谓的"抵消额"大概是多少（这些数据源自美国商务部于 1960 年出版的《美国海外商业投资》[U.S. Business Investments in Foreign Countries] 研究报告）。数据表明，1957 年美国对外投资花在工厂设备上的费用共 49 亿美元，而从美国本土购买的资本品大约为 10 亿美元。1957 年美国对外投资的总规模是 32 亿美元，其中有 20 亿美元用于"直接投资企业"。

　　从这些数据中我们可以得出这样的一个结论：每年美国的对外投资有 30% 左右的比例会被抵消。另一方面，1957 年，设立在海外的直接投资企业向美国出口的商品总价值为 37 亿美元，明显大幅高于海外国家从美国进口的商品价值（据上述研究报告的"不完全统计"，后者的规模大约为 26 亿美元）。美国商务部的这份研究报告重点强调了直接投资企业所在地的外国通过这种方式可以储备更多的美元。其隐含的意思也非常清楚，那就是除了带来投资收益以外（前面已经讨论过），这样的直接投资对美国国际收支状况的净效应是弊大于利。

沉默的阴谋

表 18-1 至表 18-4 的数据应当已经清楚地证明了，美国对外投资增长速度的大幅上升应该对近期的美元危机承担主要责任。不知道我的读者中有没有人已经从当局发布的各种信息或数据中看到问题的这一面？至少，在去年 9 月之前，我还没有发现这一点。现在我要好好研究一下之前人用了哪种方法分析该问题以及使用这种方法的理由。

目前，人们还没有意识到贸易逆差所导致的流动性损失与对外投资造成的流动性损失两者之间到底有哪些根本性的差异。1962 年 1 月，经济顾问委员会经过讨论，决定将这两种类型的交易合并到一起，取名为"基本账户"。

难道企业对外投资建厂，其经营所得的盈利或亏损具有相同的意义，都是"基本的"吗？与此相反，加拿大的分析人员就很认真地将两者分别称为"经常账户余额"和"资本流动净额"。从 1955 年开始，加拿大政府就面临着经常账户极端不平衡的状况，而同一时期内，美国的经常账户则保持着基本平衡的格局。将这两个国家的情况综合分析，我们应该形成这样的认识，即加拿大正在经历真正的外汇危机，而美国的美元危机可能只是表面上的危机或虚假的危机。

1961 年 2 月，肯尼迪总统做了关于美国国际收支平衡问题的特别咨文，他是这样阐述的："我们的出口额大大高于进口额，但是这还不足以弥补海外军事基地建设、美国私人企业的海外投资、美国政府对外经济援助以及贷款项目的所有支出。"

请注意，对外投资刚好被夹在对外军事支出和政府援助这两项之间，就好像它们的本质特征是相同的。这种将对外投资放在所有支出项目之中的处理方式，用同样的方式对待它们，具有很强的误导性。

1962 年 5 月，在给美国商会发表演讲时，肯尼迪总统进一步提到："每年我们花费在海外驻军、防事工程建设以及履行海外安全防卫承诺等方面的支出高达

30 亿美元。如果贸易余额不足以承担这笔支出，我们还有两个备选方案：第一，输出黄金，我们现在就是这么做的；第二，取消安全防卫承诺。"此处并没有提到对外投资。事实上，如果不考虑投资的话，美国的贸易余额足以负担起政府的所有海外支出。

肯尼迪总统故意忽视不断增大的投资支出，可能是为了达到两个重要的目的：首先是阻止工资和价格水平的上涨；其次是为了游说美国庞大的军事力量承担更多的海外安全防卫义务。对第一个目标而言，宣称美国的出口额应该大幅增加能起到一定的作用；对第二个目标而言，肯尼迪总统是在暗示美元的地位正面临危险，需要得到军方的支持。

1961 年 3 月，美国钢铁公司的财务主席罗伯特·泰森也阐述了他对这个问题的看法，不过他的用词更激进一些。但是在我看来，他的说法问题更大。他说："解决国际收支失衡的唯一办法就是想办法提高或者修复我们在国际市场上的竞争力。"接下来的这句话清楚地反映了罗伯特·泰森说这番话的真实用意，"因此我想，这意味着美国必须用强硬手段终结温和的工资通胀时代"。

我们大多数人都同意工资通胀的局面应该被终结。但是，我们中有一些人并不认为工资通胀会伤害美国在国际市场上的竞争力。贸易数据也证明，1960 年和 1961 年是和平时期贸易顺差额最高的两个年份，远远超过了 1950—1957 年的平均水平。

沉默还在继续

《华尔街日报》总是喜欢追踪报道自己讨厌的人和事。去年 7 月，《华尔街日报》用一篇社论做出了如下总结："尽管人们对我国的国际收支逆差有很多困惑，不过，最根本的事实其实很简单。美国企业很喜欢不断扩大出口盈余，因此，肯定是政府的国内政策以及国外政策导致了逆差的出现。"《商业周刊》的报道虽然语气更为审慎，但是往往不尊重事实。它用自己的方式在同一时间表达了相同的观点："如果大家不反对的话，简单来说，就是美国政府承担的海外军事防务以及国际经济援助的费用太高了，以至于现有的国际贸易顺差负担不起了。"没有任何出版物提到我们所说的不断增加的海外投资，如果不是这些不断增长的海外投资，我们也不可能会面临美元危机。据测算，美国每年对外投资的规模大概是 80 亿美元而非 40 亿美元，因此实际的逆差规模应当为 70 亿美元。无论如何，美国政府推行的各项政策以及海外防务项目依然要为如此高的国际收支逆差承担责任。

这些不准确的报道已经影响到了其他期刊，甚至出现了更加夸张的评论。也许最有代表性的言论就来自我自己的报社，同时也是美国国内发行量最大的报纸之一："如果国际收支失衡这个谜题始终解不开的话，那么在理论上，美国政府将要面临国际破产的灾难……美国欠世界上其他国家的债务超过了其他国家欠美国的债务。美国的负债大于美国的资产……美国的债务包括进口、海外军事支出、对海外企业的投资以及对外国的援助。"

请注意，这里将对外投资列在了美国的"负债"之列，相应的结论就是，美国正处于国际破产的边缘。毫无疑问，有人预测美国的黄金价值将会下降，一些人开始将巨额黄金转移到瑞士和其他地方。

去年 9 月，英国财政大臣终于从正确的视角公开对这个问题进行了分析，他这样说道："这一次的贸易赤字非常特别，美国经常账户的顺差规模巨大，之所以会出现赤字，原因就在于海外援助、防务以及对外投资支出太多。应当说这并不是真正的国际收支失衡，而是对外过于慷慨而导致的失衡。"这段话的隐含意思是巨额的对外投资是美国对外"慷慨"的一个组成部分，这么说并不准确，不过它确实与慷慨的捐助有些类似，因为这种投资绝对是自愿的。

我主要想搞清楚为什么主流经济学家没有认清眼前的现实，没有充分注意到对外投资在美元危机过程中发挥的关键性作用。相关的观点太多了，无法一一列举出来。简单来说，去年出版的权威书刊共刊登了主流经济学家研究美元危机问题的 13 篇论文，但是这些文章几乎没有做出什么真正的贡献，根本没有意识到对外投资对整个局势所起的关键作用。

专业人士为何会犯这样的错，我很难解释。一种说法是，我自己的分析完全是错误的，无疑很多读者会觉得这很有可能。出于自我维护的角度，我唯一能说的就是，希望他们可以重新回顾一下前面我提供的数据和证据，在判断谁对谁错之前，先认真地分析一下它们。

未来的危险与可能的补救措施

即使问题的根源在于"过于慷慨"，同时再加上海外投资规模过大，对美元的国际地位来说，这也确实是一个真实的威胁。1962 年上半年采取的改进措施并不能保证美元从此脱离了危险境地（必须指出，判断美元脱离危险的标准是每年的流动性损失不应该超过 10 亿美元）。

长久以来一直让人感到满意的贸易余额也许即将迎来恶化的拐点，而海外军事支出可能还要大幅度上涨。在本文写作时（1962 年 10 月 28 日），面对国际危机真有可能会爆发的危险环境，这些因素显然会进一步增加危机发生的外部可能性。

假设在接下来几个月时间里，美国政府不能有效遏制流动性的损失，同时假设美国的对外投资依然保持着较高的增长速度，那么美国政府又应当采取哪些措施来应对呢？很明显，我们不可能指望通过实施减税刺激政策来促进工厂的现代化程度，从而使得短时间内美国商品的出口量大幅度增加。想依赖这种方法来快速解决问题的提议完全是荒诞不经的，但是一些高级官员却屡屡提及。

政府部门大幅削减海外支出当然值得考虑，但是这要求美国的政策做出根本性调整，而当前的国际局势根本不允许美国这样做。目前，政府已经提高了利率水平，希望能够吸引或者留住来自国外的短期资本，不过这并不能改变美国的总体流动性状况，只不过是阻止了美国的短期负债被转换为黄金流出美国。

在高利率的诱惑下，是否会有大量的长期资本流入美国，这还是未知的；在任何情况下，为了实现这个目标或其他目标而从根本上彻底改变国内利率结构的做法都会招致人们的强烈反对。接下来我们讨论一下另外三种可能采取的措施。

第一种措施是美元贬值。无论这是否能真的解决问题，都会引发论战。如果美国继续坚持庞大的海外投资规模，同时将美元贬值，那么又如何证明这样的"破产行为"是合理的？有没有哪个国家、公司或者个人曾经因为这么一个完全不合理的理由破产过吗？

第二种措施是节衣缩食，这看上去很符合逻辑。换句话说，就是削减每年新增的海外净投资，使其规模正好与其他交易所获得的盈余相当。这与个人的投资行为有关——个人投资者会将扣除了生活费用、税负以及捐款以后余下的收入用于投资。

在那些外国债券与股票的市场价格波动较为剧烈的国家，实施这样的政策最有吸引力。美国对这些地区的投资规模一直都很大，而且1962年的投资规模比以前还大，达到了10亿美元左右。

迪伦秘书长已经表示，如果有必要，政府将会采取一些措施限制美元外流。另一方面，强制性地降低私人部门的海外投资额又与美国金融自由的目标相违背。我们所有人都不愿意看到这些措施被执行——尽管从英国的财政历史来看，英国政府曾经多次实施过类似的政策。

在我看来，反对意见较少的最佳解决方案是由美国公司和/或美国政府出面向国外借入长期资本。从本质上来讲，美国目前面临的困难就在于它借入的是国外短期资本，而这些资金却被用于对外国进行长期投资。显然，解决这一问题的方法就是用海外的长期借款为海外的长期投资提供资金，使两者的规模相互匹配。这实际上并没有减少美国当期或总体的流动性余额，只是降低了短期负债的规模。

与在美国国内的浮动利率借款相比，这样的做法将会导致美国对外的利息支付额显著增加。但是，如果美国的新增投资项目能有足够多的盈利，那么就完全负担得起新增的利息支出。如果负担不起相应的利息费用，那美国政府就不应该采用这个方案。

也有人认为这样的借款是"不可能的"，因为外国的资本市场组织结构不够完善。然而，欧洲各国的投资者正在把大笔的钱借给这些国家的企业；美国的一些企业已经开始在海外市场上融资；证券到期时，海外投资者可以自行选择还款货币为本国货币还是美元，这还是很有吸引力的。

这里真正的问题并不是"我们能否从国外借到长期资金"，而是"我们的借款成本到底是多少"。考虑到美元作为国际主要货币要支付的额外成本，有必要认真考虑一下借款的规模。从国外借入 10 亿美元要支付 1.5% 的额外成本，也就是说要额外支付 1 500 万美元的利息。加上这笔利息支出，国际收支平衡表的借贷双方余额都将超过 300 亿美元，而美国的国民生产净值约为 5 500 亿美元。如果将来每年多支出的这 1 500 万美元能彻底消除美元危机的威胁，那么这一点代价又显得不值一提了。

BENJAMIN GRAHAM

GRAHAM

BUILDING A PROFESSION

| 第四部分 |

倾听来自专业人士的声音

1956 年，在连续几十年取得优异的投资业绩之后，本杰明·格雷厄姆从活跃的资产管理人的岗位上退了下来。不过，他并没有真正的退休，仍然在不辞辛劳地思考证券分析这个行业的未来发展前景，并同时坚持写作和演讲。他对目前金融分析师行业已取得的成就感到自豪，同时也感觉到了这个行业对继续发展的急切需求——他特别担心华尔街会走上歪路。和往常一样，他总是在赞扬之后提出一些必要的警告。

这部分的文章主要关注的是格雷厄姆在演讲或采访中说过的一些重要的话。这些文字没有被修饰或调整过，因而是最自然的状态：流畅、优美、充满激情，为投资者遭受到的不公正待遇感到愤愤不平，并且总是表现出毫无保留的诚恳。在《本杰明·格雷厄姆：有关证券分析的思考》这篇文章（本书第 22 章）中，当他在电话中回答密苏里州立东北大学的学生提出的有关商业课程的问题时，我们会看到一个完全放松的格雷厄姆。

他同时还向我们展示了他的睿智。在金融界我们很难找到比格雷厄姆下面这段即兴发言更加俏皮搞笑的说法了："过去他们常说波旁家族把一切都忘光了，而且什么也没学到。而我想说的是，在华尔街工作的人什么新东西也没学会，同时还把旧知识都忘掉了。"[1]

尽管格雷厄姆相信个人投资者能够也应该通过训练做得更好，但他不相信人的天性会改变。我们每个人都会学习并记住所学的内容。但是从本质上来看，市场作为一个整体，注定是学不到任何东西的，甚至还会把历史都全部忘掉。因此，当市场逼迫着分析师走向极端情绪的时候，他们必须时刻保持清醒的状态。

在格雷厄姆人生的最后几年时间里，他考虑最多的问题是分析师如何为市场增加新的价值，而这个市场是由受过各类培训的专业人士所构成的。他敏锐地注意到这样一个悖论，那就是，一方面他为成千上万的人成为特许金融分析师感到欣慰，另一方面他也感觉到这样的市场比以前任何时候都难以战胜。"我不再主张通过复杂而又精密的证券分析技巧谋求额外的价值投资机会。"在《对话本杰明·格雷厄姆》这篇文章（本书第 21 章）中，他这样对查利·埃利斯（Charley Ellis）说。在他去世前的 6 个月，在《与格雷厄姆共处的一小时》这篇文章（本书第 24 章）中，他告诉哈特曼·巴特勒（Hartman Butler）说："分析师使用这些方法挑选证券到底好不好（也就是说，试图挑选出那些表现优异的特定证券），我持怀疑态度。"

如果证券分析技术的广泛传播让挑选证券变得比以往更为困难，那么我们还能指望分析师们提供其他哪些类型的职能或服务呢？

在《金融分析师的未来》这篇文章（本书第 19 章）中，格雷厄姆将自己一直以来用于称呼投资专业人士的术语从"证券分析师"改为"金融分析师"。他希望我们能够意识到分析师同样有"责任"研究投资和投资者——不仅要分析证券表现如何，还要分析持有各类证券的投资者的行为是如何变化的。新执行的特许金融分析师第三等级考试要求分析师们在管理客户投资组合和为客户提供投资建议时，具备相关的专业知识，格雷厄姆对此表示赞赏。回到几十年前，格雷厄姆首次提出我们可以像医学行业给医生颁发医执照那样，给取得特许金融分析师资格的分析师发放相应的从业执照，他要求分析师们要像医生给病人认真检查身体那样为每一位客户提供全面的"财务健康"检查和建议。[2]

他很早就预见到，将来所有的投资建议都需要由具备特许金融分析师资格的分析师们签字认可，就像目前按照美国《萨班斯 - 奥克斯利法案》（Sarbanes-Oxley Act）的要求，上市公司公布的财务报表必须要有高管人员的签字一样。格雷厄姆的先见之明虽然并未全部实现，但是能得到"好管家"的认可，好处也很多。

格雷厄姆认为，接受过科班训练的证券分析师们所做的工作能够实现"理论上相对比较保守的价格"，从而让整个市场变得更加有效，并且减少"在绝大多数情况下，大多数股票"出现极端高估或低估的可能性。不过，格雷厄姆同时也指出，若想让这些聪明过人且受过严格训练的分析师们取得超过市场水平的业绩表现，是一件非常困难的事情。"不管是金融分析师还是基金经理，作为一个群体，他们都不可能'打败市场'，"他警告说，"因为从某种意义上来说，他们（或者你们）本身就是市场。"（到 1963 年的时候，美国金融分析师的人数至少有 8 000 名。）

格雷厄姆认为，由于存在非常激烈的竞争压力，分析师们只有通过判断和辨别哪些股票能够实现最大化的投资价值来贡献自己的微薄之力。此外，分析师们还应该积极探寻投资和投机两者之间的明确界限到底在哪里。只有经过全面的分析和研究，精心构建起本金的安全防护网并能够获得足够高的利润，分析师们才敢明确地说某只证券是完全值得放心的投资产品。此处，格雷厄姆特别提到了他写给《华尔街日报》编辑的一封信，信中他这样写道：

> 一小部分人在股票市场上做些零股的卖空交易，如果这样的人都能被称为"投资者"，那么到底该如何界定"投资"？
>
> 如果这些人被认为是投资者，那么，我们又该如何界定"投机"和"投机者"呢？
>
> 难道就没有这样一种可能性——不能准确区分投资和投机不仅会对单个投资者造成伤害，还将给整个金融行业带来严重的伤害，就像20世纪20年代末爆发的危机那样？[3]

格雷厄姆主张，分析师在分析某只证券的时候，应该将其价格分为两个重要的构成部分。一部分考察的是之前的因素，另一部分考察的是未来的因素。前一部分被格雷厄姆称为"最小的真实价值"，这部分价值是建立在这家公司历史的收益和资产基础之上的；后一部分格雷厄姆将其称为"当前的价值"，这部分价值是对公司未来发展的预期，并且将投机风险因素也考虑了进来。格雷厄姆认为，只要分析师们对这两部分价值赋予合理的权重，就能准确地对证券进行估值。他还指出，在区分这两部分价值组成部分时，分析师可以并且也应该将其赋予不同的权重。

如果按照格雷厄姆的想法，每一份研究报告都会将某只证券的市场价格分为两个重要的组成部分，来分别反映分析师对证券基础价值和市场价格投机因素两个方面的预期（当然，投机因素有可能是正数，也有可能是负数，它取决于分析师对市场走势的判断）。总之，格雷厄姆希望分析师们能够明确地告诉客户每一个投资建议的风险有多大。

格雷厄姆指出，将证券价格分为真实价值和投机溢价两部分可以帮助投资者构建有效的投资组合，因为"电脑能够帮助我们完成这些不可思议的工作"。尽管他脑海中关于风险的定义与1952年哈里·马科维茨（Harry Markowitz）提出的风险定义有所不同，但格雷厄姆看起来想把投资组合的积极管理、基本面分析与消极管理结合起来。

　　格雷厄姆常年坚持不懈地向分析师重复自己的要求，希望他们在研究各自长期跟踪的公司时，在改善"不尽人意的结果"方面发挥更加积极的作用。然后，他提供了一个令人惊讶的思想实验：他要求我们想象一下，有权向公司征税的美国政府是公司的隐性股东，告诉公司要"赚更多的钱或者其他东西"。格雷厄姆经常将这些嘲讽为"头脑风暴或者噩梦"。但在今天，随着世界各国政府开始考虑如何处理他们持有的金融公司与汽车制造企业的股权时，这些想法又重新浮出水面。尽管政府官员们为公司设定盈利目标是很难想象的事情，但同样让人难以想象的事情是，太多的个人投资者依然忽视对自己进行了权益投资的公司进行监督管理，而这本应该是他们所要承担的义务。

　　在《普通股投资的未来》这篇文章（本书第 20 章）中，格雷厄姆首先回顾了 1914 年他刚到华尔街时的情形，那个时候，J.P. 摩根在投资者心目中还很新鲜。1912 年晚些时候，在约翰·皮尔庞特·摩根（John Pierpont Morgon）去世前的几个月，这位伟大的金融家在普若委员会（Pujo Committee）①作证时发表了著名的演讲。当被问到股票市场将会如何发展时，摩根先生意味深长地回答说："它会波动。"[4] 现在格雷厄姆进一步阐释了摩根先生的格言。他指出，市场不仅会波动，而且还会波动得更加厉害，进而引发市场高潮时的疯狂和市场低迷时的悲观情绪。

　　就像单只股票或债券所表现的那样，作为一个整体，股票市场价格有时会特别便宜，有时又特别昂贵，这取决于当时的价格水平和投资者的情绪。就像格雷厄姆所指出的那样，当股票价格都很便宜的时候，类似于埃德加·劳伦斯·史密斯《用普通股进行长期投资》的书籍就会在市场上出现。投资者会发现，这本书的结论如此具有鼓动性，最终让股票的买入报价涨到了天价水平。当股票价格涨到极高的位置时，书中的所有假设都变得没有任何意义了，因为股票价格不可能再向上涨，只能下跌。而一旦市场开始崩盘，股票价格一泻千里，就没人再相信这本书了——即使书中的观点再次被证明是正确的。

　　同时，格雷厄姆还引用了 1948 年由美联储主持的针对投资者的调查结果。调查发现，只有 4% 的投资者认为普通股能够带来"让人满意的"回报，而 26% 的投资者认为普通股投资"并不安全"或者是像"赌博"。美联储解释说，普通股的潜在高收益"被认为是微不足道的优势，而普通股的劣势，例如公众不熟悉以及缺乏安全感，显得更严重一些"。[5]

　　"将金融领域里公众的态度，"格雷厄姆总结说，"作为投资政策的指导是完全不值得

---

① 1912 年，美国众议院银行和货币委员会成立普若委员会，调查由 J.P. 摩根和其他大银行引发的货币和信贷集中的问题，后来发展为美国国会调查"金融托拉斯"行为的专门委员会。——译者注

信赖的。"谈到"公众",不知道格雷厄姆是特指个人投资者还是业余投资者,抑或是同样也包括专业投资者?

1974 年 6 月,当道指在 850 点左右的时候,格雷厄姆发表了一次重要的演讲——经过一年半熊市的洗礼,道指可能会在当年 12 月份跌破 600 点。在那个时候,专家学者们被反复质问:从长期来看股票投资还有意义吗?特别是考虑到当时不断飞涨的通货膨胀率和利率、能源危机、"生态污染事件"、"不断减少的消费和经济零增长趋势",以及让投资者感到愤怒的华尔街"各种丑闻事件"。[6] 难道经典的"买入并持有的策略"彻底失效了?

格雷厄姆是这样回应的:当然不是!正如讨论买入策略是否值得时必须先考虑买入价的高低没有任何意义一样,"不管股票价格将会跌到多低,普通股投资都是不值得信赖的投资……这样的结论也是极其荒谬的"。随后他警告说:"眼下,股票的价格可能让人感到心力交瘁,但是我依然相信真正的投资者一定会感到高兴,而不是失望,因为在这个时候用储蓄买入让人满意的股票,未来的前景一定是光明的。"

依照格雷厄姆的想法,机构投资者只会让股票价格与价值之间的距离进一步拉大而不是缩小。他们通过大量交易以及对趋势的盲目追求降低了市场有效性。实际上,尽管金融分析已经让市场价格变得更加合理,但是巨额资本聚集在一起给受托理财的代理人带来了沉重的压力,因而在总体上降低了市场效率。[7]

格雷厄姆暗示存在"两个层次的市场"。其中一个层次指的是备受追捧的大盘股——包括迪士尼、MGIC 投资公司和宝丽来,这些股票的交易价格相当于过去利润的 50～90 倍;而另外一个层次的市场则是价格低廉的股票。[8] 格雷厄姆生气地问道:"针对这种非理性的投机行为,我们的机构投资者又做了些什么呢?"他的回答是:什么都没有做!事实上,追求趋势操作的机构投资者让金融分析变得毫无意义。

25 年过去了,同样的现象又再次出现。机构投资者对趋势的追逐让互联网和通信类股票的市盈率倍数达到了 3 位数。

格雷厄姆认为,在那种情况下,那些希望保持清醒的负责任的金融分析师只有一个选择:"做一些几乎不可能做到的事情——转过身去,背对着他们,任由他们发展。"他随后又补充道,而这需要"非常坚定的意志品质"。

早在 1955 年的时候，格雷厄姆就主张指数化投资，甚至在更早的时候就表达过对这种投资方式的偏爱。[9]他建议机构投资者可以将他们的投资组合进行简单地指数化，充分发挥金融分析的作用，而不是简单地把指数当成一个参照基准。"只需要用有说服力的方式证明那些被选中的股票与被剔除的股票相比，内在价值比价格更高"，格雷厄姆补充说，这样的投资策略"可以很好地提升实际的业绩表现"。

格雷厄姆并不相信复杂的问题可以简单地回答。因为市场总是从狂热到悲观，然后再从悲观到狂热，而分析师每天所做的工作就是探寻如何准确地估算股票价值，因此我们应当把格雷厄姆的建议时刻记在心中。买入股票并不意味着投资者的任务已经完成了。分析师的作用并不只局限于分析财务报表以及未来走势。如格雷厄姆所说的那样，分析师和投资者应该永远追寻突破新的界限，将分析技术运用到极致，质问传统的经验是否依然有效，坚定地抵御任何可能会让分析师工作的价值与完整性打折扣的影响因素。

BENJAMIN GRAHAM
BUILDING A PROFESSION

——— 第**19**章 ———

金融分析师的未来 [①]

（写于 1963 年）

从过去 25 年的记录来看，职业金融分析师对于未来不应该感到恐惧。回顾历史，25 年前纽约金融协会只有 82 位职业金融分析师，然而到了今天，这个数字已经增长到 2 945，而且其中一部分人在北美、欧洲、远东等国家和地区从事相关的工作。

不仅如此，目前共有 29 个分析师行业协会，其中包括金融分析师联合会。如果计算一下这些协会每年会费的增长速度，分析师行业也许能称得上是美国国内最具有发展潜力的行业之一了。

金融分析师人数的壮大伴随着的是金融行业日益增长的影响力。今天，大多数金融交易——从对一个破产家庭的切线分析到一家证券公司投资组合的大方向，都是基于金融分析师的分析成果，这样说是不是有些夸张？

随着从业人数和行业影响力的增长，从业人员相应的责任感也应该得到加强。但是直到目前为止，我们很少看到有朝这方面发展的迹象。1959 年特许金融分析师协会的成立和特许金融分析师资格认证机制的建立，被认为是金融行业专业化、规范化道路上的一个里程碑，真正强化了这个行业对公众的职业责任感。

[①] 本文选自：《金融分析师杂志》，vol. 19，No.3（1963 年 5 月 16 日）：65–70。

这些进展已经无法满足华尔街商业模式快速变化的需求。美国证监会最近在"洛克维尔中心事件"中所做的决定，预示着金融分析师将为金融欺诈甚至更多相关方面承担新的责任。披上先知的袈裟，我仿佛可以预见：在将来的某个时候，金融分析师需要在提交给美国证监或向大众公布的分析与推荐报告上签名，并履行职业金融分析师的职责。

我认为把我们的职业宽泛地叫作"金融分析师"要比"证券分析师"更加合适，因为，如今大多数资深分析师已经不再是单纯地从事客观的证券分析，而是要充分考虑客户的个性化需求。特许金融分析师三级考试中的"投资管理"科目包括为各种类型的投资者（或投机者）创建适当的投资组合的内容。由此看来，金融分析师承担着对证券和对人的双重责任。作为资产组合顾问，金融分析师需要对他的"金融患者"对症下药，正如医生治疗病人的精神疾病与肉体疾病一样。

我的基本理论是，无论是过去还是将来，一个有才华且训练有素的金融分析师可以担任各种类型投资者的投资顾问，并以此来实现他的价值。另外，我断言，分析师可以利用非常简单且可靠的投资原理来实现这个目标，例如在债券和股票投资之间保持平衡、合理的多样化投资，代表性样本的选择，以及劝说客户不要选择与自己的财务状况和个性不相符的投机性操作。因此分析师不再需要像巫师那样，从股票列表中挑选出赢家或预测市场趋势了。

但是，撇开我这种少数派的观点，金融分析师毋庸置疑地依旧会把挑选出那些"最有成功潜力的股票"作为他们的首要任务。即便当下对各种平均指数的误导性和无效性的责难非常普遍，但是分析师还是会眼睛眨也不眨地告诉你他们的意见，这些股票会涨还是会跌。我们还能指望将来金融分析师会在这两个关键领域有所改进吗？

50年来，我提出的有关股票市场预测的观点一直不太受待见。这也许能让我在"坚持不懈"这点上拿个高分，但我还没有真正成为这门学科坚贞不渝的门徒。在这里我来下一个保守的论断：今后监管部门对华尔街交易行为的调查很有可能会包括对主流的市场预测方法的业绩进行全面综合性的研究（我想起去年刊登在《财富》杂志上的一些文章提到过这方面的内容，不过它们涉及的范围更广一些）。

如果美国证监会开始沿着其中一种思路对这个令人着迷的问题进行研究，那么结果将会非常有趣。一种论点可能是：第一，市场分析是证券分析的一个重要组成部分；第二，金融分析师要对他们的工作全权负责；由此得出第三点，所有公开发布的市场预测都需要署名，并要求特许金融分析师履行相应的职责。另外一种可能性则是，所有这些预测只不过是神话故事，然后用大写字体注明"仅供娱乐，不要当真"。

现在让我们讨论一下把金融分析师的职责等同于最有潜力的普通股的挑选者这样的观点。我认为对普通分析师或所有分析师来说，在追求卓越的道路上要克服两大障碍。第一个障碍源于竞争形势的变化，第二个障碍则与投机有关——全新的投资理念已经被注入优质普通股的投资活动之中。

分析师的困境：竞争

让我们先看一看竞争导致的第一个问题。这个问题不是来自于外界环境，而是来自于快速增长的从业人数以及越来越密集的业务培训。我对这个问题的基本观点是：无论全体金融分析师还是所有投资基金，都不可能"击败市场"，因为在某种意义上，他们（或者说是你本人）就是这个市场。有一点需要明确的是，如果所有市场操作都严格地按照金融分析师的建议来进行，那么普通分析师将无法比业外人士获得更高的收益，因为这样一来就没有所谓的业外人士了。所以，如果想要打败市场，金融分析师必须先打败自己——这当然是不可能的。因此，金融分析师对投资和投机决策的影响力越大，他们的总体业绩优于市场水平的概率就越小。

我认为这个被忽视的事实可以用来解释一个引起了不必要争论的现象。我指的是一种很容易被攻击的说法：在过去 10 年里，共同基金的投资业绩并没有超越标准普尔 500 指数。从共同基金比市场组合更加保守或者风险更小的角度来看，这个结论是毋庸置疑的，因为在 1956 年和 1962 年，共同基金的跌幅与标准普尔 500 指数的下跌幅度（百分比）几乎相同。但同时又是一个非常合理的结果，也证明了对没有能力或无法获得市场平均收益率的投资者而言，基金提供了很有价值的服务。对我个人而言，毫无疑问，在过去的许多年中，这些基金已经充分地证明了它的价值，今后也是一样。

分析师的困境：投机因素

现在我们来讨论在金融分析师成功挑选股票的道路上的第二块绊脚石，即投机因子不断融入优质股票的估值。早在 1958 年的金融分析师联谊会上，我曾对这个问题发表过一个详尽的演讲，标题叫作《普通股的新投机》（*The New Speculation in Common Stocks*）。那时我的观点是，企业的特别关注点和企业的内在缺陷以及风险使得大多数股票都带有投机性；但是如今，那些强势企业的普通股变得越来越带有投机性，因为这些股票的市场价格给予未来成长的溢价简直是越来越随心所欲。这种趋势在 1958 年到 1962 年 5 月越来越明显。

我们可以用 1961 年的一个股票发行例子很好地说明这种新的投机风险。这只新股的发行价达到了所有工业股中最疯狂的高价——发行总收入约为 170 亿美元。毫无疑问，不管是从财力还是未来潜力的角度来说，它都当之无愧雄踞榜首。这家公司就是 IBM，标准普尔连续多年给予了它最高级别的评级。然而这家了不起的公司，其股价从 1961 年的每股 607 美元跌到了 1962 年的每股 300 美元，在短短的不到 6 个月的时间里，价格下跌幅度超过了 50%，市值缩水了 80 多亿美元，跌幅超过了同期标准普尔 500 指数从历史最高点跌到 1962 年最低点的跌幅。

通过对比，我们很快发现了普通股投资领域出现了一种新趋势——高质量与高风险并存。无论大家喜欢与否，我个人认为这是一个悲剧性的进步，并且它已经成为股票市场的固有特征。在这里，我想引用一下法国作家马塞尔·普鲁斯特（Marcel Proust）的那句名言，虽然可能并不准确——"爱和恨总是纠缠不清"，大众对普通股就是如此地爱恨纠缠。在我看来，普通股的价格包含的投机成分越大，无论这种投机成分来自股票的内在缺陷还是市盈率倍数的变化，分析师选股结果的可靠性就越低。

还要多加一个词儿，那就是"技术"。大多数发行市盈率较高的股票都是科技股，比如计算机、照片冲印或电子企业。但技术变革是估值过程中最具投机性的因素。一家公司掌握了更先进的技术，就会取代（至少是部分取代）另一家公司的技术领先优势，而失去优势的这家企业可能正是去年最受欢迎的明星技术企业。较高的市盈率是否合理，只能由长期增长率的预期以及公司的持续盈利来证明。但是，技术本身所具有的快速变革的特征意味着，不管是产品还是工艺，其长期预期都是不可靠的，甚至对科技因素占据主导的大型企业来说也是一样的。

我们再从另外一个角度来考虑一下选股问题。大家应该都知道，道指的 30 只成分股的相对价格变动在任何一个周期内都存在着严重偏离的现象，其他具有代表性的指数也是如此。

很多人会说，这种情况清楚地说明了，获得超额收益的机会就摆在那些专业的分析师面前，只要他们能识别出最有潜力的股票。而反面含义是，作为一个群体，分析师无法合理地准确评估单只股票的发展前景；因为如果他们能做到这一点，那么市场价格将会更加接近随后几年的企业真实的发展水平。

对上面这种矛盾的关联性，由威森伯格公司出版的投资手册里一些对图表的评论十分有趣。手册的作者们认为这些图表表明：第一，现代市场中分散化投资的智慧，虽然这不是必需的；第二，任何市场平均值所打造的"形象"是多么地脱离实际；第三，现代市场已经变得多么具有"选择性"。以我鸡蛋里挑骨头的眼光看来，这几年似乎就是这些评论把我们推进了困惑不堪的深渊。首先，投资者越聪明，分散化投资的必要性越强，则实际的投资结果接近于市场平均值的可能性就越大，越符合现实。

事实上，尽管道指30只成分股与标准普尔500指数的成分股大相径庭，但这两个指数的逐年变化趋势却非常相似，而且几乎等价于整个共同基金行业的平均收益情况。反过来，现代市场具有选择性本质的观点似乎支持了华尔街钟爱的说法：优秀的分析师有能力选择最好的股票，即使是在市场普遍下跌的时候，他们选中的股票也会有不错的表现。当然，从本质上来说，选择性的概念和充分分散化的投资是相互冲突的。如果所有的金融分析师都是优秀的选股家，那么基金所遵循的分散化策略将毫无逻辑可言。

与证券分析行业在选股时的矫揉造作相比，毫无疑问，我说的这些话是非常坦率直白的。情况真如我所说的那么糟糕吗？的确，我们能找出至少两个可以好好安慰自己一番的理由，尽管如此，这其中还是包含一个悖论。首先，分析师的研究和股评的确为服务大众做出了贡献。但是这种服务的价值并非体现在分析师个人漂亮的选股成绩单上，而是体现在大多数股票的定价能够公平合理地反映其相对价值，并且与市场已知的事实以及对未来的合理预期相一致。与企业的后续发展情况相比，这样的比较估值也许不是很可靠，但这已经是所有估值方法所能得出的最佳估值结果了，因此在买卖股票时很实用。

为了让大家搞清楚这一点，我们暂时假想一下：政府颁布法令把金融分析师赶出了华尔街，就像柏拉图把所有诗人从他的理想国里驱逐出去一样。那么接下来会发生什么呢？普通股的市场价格将会变得更加离谱，有些人可能很难想象这样的场景。金融分析师仍然在秘密地进行非法交易，只不过是在潮湿阴暗的地窖里而不是豪华的办公室里交换着彼此的发现；黑市就这么迅速诞生了，而金融分析师将会得到更加优厚的报酬，因为他们的工作不再是我们熟悉的犯错，而是蕴含着更大风险的非法勾当。

正因为金融分析师的工作亦正亦邪，因此结果便是：价格具有一定的防御性。这对他们的声誉很有好处，但是并没有得到公众认可或公平的评价。这就是悖论所在。相反，分析师在过去常常因为能在几年的时间里为客户获得良好的投资业绩而沾沾自喜，但私下里却不得不承认，与其说这样的业绩来自于他们过人的能力，不如说应该归功于 1949 年开始的大牛市。更进一步讲，这些令人满意的投资结果也许应该归功于过去 8 年里的一种潜在趋势，普通股的总回报率（股息加上升值）达到了 7.5%。如果分析师的工作仅仅是确保客户不做蠢事，那么在这段时期内，大多数客户均已获得了不错的投资收益。如果我们能够确定未来普通股的市场价格会继续沿着呈上升趋势的价格曲线波动，那么在这方面也就没什么理由为企业的长期前景担心了。

投机氛围的缺失

一直以来，我很担心普通股价格里的投机因素影响力越来越大，这促使我从另一个完全不同的角度来审视这个问题。在过去的 10 年里，华尔街的伟大战役已经创造出了"一个全民投资的国家"。但是为了实现这个目标，华尔街往往越来越强调普通股的投资特性以及一种令人身心放松的新概念，即任何进入股票市场的人都可以进行投资交易。投机是绝不会被美国证监会颁布的法令禁止的，但是从最近华尔街的口风来看，不少机构普遍认为投机是违法的。你们当中一些人可能还记得，去年 6 月我在写给《华尔街日报》的一封信里提出了几个发人深省的问题，它们的头版头条叫作"许多小投资者打赌股票将继续下跌，加快了卖空交易的节奏"。这篇文章充分说明了"投资者"的确切含义已经被扭曲到了何种地步。

依我看来，金融界遵循着于人于己都没有好处的错误政策，想方设法将"投机"这个概念从我们的语言和思想里抹去。如果说，无论过去、现在还是将来，普通股和投机都是同时存在的，那么很重要的一点是，分析师和相关人士必须充分意识到这一点，同时也要向大众说清楚。过去，纽交所曾明确主张投机本身没什么错，只要投机者清楚自己的所作所为，能够承担其中蕴含的风险。此外，他们还进一步指出，投机和赌博在本质上是截然不同的，因为投资风险是事先存在的，而且肯定要由某个人来承担，譬如说普通股蕴含的风险；但是常见的赌博风险则是当赌徒押注轮盘赌或某位赛马选手时才会产生。

我丝毫不怀疑，在经纪人那里开立了保证金账户的人十有八九是正儿八经的投机者。我唯一怀疑的是，这些人是在受人鼓动的情况下才把自己看作投资者，事实当然并非如此。华尔街不会担心"投机"这个词，因为这个词很有可能会吸引一批人，正如它也吓跑了一群人一样。金融界担心的是，遭受了难以承受的巨大损失的一小部分客户会提出带有政治意味的投诉，而这些投诉会以正义之名把罪名加诸那些告诉他们正在"投资美国"的客户经理身上。而金融分析师也难逃责难，因为他们几乎把每一笔买入交易都叫作投资。

放眼未来

前面我阐述的观点并没有跑题，而是与主题有着紧密的联系，即未来金融分析师要扮演什么角色，要完成哪些工作。我们的教科书一直坚持这样的观点：金融分析师无法成功地应对投机，因此他们需要尽可能地约束自己的行为，以确保这些行为完全满足投资标准的要求。最近，市场对这个问题的反馈促使我进一步修正了自己的观点。

金融分析师通常无法对普通股普遍存在的投机因素置之不理。只有在偶尔的熊市里才能找到这种典型的投机型股票，投资者不需要为其所具有的投机因素支付太大的成本，买入这样的股票才能被称为纯粹的投资，而非投机。在其他市场条件下，例如现在，只有个别的普通股才具备这种具有吸引力的条件。

想想看，8 000多位金融分析师一窝蜂地选择安全的债券，挑选各行各业的龙头股以组建多少有些机械化的投资组合,甚至努力搜寻"物美价廉"的证券——而显然这样的证券非常少，这根本是不现实的。实际上，今后金融分析师必须继续对大量的企业进行深入研究，努力评估管理人员的竞争力、技术的可行性与风险以及企业的整体发展前景。然后，他要提供个人建议，做出决策，并接受自己最终的投资业绩——但愿人们能以最大的宽容来评价他们吧。

然而，我由衷地建议分析师做出一些改变，充分重视自己交易的普通股所带有的投机因素。这种重视表现为认真分析每一只股票的投资价值——类似于"最小真实价值"，然后再考虑投机因素带来的额外价值。这里，我不准备讨论如何分解这些价值因素：各位分析师会以各自不同的方法来解决这个问题（这是再合适不过的做法了），对于保守程度不同的分析师来说，具体使用哪一种方法存在较大的差异。但是，每种方式的拥护者都应当做好准备，好以明智地说明使用该方法的理由。

考虑到这一点，我建议分析师在对所研究的普通股进行估值时，采用单一数值估值方法。估值研究应该建立在过去业绩表现的基础上，当然，这些数据中肯定包含历史增长率水平。"由历史表现决定的价值"可以看成研究普通股"当前价值"的起点，因为普通股的"当前价值"还应该考虑到一些新近发生的相关因素。当前价值应该尽可能地对其含有的投资价值与投机价值做一个明确的界定。（顺便说一句，我所讲的"由历史表现决定的价值"可以用来衡量股票的真实价值，前提是影响股票价值的各种历史表现因素未来不会发生任何变化）。

1957 年 11 月，我在《金融分析师杂志》上发表了一篇论文，题目为《普通股估值的两种方法》（本书第 6 章）。文中，我提出了一种评估普通股"历史价值"的具体分析方法，并将其成功地应用于道琼斯工业平均指数的 30 只成分股。然而，这种努力却没有得到任何回应，令人非常沮丧。所幸特许金融分析师协会在近期发行的一本书里重新引用了这篇论文，书名为《金融分析与投资管理文集》（*Readings in Financial Analysis and Investment Management*，《金融分析师杂志》刊登了对这本书的书评）。由此，我内心的希望之火再次熊熊燃起，相信其他金融分析师会继续推进这项研究，也许能开发出一个或者更多个能被广泛使用的"简单数据"模型。

现在，我想谈一谈我对 IBM 与国际收割机公司（International Harvester）的比较分析（后者在纽交所的上市公司列表上就排在 IBM 公司之后）。1961 年底，IBM 公司的股价为每股 579 美元，而国际收割机公司的股价为每股 50 美元。虽然这两家公司都是信誉卓著的大公司，但是 IBM 显然更胜一筹。就因为如此，所以 IBM 看起来潜力更大且更安全、更值得买入吗？这就是金融分析师经常要面对的一个问题。如果分析师用我建议的方法来给 IBM 估值，那么得到的结果应该是：IBM 的总市值将近 60 亿美元，而其合理的股价仅为 200 美元。

分析师使用自己的方法评估投机因素的价值，这能反映出分析师的个性以及他是否对未来的各种可能性进行了详细研究。分析师得到的估值结果与市场价格之间的差额可能大于也可能小于 380 美元；重点在于他本应当向自己以及客户明确说明股票的市场价格或企业的总市值里包含了相当大比例的投机成分，机遇与风险是并存的。相反，分析师可能发现，国际收割机公司的一个投资因素能得到每股 40 美元的估值，这样的投资因素可能源于企业的平均每股收益、股息分配情况、资产价值（大约 55 美元），当然还包括他相信这家公司的盈利能力未来不会恶化。这样一来，投机成分的价值就只剩下 10 美元了，换言之相当于市场价格的 20%，那么分析师就不一定能得出该股票的定价很有吸引力的结论了。

从事后来看，在 1961 年底的时候买入国际收割机公司股票的风险要比买入 IBM 股票的风险低很多。因为在那个时候，国际收割机公司的投机因素比较少。我并不是做事后诸葛，而是想规劝各位，股票具有的风险成分所对应的是真实的风险，其所占比例要小得多，因此在分析时值得将其分离出来仔细研究。

换个角度讲，我的信念可以表述为：具有竞争力的金融分析师可以在界定投资价值与投机价值的领域表现得更加专业以及有价值，而不是草率地下结论说买入 A 公司的股票要好于买入 B 公司的股票。

这实际上是在保守地估计金融分析师能比较可靠地完成哪些任务，由此我建议分析师可以采用一种程序，通过这种程序，资深金融分析师能够在工作中将投资组合创建者与遵循惯例的监督者这两个角色结合起来。同时，分析师可以用以下方法操作：首先，分析师要先组建一个有代表性的股票组合——与道指30只成分股比较类似，然后通过计算勾画出这个组合的未来走势，具体的做法与各种指数的编制方法十分相似。在拟定这份名单时要慎重，同样，在否定它时也要慎重，否则它可能不值得花费那么多精力与时间。事实上，分析师应当将自己的"私人"选择与这份基础名单相比较，以确保与组合名单内的每种证券相比，自己的每一个"私人"选择（证券）都有足够强的吸引力成为投资组合的新加入者或替代者（比如说其估值比市场价值高20%）。

这种方法甚至还适用于只深度研究少数几家公司的行业分析师。同样，行业分析师要么为自己得出的结论直接承担责任，比如他推荐的这只股票有20%的"价值边界"（我这么称呼它），要么详细地提供分析过程，让他的上级得出类似的结论。

现在让我们回过头来继续讨论金融分析行业的未来发展问题，我还要再讲三点。前两点也许应当叫作我的两次"圣战"，我为此付诸了多年的努力，却依然没有成功，但是我并没有准备彻底放弃。也许春天已经不远了吧。我的第一个要求是，金融分析师要完备、客观地保管交易记录，这些记录能让他们自己以及其他人根据多年来经手的多个项目实际取得了多高的投资效益，从而判断各种投资方法的有效性。

在我看来，历史交易数据的整理归纳能让我们这些会员更好地认清自己，形成更专业的观念。投资基金是收集与详细评估相关资料的最理想工具，因为它们有标准的格式、程序以及记录。这些对各种分析方法的评估也可以在合适的时间刊登在《金融分析师杂志》或其他刊物上，为专业人士和市场大众服务。

我的第二次"圣战"是，敦促分析师使用他们的判断力和影响力对公司

的经营管理产生影响。这种判断力和影响力不仅能够避免买入管理不善的公司
（华尔街买入了太多类似企业的股票）的股票，而且还能对外部股东改进公司管
理水平的努力表示更积极的支持。目前，完成这个目标的办法是允许股票价格跌
到一个较为荒谬的水平，在这个价位买入股票的投资者通常会获得控股权，然后
会做出一些必要的改变。对现有的股票持有者来说，这确实不是一种能保护自身
投资利益的好办法。虽然说不好这种方式能不能给未来带来任何的改进，但是我
希望如此。

实际上，最近我就这个问题展开了一次头脑风暴或者说经历了一次噩梦，也
许你会觉得这个很有趣。毕竟，美国政府几乎是每个美国企业最大的股东，目前
它几乎享有所有公司 52% 的收益。假设我们年轻的总统能把旺盛的精力多投注
于企业管理不善这个问题，并强调为了确保财政部的利益，要求企业必须多赚一
些钱，等等。这个匪夷所思的主意也许能让你会心一笑。

我想讲的最后一点是计算机在金融分析行业各个领域投入使用的可能性。
《金融分析师杂志》1 月 / 2 月刊刊登了劳埃德·考特里（Lloyd S. Coughtry）的
一篇文章，该文章展示了如何使用计算机预测公用事业企业的未来经营绩效。与
其他预测方法相比，计算机特别适合这种比较琐碎的细节计算。更具有争议性的
话题是：计算机是否能在构建投资组合和个股买卖的决策过程中成为主要的辅助
工具。

虽然我们对这样的前景持怀疑态度，但是因此而彻底放弃又是不明智的。我
认为马科维茨最初的"有效组合"概念具有理论价值。这个理论可以通过计算机
程序寻找在给定可接受的风险水平下能提供最大预期收益的投资组合，或者是反
过来，寻找在给定收益条件下或预期收益条件下投资风险最小的投资组合。这种
方法让分析师能够自主地估算从大样本中挑选出来用以构建投资组合的每一只股
票的风险水平及其预期收益。也许个股投机成分的识别技术能有所进步，从而为
协助分析师使用计算机施展"魔法"提供相当可靠的素材。

**BENJAMIN
GRAHAM**

本章小结

　　讨论了这么多，有一点我可以确定：将来，金融分析师会和过去一样，为投资者指出通向成功的各条道路。许多分析师需要深刻地理解一个或多个产业，这样才能达到目的；有的分析师掌握了专业化的技术，有的分析师拥有评估管理因素的过人能力，有的拥有掌控大众心理的天赋，甚至是善于幻想，还有人非常精于讨价还价或应对各种各样的突发情况——他们最终都能实现目标。对于那些在某个或多个领域拥有真本事的人士，金融分析（或者说证券分析）行业将继续给予他们非常满意的回报。

BENJAMIN GRAHAM
BUILDING A PROFESSION

———— 第**20**章 ————

普通股投资的未来 ①

(写于 1974 年)

早在我踏足华尔街之前，就已经有人对股市的未来发展做过预测，可谓是一针见血，那就是 J.P. 摩根的至理名言：股市会波动（It will fluctuate.）。这个论断与我对未来的预言大体相似：普通股的市场价格涨跌互现，有时甚至偏离了正常的价格区间。这也使得当时市场上的投资者（看起来像投机者）以及金融机构因为价格的波动或喜或悲。

为了佐证我的观点，我将引用个人投资生涯中两个经典的案例。

让我们回到 1924 年。埃德加·劳伦斯·史密斯出版了一本书，名为《用普通股进行长期投资》。书中史密斯认为，50 年以来，从整体上看，股票的收益优于债券。这一研究结果为 1920 年大牛市的到来提供了理论基础与心理支撑。道琼斯工业平均指数在 1924 年年中仅为 90 点，1929 年 9 月竟然站上了 381 点的高位。随后迅速崩盘，并在 1932 年跌至令人难忘的 41 点。

这也是 30 年来股市的新低。无论是通用电气公司还是道指，在随后的 25 年间，都未能收复失地。

———————————

① 本文选自：《金融分析师杂志》，vol. 30，No.5（1974 年 9 月 /10 月）：20–30。

市场环境已经发生了变化，但是一些适用于过去环境的经验或做法却依然被沿用，最终导致了巨额亏损。这样的例子并不少见。当道指只有 90 点时，股票市场无疑是非常有吸引力的；当道指达到 200 点时，这个市场是否有投资价值就要打个问号了；当道指上涨到 300 点时，显然这个市场已经彻底失去了吸引力。

第二个例子发生在 1929—1932 年间。1948 年，美联储发布了一项关于公众对普通股投资态度的调查报告。当年，道指只有 165 点，市盈率仅为 7 倍，当时 AAA 级债券的回报率仅为 2.82%。无论如何，超过 90% 的受访者表示不愿购进股票，同时，半数人认为股票的风险较大，另一半人则表示他们对股票不熟悉。当然，这项调查完成于"牛熊"交替之际，"熊市"来临的前夕。此后，道指从 165 点上涨至上一年的 1 050 点。在金融行业，公众的看法对投资决策是没有任何参考价值的。我们怎样证明这个由来已久的真理呢？就像 1974 年发生的事情可以证明 1948 年的观点是正确的一样。

在我看来，在可预见的未来，普通股不会发生质的变化，所以只要在合适的时机介入，便可获得可观的回报。有人会质疑我的结论过于草率，比如说未考虑宏观经济的新因素与突发事件，诸如 20 世纪 70 年代的"滞胀"问题、环境污染、能源危机等。也许这份长长的列表还应当加上整个社会对华尔街的普遍不信任感，因为近些年来华尔街频频爆出丑闻，比如职业道德问题、各种各样的金融交易操作问题以及贫瘠的商业头脑。

当然这些因素可能与普通股的未来价值毫无关联，但在投资决策时也应当被考虑进去。不过这不是决定性因素，也不能就此得出结论说因为有很多负面因素，就对股票投资望而生畏。对于投资者而言，真正的问题在于：什么时候，以什么价位买进股票？我们可以尝试着把这个问题分解成如下两个小问题：

● 相对于道琼斯工业平均指数或标准普尔 500 指数而言，股票是否处于合适的购入时机？

● 即使各个指数显示目前值得买入，那对于投资者而言，此次交易是否能为他带来可观的回报？

目前"双层次市场"形成的原因正是由于机构投资者更偏好高速增长的大型企业。而这种现象又间接地导致了不同类型股票的市盈率倍数相差很大，甚至出现了我职业生涯里从未见过的 10∶1，也许只有 1929 年对蓝筹股的疯狂追捧能与之抗衡。

我自己对这两个问题的回答如下：在当前的市场环境下——道指为 850 点，标准普尔 500 指数正处在 93 点，影响股票价格与价值的最直接因素莫过于眼下各种期限的债券与国债全部以高利率发行。机构投资者的观点带有明显的缺陷，正如 1973 年早些时候所表现的那样——当时他们正大力支持股指创造新纪录，他们并没有将 AAA 级债券的收益率考虑进来，当时 AAA 级债券的收益率为 7.3%，而且就在不久前则高达 8.5%（后来事实证明，AAA 级债券的收益率注定要在1974 年超过 8.5%）。而 1964 年，AAA 级债券的平均利率为 4.4%。股票的市盈率倍数似乎与债券利率存在着一定的相关关系。如果这一观点的最简单形式能为人所接受的话，那么我们必然会得出这样的结论：假设当债券的回报率为 4.4%时，投资道指的成分股每获得 1 美元的投资收益，则投资的成本（即股票的买入价格）应当为 17 美元；然而当 AAA 级债券的利率上涨至 8.5%时，17 美元的买入成本只剩下 52%，即 8.80 美元。这意味着按照道指成分股目前的盈利状况，合理的市盈率倍数应当为 9 倍。如果按 1973 年每股平均盈利 86 美元来推算，那么道指的估值大约仅为 775 点。你可能会用不同的理由来反驳这一结果，认为债券预期收益率应呈下降趋势。但是预期往往与现实有一定的差距，当前的债券利率水平确实为 8.5%。如果债券的回报率明显下降，那么债券的市场价格，尤其是息票利率较低的高折价债券，也将和股票一样进一步上涨。

换个角度来分析这个问题，我认为道指或标准普尔指数成分股的收益率至少应相当于 AAA 级债券收益率的 4/3 倍，这样与债券相比，才有一定的吸引力。这意味着回报率大约在 11%左右时才会让道指重新达到 775 点。用 1974 年上半年道指的走势与 10 年前的情况进行对比就能得出这个结论。

我估计，近 25 年来道指的年均增长率仅为 4.5%。如果这个增长率能继续保持的话，那么预期增长率再加上股息支付率，总收益率大约为 5%。由此看来，道指明显被高估了。同样，采用相同的方法对标准普尔 500 指数进行估值，会得出比道指更糟糕的结果。在过去的 25 年间，标准普尔 425 指数与标准普尔 500 指数保持大约 5% 的年增长速度。然而，与道琼斯工业平均指数相比，标准普尔指数成分股的平均市盈率更高，因此年均增速较高的优势被抵消掉了。

个股选择

当我们评估个股的价值时，我认为应把它们分成三类，正如我在纽交所的上市公司列表上查找它们时看到的那样。第一类为增长型企业的股票，其市盈率大多高于 20 倍；第二类为"质优价廉"的冷门股票，其市盈率平均为 7 倍，即盈利回报率为 15% 左右；第三类为市盈率在 7~20 倍之间的股票。

在我所统计的纽交所交易的 1 530 只股票中，有 63 只股票（占总数的 4%）在市盈率超过 20 倍时被投资者抛售，另外 24 只股票在市盈率倍数超过 30 倍时被抛售。相比之下，有 500 多只股票（比例超过总数的 1/3）在市盈率低于 7 倍时被抛售，这其中大概有 150 只股票（大约占总数的 10%）在过去 12 个月内的市盈率仅为 5 倍。

如果企业的未来盈利水平比较稳定，即没有特定的增长率要求，那么建立在这个基础之上的市盈率倍数才比较可靠，在纽交所上市的很多股票才能与息票利率为 8.5% 的债券一样有吸引力。对养老基金而言，普通股投资是一个不错的选择，不过有些股票确实被低估了。比起短期投机交易，这些股票更适合长期投资。在市盈率不足 7 倍的企业中，大企业如火石公司（Firestone）（销售额达 30 亿美元），中型企业如埃姆哈特公司（Emhart）。埃姆哈特公司曾在 72 年的时间里连续向股东支付股息，最近它的股价低于其每股流动资产净值。

账面价值法

经济与企业的快速发展使得很多在纽交所上市的股票市盈率显得特别低，于是导致了这样一个现象——重新计算账面价值或净资产价值，然后据此挑选值得投资的普通股。对目前市场上的大多数股票来说，我们可以运用虽然很古老但是依然有效的股票投资评价标准，即不考虑股票市场的成交价格是高还是低，只分析公司作为私营企业对个人投资者的价值。如果企业运营良好，营业收入稳定，且未来发展策略明晰可行，那么股价应该和公司的净资产价值大抵相等；因此，如果有机会以低于资产净值较大幅度的价格买入股票，这是非常具有吸引力的。

上个月，在纽交所交易的股票，大约有一半的企业以低于账面价值的价格成交，近 400 种（约 25%）股票以低于其净资产 2/3 的价格成交。同样有意思的是，大约 1/3 的普通股实际上都是以与上一年度的净资产值相等的价格成交的。超过半数的股票的成交价则是在近 5 年的净资产价值范围内波动。一般而言，交易价格低于账面价值的股票也属于低市盈率股票。

我大胆地向所有投资者提出建议：当股票价格低于其账面价值，或低于账面价值 2/3 的价位时买入并持有，等到价格涨到接近净资产值的价位时再出售。这样的投资方法简单易行，不管是对小型投资者还是对大型养老基金经理来说，都是适用的。这就是选择普通股的基本理念——能在相当于其账面价值 2/3 或者更低的价位买入，将它们持有到其价格回到净资产价值时再卖出，这样就可以获得高达 50% 的收益率，而且还不带有任何投机意味。尽管无法获得暴利，但也能取得 50% 的收益。虽然我无法保证这个投资策略总是有效，但从我的研究发现来看，这个策略在 1961—1974 年间取得了不俗的表现。

前面我曾提到过将纽交所交易的股票分为三大类，接下来，我将谈谈第一类和第三类股票。对个人投资者而言，这些市盈率倍数适中的股票是较好的投资机会，但对我而言，这两类股票都没有太大的吸引力。如果是以账面价值或两倍于账面价值的价格购买的，那很明显是一次合算的买卖。而问题是，绝大多数股票都是以 5 倍于账面价值的价格出售，有的甚至达到 10 倍，去年这一比率更高。如果在那么高的价位买入，那就肯定带有投机的性质了，而且这完全取决于买入的价位，而与企业的经营状况无关（这一观点我早在 1958 年的一次演讲中就提到过，比金融分析师协会更早。这篇演讲以附录形式收录于重印版的《聪明的投资者》一书中）。投机风险常与高成长型股票相伴，过去的 18 个月里，高成长型股票的价格暴跌，最终回归理性区间（此处我就不必举例了）。

然而，我想在此处引用一个例子，来讨论一下关于股票市场的学术理论是否具有现实的可操作性。这就是"有效市场"理论。在极端情况下，它可以推导出两个结论：（1）股价已充分反映了企业经营状况的所有信息，因此已经没有任何方法能帮助投资者获取超额收益了，即使基金和内幕消息者也一样。（2）由于市场已获取了所有信息，因此股价能"合理""恰当""正确"反映企业价值。这意味着证券分析师无法通过寻找价格与价值偏离的股票来获得超额收益。

对于第一个结论，我不想特别提出反对意见，不过可以明确的是，有时候投资者的确能够发现某些尚未被公众所知但已体现在股票价格里面的信息。但是，我拒绝接受下面这种说法：由于市场已获取了足够的信息来形成合理的价格，因此这个价格肯定就是正确的定价。我们可以选一家不错的公司，例如雅芳公司，作为案例加以研究。如何解释 1973 年每股 140 美元和 1974 年每股 32 美元的价格都是"正确的"呢？什么事情让雅芳公司的市值蒸发了 77%（将近 60 亿美元）呢？这与股票市场心理因素无关。市场可能已经获得了关于雅芳公司的所有信息，而真正欠缺的是估值时的正确判断。

早在 3 个世纪前，法国哲学家笛卡尔（Descartes）就在他的哲学论著《方法论》（*Discours de la Metbode*）对这种现象进行了总结：光有聪明的头脑是远远不够的，充足的信息也是成功的关键。

我可以向读者保证，在纽交所交易的 500 多只市盈率低于 7 倍的股票当中，我们肯定能够找到被低估的股票。这些股票一定是"价廉质优"的，把这样的股票加入投资组合，这对证券分析师而言值得一试。任何一位有资格拿那么高薪水的证券分析师，都应该有能力从中选出一个非常有吸引力的投资组合。

通货膨胀与投资策略

现在让我们思考一下通货膨胀环境下应采取什么样的投资策略。不管是在当前的市价水平，还是任何一个可以想象的价格水平，持续性的通货膨胀会使股票投资失去吸引力吗？这个问题让人感到有点奇怪，因为它让我想起了另外一个问题，好像就在昨天，每个人都认为，哪怕股价正处于高位，股票仍然是人们谈论的对象，并且是优于债券的投资首选。为什么？这源于股票自身的抗通胀属性。

但必须承认的是，不仅仅是近几年，可能数十年前，股票投资便已无法起到抵御通货膨胀的作用了。我指的是一种一般性的逻辑关系：资产价格越高，价值也越高，创造财富的能力也就越强；相应的，购买资产的成本也就越高。遗憾的是，这个正相关关系并未在统计学中得到证明。股权投资回报率往往会被低估，而且常在10%～12%之间波动。如果有什么变化的话，那就是在1948—1952年间，道琼斯工业平均指数的平均市盈率仅为7倍。

当然，道琼斯工业平均指数和标准普尔425指数的盈利在1947—1951年和1963—1973年间大约增长了两倍。而在同一时期，两大指数成分公司的账面价值大约增长了三倍。可以这样说，在第二次世界大战后，企业经营收入的增长可以简单地归因于未分配利润的再投资使企业的净资产价值得以快速增长。在这28年间，没有一家企业的股价翻了一番。换句话说，通货膨胀并没有让普通股的股价迅速上涨。

这是一个很好的理由——当然还有其他理由，说服投资者不管市场价格如何，都不要太热衷于股票投资。谨小慎微是我信奉的长期投资理念之一。但现实情况如何呢？在通货膨胀的预期下，是否应当说服投资者放弃那些表现强势的企业（收益率大约为 15% 的企业）呢？我的答案是"不"。

机构投资者或个人投资者真正的选择是什么？在通货膨胀的预期下，哪怕是市盈率倍数较低的股票也难逃悲惨的命运。投资者可以将自己持有的资金投资于短期现金管理工具，这样也能取得不错的回报率，然后寄希望于将来通货膨胀最终必将使所有股票的股价全线下跌，包括那些市盈率倍数较低的股票。当投资者坚信目前股票的市场价格高于其真实价值时，这样的选择是很合理的。但这只不过是对未来市场走势的一种猜测。投资者还可以将资金投资于实物资产，例如不动产、黄金、大宗商品、名画等。请允许我在这里罗列三种值得关注的情形。

首先，把大额资金，比如几十亿美元，投资于除不动产以外的其他实物资产，并不会导致这些实物资产的市场价格大幅上涨，而闭合的投机循环最终的结局必然是市场崩溃。其次，投资于不动产本身就具有较大的风险。因为这背后存在着众多的风险源，如新业务的拓展、融资风险以及市场的系统性风险。

我想要说的第三点与通货膨胀的积极作用有关。所有的投资者都必须意识到，未来的预期通货膨胀率确实有可能达到 11%，甚至更高，因此在设计总体投资理财方案时，必须要引入所谓的"具体对象因素"（concrete-object factor）。我的意思是，投资者不应当只满足于将大部分资金以现金或现金等价物的形式持有，例如银行存单、债券以及各种类型的应收账款等。经过一段或长或短的时间，但到底多久谁也说不清，事实将会证明，通过持有普通股投资组合而间接地投资于土地、房屋、厂房、存货等资产是更明智的决策。而普通股的投资策略执行起来相对较为简单。我的观点是，在分析个人的财富资源时，值得把这个理念当作一个特殊的可测量标准来试一试。对养老基金以及其他投资组合来说，这种方法也是适用的。

显然，在介绍分析未来股票投资策略的一般性方法时，我并没有将那些公共事件，诸如能源危机、环境压力、汇率波动等，看成金融决策的主要影响因素。在分析股票的价格与价值时，这些因素会与其他不利因素一样被计入公式。这些不利因素包括：较低的盈利能力倾向；杠杆率的提高也会使应付利息的金额随之增加。这些因素对企业的未来能起到多少影响作用，更多地依赖于经济学家和证券分析师的评判——也许和过去一样，评判的精确性并不会高到哪里去。

机构优势、有效市场和证券预测

基金经理是不是更偏向于投资股票？毫无疑问，在过去的近 10 年里，基金经理一直存在这样的偏向，这成为抬高股价的重要力量，从而使得股票的收益率逐渐超过了债券的收益率。面对高收益率的诱惑，债券市场数十亿美元的资金"叛逃"到了股票市场，并在股票的市盈率倍数相对较高时，从原持股人手中接盘。随后，便相继传来了被深度"套牢"、对股票投资失望的传闻。现如今，机构投资者已经看清了股票投资的真相，因此最近几年来，不仅这种偏向已经迅速消失了，甚至还有些矫枉过正的嫌疑，以至于像我这样的"老前辈"不得不提醒大家不要"歧视"低价股票，因为这样做也是不合理的。

2 000 亿美元的机构资金投向股票市场，再加上 11 000 名专业的证券分析师一直在努力"打败平均值"，这些会带来什么样的影响呢？请允许我引用海因里希·海涅（Heinrich Heine）的诗句，它描述了 150 年前德国政府指定 45 名教授加入某个质询委员会时的情形：

> 45 位教授——
> 祖国啊，他们会毁了你！

如果 45 名教授就能有如此威力，那么 11 000 名分析师聚集在一起该有多厉害呢？

机构投资者进入证券市场有利于证券市场平稳运行，并能运用数学工具对企业进行合理的估值。至少从理论上来说，这能抑制股价不合理的波动。然而，我必须承认，我没发现机构投资者给整个市场带来了什么好处。股价的波动幅度较之机构投资者进入前更大。原因是什么呢？我只能说，机构与金融分析师并未表现出比普通民众更谨慎、更有洞察力的职业态度。他们似乎也屈从于同一个目标，简单地说就是狂热地追求"业绩"。他们在很大程度上没有注意到投资与投机的明显区别。因此我怀疑将来很快就会爆发出一些法律诉讼案件，均与 1968—1973 年期间银行机构的信托投资责任有关，因为金融机构没有严格遵守谨慎准则的相关司法要求。

下面我要用几个具体的实例证明机构投资者对理性、稳定的股价形成毫无帮助。标准普尔出版的《每月选股指南》显示，大约 2 000 家保险公司以及投资基金买入了美国航空公司的股票，但是其中没有看到银行及其信托部门的身影。到了 1970 年，受访机构共持有 430 万股美国航空公司的股票，持股比例大约占到总股本的 22%。1970 年，美国航空公司的财务报表显示，每股亏损 1.3 美元，随后公司公布的 1971 年与 1972 年年报又显示每股有 13 美分与 20 美分的盈利。于是在 1972 年，所谓的有效市场仅凭 13 美分的盈利，就把美国航空公司的股价推高至 49.875 美元。这可是每股盈利的 250 倍啊！那么，我们的金融机构有没有阻止这种愚蠢的股票投机行为呢？在股票价格疯狂上涨的过程中，他们有没有减持股票套利呢？恰恰相反。《每月选股指南》显示，就在同一时期内，143 家机构又增持至 670 万股，占美国航空公司总股本的 50%。1974 年的最新数据显示，大约 117 家基金仍然持有 570 万股，占总股本的 20%。与此同时，1973 年，美国航空公司报亏 4 800 万美元，股价从 1972 年的 50 美元的高点跌至 1974 年的 7.5 美元。

这个故事没能显示出机构投资者对合理股价、有效市场做出任何实质性的贡献。相反，他们似乎是一群"搅局者"。

越来越多的机构意识到，他们不能仅凭自己的投资组合获得市场的平均收益，除非能雇用到高人一等的金融分析师与证券分析师。从逻辑上看，这就使一些机构投资者将标准普尔 500 指数作为预期业绩的评估标准。于是，这会促使他们在构建投资组合时直接复制标准普尔 500 指数或标准普尔 425 指数的成分股组合。如果真的这样做，那么客户就会质疑基金公司凭什么收取那么高的管理费。（附带一句，如果未来机构投资者在构建投资组合时真的直接复制标准普尔500指数的成分股组合，这个半玩笑、半当真的预言真的变成现实的话，这将是一个颇具讽刺意味的市场回归，又重新回到了50年前的股票投资模式。第一批投资基金是真正的"信托"，而且是"固定信托"。一开始时就确定投资组合，而且一旦确定就不会更改；只有在一定必要条件下，才可以调整变动投资组合。）

修正后的"固定基金"会给证券分析师留有更多的余地。构建股票投资组合时可以先参考标准普尔指数的成分股组合，然后在此基础上再做修改。更简单的做法是直接复制道琼斯工业平均指数的成分股组合。投资经理或决策者需要获得调整投资组合的权限，而且还要给出理由证明换入的股票能带来更多的收益，以及被替代的股票有可能发生损失。在调整投资组合时应引入责任制，这样也许有助于提升业绩。

事实上，尽管道琼斯工业平均指数和标准普尔指数存在着一定的价格泡沫，但这并不妨碍我们在其中寻找"质优价廉"的股票。如果这个逻辑没有问题的话，那么任何有能力的分析师都有一个通过推荐某些公司的优质替代股票来赚钱的绝好机会。

请大家牢记，既然已经开始投资股票了，我不建议大家都采取将所有的自有资金只投资于一只股票的策略。相反，我认为每个人都应构建一个投资组合，例如，债券占25%、股票占25%，剩下的50%资金，随着价格波动在股票与债券之间不断调整。若个人的投资策略趋于保守，那么债券的投资比例可达50%以上，反之亦然。

股票之所以会在人们的投资组合中成为重要的组成部分，是因为大家认为其他投资工具都缺乏流动性吗？对于这一问题，人们有不同回答。首先，如果将资金投资于短期或长期债务工具，无论期限长短，都不会影响流动性问题。其次，我个人认为，在制定投资决策时，流动性应是次要的考虑因素，因为过多的追求高变现能力会造成更多的价值损失。最后，作为普通股的替代性投资选择，对名画、商品等无经常性收入的投资资产，应当在多大程度上考虑其流动性，这个不好判断。我的直觉是，比起债券每年能获得 8.5% 的息票利息收益，没有经常性收入要比流动性因素更为重要。

指数化经济与政府干预

"指数化经济"的具体内涵是什么呢？上文我们已经讨论了通货膨胀对股票的影响。根据米尔顿·弗里德曼（Milton Friedman）的观点，我认为指数化经济不具有操作性，而且已经超出了本文的讨论范围。实际应用常见于工会合同里对生活成本进行指数化调整，包括一些养老金计划的调整。曾经也出现过指数化债券，是由雷明顿·兰德公司（Remington-Rand Corporation）在欧文·费雪（Irving Fisher）（当时费雪是该公司的董事）的坚持下发行的。然后根据生活费用指数的变化，对每期息票的金额进行指数化调整。可以想象，虽然存在不确定性，但是这种想法也许会重新流行起来。不过，现在越来越多债券的息票利率随当前的债券收益率以及银行借款利率的变化而变化。随着花旗集团发行了 6.5 亿美元 1989 年到期的浮动利率债券，看来浮动利率融资工具将会变得越来越流行。

始于 40 年前的罗斯福新政让我们对国家干预经济的事情都很熟悉。政府干预经济对普通股的价值具有双刃剑的作用。1935 年前的 10 年间，经济大萧条肆虐，在"钱荒"的背景下，政府出面"兜底"的利好能对股市起到一定的提振作用。但是，与此同时，政府的政策对企业的经营运作设置了很多限制，增加了额外的负担。迄今为止，政府干预经济的净影响效果似乎都是有利的，至少对股价如此。只要对比一下 1949 年前后道指与标准普尔 500 指数的走势图，就能发现这一点。通过比较我们发现，股价在 1969—1970 年间以及 1973—1974 年间的下跌，似乎只是股价总体上行过程中的小幅回调而已。

经验证明，最后一个问题暗示的对股票的各种不利因素，与普通股过去面对过并已经战胜的各种障碍并没有太多的不同。我的预测是，这些问题终将解决。

但是，我又不能在文章中对那些可能损害股票价值的因素只字不提。那就是，由于对近年来金融界的表现不满，公众正慢慢对其丧失信心。我坚信，更大的危机已经植根于现行的股票价格之中，未来会最先从华尔街发端并扩散开来。英国作家爱德华·吉本（Edward Gibbon）和奥利弗·戈德史密斯（Oliver Goldsmith）都写道："历史不过是对人类的罪行、蠢行与不幸的记录。"这句话很好地诠释了1968—1973 年间的华尔街。我没有篇幅来一一列举那些既不谨慎也缺乏效率的商业案例。这些商业案例往往是金融机构与个人职业道德缺失所致。而这都无法用贫穷与无知来为自己脱罪。有没有人听说过整个产业是由于承接了自己无力应对的过多业务而导致濒临破产的？然而，这样的事情就发生在 1969 年我们引以为豪的纽交所，交易所的后台工作一塌糊涂，甚至还爆出了证券丢失的丑闻。同一时期内，许多公司不适当的金融交易行为也让人感到一片阴郁。

在重拾公众信心的问题上，华尔街花费了数年时间，美国政府也相应地出台了多部法律。但是，股价表现得并不尽如人意。可我认为，对于真正的投资者来说，这是值得庆幸的好消息。对于养老金基金经理来说，这也是一个利好消息。5 年之前，他们能想象得到现如今竟然能买到收益率高达 8%～9% 的 AAA 级债券，或者是收益率为 15% 甚至更高的好股票吗？目前，投资机会随处可见，不过也有一些荒唐的想法：将股票在机构之间以不断上涨的价格来回转让，从而让股票的市场价格上涨 25%。如果真打算这样做的话，那就好像在尝试用鞋带将自己提起来一样无用。

最后，请让我用自己最喜欢的诗句作为本文的结束语。华盛顿农业部大楼宏伟的楼梯前方悬挂着一幅巨大的画作，画的下方就雕刻着这句诗：

O fortunati nimium…（*etc.*）*Agricolae!*

这句话是古罗马诗人维吉尔（Virgil）对他那个时代的罗马农夫说的，我愿将它送给现在和未来的普通股投资者：

> "啊，渴望获得财富的投资者啊，只要你们意识到自己拥有的优势，你们便可获得上帝赋予你们的一切！"

BENJAMIN GRAHAM
BUILDING A PROFESSION

———— 第**21**章 ————

对话本杰明·格雷厄姆 ①

（写于 1976 年）

CE（查尔斯·埃利斯 [Charles D. Ellis]）：根据您在华尔街打拼 60 年的经验，您对普通股的总体看法如何？

格雷厄姆：普通股同时具有重要的投资特征和投机特征。随着企业将未分配利润用于再投资，偶尔的通货膨胀也会导致股价起起伏伏，总的来说股票的净价值在逐渐累积，因此在几十年间，普通股的投资价值与平均市场价格倾向于持续上涨，只不过变化过程不太规律。但是，在大多数时间里，普通股的股价波动呈现出非理性的双向过度调整，这是由大多数人根深蒂固的投机性或者赌博的倾向所造成的，例如对希望、恐惧和贪婪的屈服。

CE：若把华尔街看作一个金融机构，您对它的看法是怎样的？

格雷厄姆：一个非常不受待见甚至有些玩世不恭的机构。股票交易所给我的整体印象就像是英国作家约翰·班扬（John Bunyan）的"名利场"，或者是经常会让人笑到疯狂的福斯塔夫式笑话——"充满了喧哗与骚动，却找不到一点意义"。股票市场像一个巨大的洗衣房，金融机构在里面存放着"大堆的个人衣物"——

———————————

① 本文选自：《金融分析师杂志》，vol. 32，No.5（1976 年 9 月 /10 月）：20—23.

目前每天有 3 000 万股股票在股票交易所内交易，却没有发出正常的洗衣机滚动的声音，或者说有些股票根本没有在这里进行交易的理由。但从技术层面上看，它确实是一个拥有完善组织架构的机构。

CE：您对整个金融界的看法是怎样的？

格雷厄姆：大多数股票经纪人、金融分析师、投资顾问等在智商、商业诚信和态度真诚等方面都处于平均水平之上。但是他们缺乏在各类证券市场上拼杀的经验，而且对整个普通股市场认识不足，缺乏一种被我称为"野兽的本性"的气质。他们把自己和市场太当回事了，以至于会花费大量的时间，有勇无谋、徒劳无功地拼命做那些他们根本无法做好的事情。

CE：能举些例子来说明吗？

格雷厄姆：预测长期和短期的经济变化以及普通股价格水平的变化，选择未来短期中最有潜力的行业和个股。

CE：就一般情况来看，机构投资者是否有能力在这些年获得比道琼斯工业平均指数以及标准普尔指数更好的投资业绩？

格雷厄姆：不能。事实上，这就意味着股票市场上所有的专家都可以打败他们自己，这在逻辑上是矛盾的（就好比一个人可以举起他自己一样）。

CE：那么，您是否认为普通的机构客户应该对与道琼斯工业平均指数或其他类似指数相近的投资收益率感到满意？

格雷厄姆：是的。不仅如此，我还认为他们应该要求在随意的 5 年周期内都能获得类似的投资收益，并以此作为向投资顾问等投资管理人员支付管理费用的条件。

CE：一些反对者认为指数基金无法满足不同的投资者的差异化需求，您怎么看待这种反对指数基金的观点？

格雷厄姆：实际上，投资公司对过去平庸的投资业绩做出的解释只是一些陈词滥调和惯用的借口。所有投资者都想要获得不错的投资收益，并且理所当然地认为这种目标确实能够实现。他们凭什么会对那些比指数基金差得多的投资业绩感到满意呢？凭什么还要为投资公司那么糟糕的表现支付管理费呢？我真的想不出任何理由。

CE：现在让我们来谈谈个人投资者。您是否认为他们和机构投资者相比处于不利地位，因为后者拥有海量的资源和先进的设备等优势来获取信息？

格雷厄姆：相反，与大型机构投资者相比，典型的个人投资者拥有更大的优越性。

CE：为什么呢？

格雷厄姆：主要是因为机构投资者的选择余地非常小，可能只有300~400只大型公司的股票，而且他们的研究和决策或多或少地被限制在这些已经被过度研究的群体上。相反，大多数个人投资者可以在任何时候从标准普尔的《每月选股指南》中提供的大约3 000只股票里做出选择。根据各自不同的方法和偏好，个人投资者可以随时从整个名单中选出至少1%，即30只或者更多买入机会极其诱人的股票。

CE：您会给个人投资者的投资策略列出哪些一般性的规则？

格雷厄姆：我建议有三个规则必须遵守：第一，个人投资者应该坚定不移地做一个投资者而不是投机者。总体而言，这意味着他应该能够对每次的买入和所付的价格提供让自己满意的客观依据或理由，并客观地论证在这个购买决策中他得到的回报将比他支付的成本高。换言之，他有一个用价值衡量的安全边际来保护持有的股票头寸。第二，这个投资者需要对自己持有的股票头寸明确设定一个与买入规则相匹配的卖出规则。通常，他需要给买入的每一只股票设定一个合理的盈利目标，比如50%~100%，另外还需要设置一个实现目标的最长持有期限，比如2~3年。在持有期结束时还没有实现盈利目标的股票就应该在市场上抛售掉。第三，这个投资者应当确保，在整个投资组合中股票投资与债券投资的比例高于事先设定的最小比例。我建议每种类型的投资要占总投资的比例至少为25%。一个很好的做法就是始终保持50∶50的比例，然后根据市场变化进行调整。这意味着，投资者要在股市大幅上涨时将一些股票投资转换为债券投资，当股市下跌时则反向操作。通常，我建议债券平均持有期为7~8年。

CE：在选择普通股投资组合时，您是否建议应对个股进行仔细地研究和选择？

格雷厄姆：总的来说我不建议这样做。现在我已经不再是证券分析技术的支持者了，而证券分析的目的就是找到绝佳的投资机会。40年前，当《证券分析》这本书第一次出版时，这应该算是一项非常有意义的工作。但从那时开始，情况已经发生了很大的变化。过去，训练有素的证券分析师能够以职业化的手段通过仔细研究，挑选出价值被低估的股票。然而根据目前正在进行的大量研究，我怀疑在大多数情况下，这样的分析研究是否能挖掘出表现优异的股票，使其收益足以弥补研究成本。在某种程度上，我并不支持如今被大学教授普遍认可的"有效市场"的假说。

CE：您建议使用哪种方法来构建投资组合？

格雷厄姆：从本质上来说，有一种极其简单的方法，即对价格使用单一的或双重的判断标准，以保证能体现股票的全部价值。而且，使用这种方法构建的投资组合的业绩比较可靠，因为它依赖于整个投资组合的总体投资绩效，而不是只依赖于对个股的预期。

CE：您能具体谈谈个人投资者应该如何建立并维护普通股投资组合吗？

格雷厄姆：对于这个问题，我可以列举两种方法。第一种方法看起来有较大的局限性，但 30 年来，当我们使用这种方法来管理中等规模的投资基金时，几乎是始终如一地获得了不错的投资业绩。第二种方法代表了近年来我的新思考和新研究。它的应用范围比第一种方法要广泛得多，同时它还具备 3 个优点，即逻辑充分、应用简单和优秀的表现记录（假设在过去 1925—1975 年的 55 年中我们使用了这种方法，虽然实际上我们并没有使用）。

CE：您能详细谈谈您所建议的两种方法吗？

格雷厄姆：第一种方法局限性较大，主要体现在它要求普通股的买入价要小于营运资本的价值或资产净现值的价值，不考虑厂房和其他固定资产的价值，并直接从流动资产中扣除所有负债。这种方法已被我们广泛应用于投资基金的运作，并且在 30 年间为我们创造了大约 20% 的年均收益率。然而，在 20 世纪 50 年代后期，由于牛市盛行，这种特定的买入机会变得非常罕见。但是在 1973—1974 年股市下跌之后，机会再次出现。1976 年 11 月，我们对标准普尔股票推荐手册上 300 多只股票进行了统计，这个样本数量大约占公司总数的 10%。我认为这是一种万无一失的、系统的投资方法，当然我要再次说明，这种方法不是建立在个股预期的基础上，而是建立在对整体结果的预期的基础上。

CE：最后一个问题，您还有哪些其他的投资方法？

格雷厄姆：这个问题的答案与前面提到的第一种投资方法背后隐含的道理是一样的。同样的，我们仍然按照一种或多种简单的选择标准，以低于现值或者内在价值的价格买入股票。我认为判断标准是过去 12 个月的市盈率的 7 倍。你也可以使用其他的标准，比如当期的股息回报率超过 7%，或者账面价值超过市场价格的 120% 等。

我们刚刚完成了一项研究——将这些投资方法应用于过去 50 年（1925—1975），然后检验其有效性。结果显示，这种投资方法在这段时期里获得了不低于 15% 的投资回报，换句话说，相当于道琼斯工业平均指数的两倍。我对这种投资方法的三大优点都非常有信心，即：逻辑充分、应用简单、优秀的表现记录。实际上，真正的投资者可以用这种方法对目前市场上由投机者的过分乐观或极度恐惧所造成的机会加以挖掘利用。

BENJAMIN GRAHAM
BUILDING A PROFESSION

—————— 第22章 ——————

本杰明·格雷厄姆：有关证券分析的思考 ①

（写于 1972 年）

老师（帕特·埃勒布莱赫特［Pat Ellebracht］）：欢迎您来到我们的电视讲座系列栏目，特别感激您能够抽出时间与我们进行谈话交流。

格雷厄姆：对我来讲，这是一个全新的经历，我希望它能够给我们所有人带来不一样的感受。

老师：作为普通的个人投资者，如果他想在长期投资过程中获得成功，成为一名成功的投资者，他应该具备哪些个人品质呢？

格雷厄姆：最有效率的投资就是最明智的投资。我想说，当投资能够有条不紊地进行时，就是我们最容易获得成功的时候。对这个问题来说，最简单的答案是，成为一名优秀的商人所需要的品质就是长期投资取得成功所必备的品质。知道自己在做什么，对敏感性事件能够做出充分正确的判断，而不是糊里糊涂。除了这些，我认为不需要具备其他品质。当然，那些拥有特别天赋或直觉的人要比没有这方面特殊才能的人更有优势。但即使这样，在华尔街看来，也同样值得怀疑，因为没有一个人能够一直保有足够的自信、天赋和直觉，并将这些一直延续

---

① 本文选自：《金融历史》（*Financial History*）杂志，No.42（1991 年 3 月）：8–10，28–29。1972 年 3 月，格雷厄姆在密苏里东北州立大学与埃勒布莱赫特教授及其学生进行了一场访问谈话。

到最后，从不失败。因此，我还是坚持我的观点，那就是，若想成为一个成功的投资者，就应该按照一名优秀的商人的标准来要求自己。

学生：对于个人投资者来说，哪些品质是他们在长期投资中想要取得成功所缺乏的？

格雷厄姆：个人投资者失败的一个主要原因就是他们对股票市场当下的走势过分关注。他们觉得市场当前的走势毫无疑问将会继续，或者会持续到他们获得足够利润为止。他们总是期待能够赚更多的钱，而这远远超出他们本来应该获得的，正是因为这样，所以他们经常遭遇投资失败。他们的期望与其知识水平和能力并不相匹配。

老师：在您的著作中，您引用了很多经典文献。我们想请教您，这些经典著作是如何影响您对人性的分析和您的投资哲学的？

格雷厄姆：其实这些并没有对我的职业生涯产生很重要的影响。我引用了这些经典著作而非其他无意义的东西，只是表明我真的理解了它们的内在价值。它们帮助我站在永恒的角度来看问题，而不是站在当下的角度来分析，正如哲学家斯宾诺莎（Spinoza）所指出的那样。我想这个可能是它们最大的价值所在。

学生：您是如何定义投资的？投资和投机的区别又有哪些呢？

格雷厄姆：关于投资的定义，在我早期的《证券分析》那本书中有非常清晰的描述，而且那个定义也很流行。它是这样说的："投资行为通过透彻的分析，保障本金安全并获得令人满意的回报率。"而其他的行为则是投机。

老师：您是否认为投资者的总体投资理念过多地受某只具体的股票的影响，而不是受整个市场走势的影响？

格雷厄姆：我想说，对市场的一般性判断比对个股判断更有效。在接受《福布斯》杂志采访的时候，我说过那些以非常低的价格买了 IBM 公司股票的人们可能被胜利冲昏了头脑，因为 IBM 在那个时候是表现最好的股票。他们可能会想，再次找到一个类似于 IBM 这样的股票应该非常容易。于是，他们可能会浪费大量的时间用于寻找第二个 IBM。从某种意义上来讲，一个人的观点可能会受他自己为数不多的经历所影响。

学生：您在《聪明的投资者》那本书中写了这段话："如果在设计自己的投资计划时，你只不过是比别人多懂一点点，或者是多施展了一点小聪明，那么实际的投资效果可能会比之前更糟糕。"您能就这番话做一番解释吗？

格雷厄姆：在一般人看来，只要你比大家稍微多懂一点证券，就会比其他人做得更好。现在，我们假定某个人在没有被误导的情况下，在证券市场上投资能获得平均收益。如果你想谋求比平均收益更高的回报率，那么也许就会特别依赖你以为能帮你获得成功的额外知识。然而实际上，你未必真的拥有足够多的额外知识来让你获得超过市场平均水平的收益率。很多情况下，你可能还会表现得更差劲。你希望变得聪明些，但实际上你还不够聪明。这就是在证券市场上从事证券投资的大多数人所遇到的情况，他们的很多时间都在华尔街度过，在各类经济公司或其他公司，他们总觉得自己比其他人聪明，能够比其他人做得更好或者比平均水平更高。一个人只有特别聪明才能够战胜由各类专业人士构成的股票市场，也就是说，他的聪明必须能够真正地帮助他打败普通大众。

学生：回顾一下 20 世纪 70 年代的市场，如果要求您必须在高等级的普通股和高等级的债券之间做出选择，您会如何选择呢？

格雷厄姆：这是一个假设性的问题，对我而言，我的投资哲学不会让我在它们之间只选其一。如果你问我更偏向选择谁，从当前的表现情况来看，我会非常肯定地选择高等级债券，因为它们的收益率是高等级股票的两倍，甚至更多。

学生：如果您投资的主要目标是为了对抗通货膨胀，那您会怎么做呢？

格雷厄姆：我会根据当前的通货膨胀率做出最佳的判断和预测，然后再依据自己的预期选择最优的投资决策。我对接下来的 10 年里通货膨胀率的预期是相对温和的 3%。我并不想依照眼下的经历对未来做出判断。这是金融领域里常见的错误，它会让很多人判断错误。世界大型企业联合会对 1972 年物价上涨率的预期为 3%，我对未来 7 年通货膨胀率的预测也是这一数字。

老师：您在《福布斯》杂志上发表的那篇文章中提到，未来几年里股票市场很有可能会出现宽幅震荡。这是不是政府试图控制经济周期的理由？又或者是公众认为股市会像 20 世纪 60 年代后期那样强势，可以从中获得丰厚的收益？

格雷厄姆：我并不认为政府试图控制经济周期必然会或应该会导致市场出现宽幅震荡。股票市场长期发展的经验表明，公众总是认为他们能够在单边市场趋势下获得快速增值。这反映了正是人性的贪婪导致了股票价格的快速波动。市场往某一个方向的快速变化，随后会导致其很快向相反的方向移动。我觉得，在很大程度上，我们在未来所要面临的正是我们过去所经历的，正如你在过去两年中所见到的那样，道琼斯工业平均指数从 995 点跌到了 630 点，然后又从 630 点涨回到 940 点。市场一直处于波动中。

学生：您是否认为 1969—1970 年的熊市已经结束了？

格雷厄姆：从技术层面来看，我认为是这样的。道指从低位的 680 点涨到高位的 900 点证明市场已经得到了充分的恢复。我们现在正经历的上涨并不是简单的小幅上涨或临时性的反弹上涨。如果你对牛市和熊市之间的变化感到困惑，那么，你可以这样设想一下，那就是 1970 年 5 月份开始了一轮新的牛市。

学生：您能够非常鲜明地区分盈利能力和当前的盈利情况吗？您又是如何衡量盈利质量的呢？

格雷厄姆：盈利质量跟盈利能力与当前盈利情况之间的关联度并不是那么强。从历史的经验来看，盈利质量主要依据盈利的稳定性以及没有非常明显的下降趋势这两点来判断，另外需要考虑的问题是，在接下来的几年时间里是否会出现比较明显的、持续性的上涨趋势。稳定性越好，上涨趋势越明显，盈利质量就越高。

学生：请您解释一下安全边际对普通股来说意味着什么吗？

格雷厄姆：有关这方面的内容，我在《聪明的投资者》一书里有过详细的解释。安全边际指的是购买普通股所获得的收益率与债券利率之间的利差，安全边际是能够承担各种不利的意外情况的利差。在 1965 年创作《聪明的投资者》时，普通股的市盈率一般都在 11 倍，因此对应的收益率为 9%，而当时的债券利率是 4%。在那种情况下，你的安全边际就是 100%。而现在，股票收益率与债券利率之间没有差别，所以我说当下不存在安全边际。与 1965 年的有效安全边际不一样，当前的安全边际是负值，这也是影响我在当前（1972 年）价格水平上考虑是否买入股票的一个非常重要的负面因素。

学生：在《聪明的投资者》一书中，您提到投资者和投机者自身给股票市场带来了不同类型的"水"。您能谈谈这些不同类型的"水"吗？

格雷厄姆：过去，我们所说的"水"代表的是某家公司资产价值的秘密构成，主要是固定资产高于其实际成本和重置价值之上的价值。例如从资产负债表上来看，某只股票的账面价值为 100 美元，但实际上其背后的内在价值仅有 20 美元。现在，这些带有半欺诈性质的信息披露方式已经被纠正过来了。现如今，股票市场也在用虚高的价格欺骗投资者。我们会用 100 美元购买固定资产或者重置成本只有 20 美元的股票，股票市场的估值与真实账面价值之间的差就是所谓的"注水"现象。今天人们还是以同样的方式为价值仅为 20 美元的股票支付 100 美元的价格，这与过去股票的真实价值只有 20 美元，然而在资产负债表上账面价值却高达 100 美元的情况如出一辙。

学生：最新版的《聪明的投资者》与之前的版本有哪些不同呢？

格雷厄姆：有关投资过程的基本建议和结论并没有什么实质性变化，而是结合过去 4 年美国经历的通货膨胀状况，进一步强化了投资基本原理的相关内容，这些内容也是在 1949 年第 1 版《聪明的投资者》中我所强调的那些基本原则。虽然 1939—1968 年连续上涨的牛市似乎让人们不再青睐这些基本原则。然而，从 1968 年开始的市场走势让我有理由更加坚信早期版本里提出的这些投资基本原则。在最新的版本中，我自然对通货膨胀问题的关注要比之前的版本更深入，因为通货膨胀问题在最近越加明显。不过，正如你们所知道的那样，我并不觉得高通货膨胀率在未来会一直伴随着我们。我认为 5%～6% 的高通货膨胀率不可能长时间持续。同时，我还非常关注利率水平的改变，它的变化也是非常显著的。我觉得站在股票购买者的角度来看，正是因为利率的反向变化，所以当下的道琼斯工业平均指数的值不可能高于五六年前的水平。任何其他能够证明价值增值的理由都被利率上涨这个因素给抵消了。

学生：如果我们成功地控制了经济周期，您是否会改变您的投资理念，从低买高卖变为无限期持有股票呢？

格雷厄姆：这又是一个带有部分假设性的问题。我确信自第二次世界大战以来，美国政府对经济周期的控制做得越来越好，而这本身又会有助于股票价格波动幅度的缓解。不过公众可能会有一些疯狂的想法，从而抵消掉一部分调控效果，那就是一旦经济周期能够被很好地控制，对于普通股而言将不会再有价格过高的问题，正是因为大家对普通股的价格波动趋势有着或多或少的预期判断，因此控制了其波动的幅度。我想股票市场未来还是会存在波动，不过，想准确地在低点买入，在高点卖出，这可能并不是一件容易做到的事。然而，我所提出的这个投资方案——投资组合的 25% 用于购买股票、25% 用于购买债券，剩余的 50% 随市场的波动情况适时调整，未来的表现肯定不错，且不需要关心经济周期是否能被很好地调控。如果个人投资者对这个方案给以足够多的时间与重视，那么这将会是一个切实可行的不错选择。

学生：在《福布斯》杂志上发表的那篇文章里，您说您会购买公用事业股票，因为它们的卖出价格都与账面价格相近。那么您在这方面投资的收益是不是也会受到监管环境和高利率水平的限制呢？

格雷厄姆：这是一个非常好的问题，我很高兴你能提出这样的问题。收益确实会受到监管规则的限制，但是这里有两件事情需要特别说明一下。第一就是亏损会受到非常严格的限制；第二，如果你选择按照账面价值买入这些股票而非其他传统工业股票，那么最终获得的收益将会更有保障。公用事业企业具有很多优势，而在当前的股票市场上，人们大多没有意识到这一点。它们的收益有法律保障，监管部门必须让这些企业获得足够多的盈利，这样才能支撑它们的投资，确保它们的价值，特别是鼓励它们进行新的投资。于是，新的利率结构出现了，这使得公用事业企业的股票价格比一般股票价格的账面价值高出 50%。你会发现，除非公众有理由相信自己买入的股票的价值至少要高于购买时支付的价格，否则企业不太可能通过向公众销售普通股的方式来筹集大量的资金。在这些条件下，监管的整个发展历史和理念都严格保障了公用事业企业普通股的股票价格相对其账面价值有一定的溢价，而跌破账面价值的风险非常之低，这两者实现了非常完美地结合。我想，这样的投资机会可以快速获得 50% 的收益率，而且几乎没有亏损的风险，投资者一定会非常满意。

学生：您为什么选择公共事业股，而不选择价格接近账面价值的自然资源股？比如铜业、石油或土地资源类股票。

格雷厄姆：首先，你不可能找到那么多市场价格接近于账面价值的自然资源股，除非它们在界定收益方面存在一些困难，而公用事业股不会遇到这样的情形。对公用事业公司来说，不利的情况是它们每年的盈利可能比上一年少了几美分，而不是比上一年增长 2% 或 3%。但是，对自然资源类股票而言，收益受各种条件和情况的影响。假设你现在买的是安纳康达公司（Anaconda）的股票，因为公司的部分资产被充公，导致其股票价格和盈利在过去的两年时间里下跌了 3/4。或者你也可以研究下海湾土地与实业公司（Gulf States Land and Industrial

Company）的情况。你会发现它们并没有实际性收入，股票价格在 30～2 美元之间波动。这与公用事业公司的股票完全不一样，这样的股票并不具备我们前面谈到的盈利质量。

学生：您能谈谈某个自然资源类股票的内在价值是如何决定的吗？

格雷厄姆：这是一件非常难做到的事情。当我们衡量公司价值时，对石油资源公司来说，我们有一些具体的价值标准，比如提炼后的石油每桶价值 1 美元，半成品每桶 40 美分，未提炼的原油每桶 10～20 美分。我们可以这么做，但是结果可能未必有用。如果有人问我如何对自然资源公司进行估值，我想我可能做不好这个工作，因此我宁愿不做。

学生：您是否认为公司应该用股票股息来代替现金股息，以便能更容易地为长期发展获得资金支持？

格雷厄姆：是的，当然可以。现金股息政策在我看来是非常不明智的选择，特别是对那些将盈利的 2/3 以现金股息的方式发放，然后又每次通过发行高于股息成本的新股来融资的公用事业公司来说更是如此。它们可能已经意识到，以现金方式给股东发放股息，股东们收到的股息收入将会被征收所得税。公司可以增发股票，这样就不会像现金股息那样被征税，于公司而言，权益资本额也会有所增加。如果美国 AT&T 公司选择执行股票股息政策而非大量发放现金股息，并确保两者的金额差不多相等，那么它就可以为股东节省数十亿美元的税负。

老师：格雷厄姆先生，在您演讲的过程中，我突然想到了一个问题。我们经常在教科书上看到一种说法，概括起来就是股票能对冲通货膨胀风险，而 1969—1970 年的市场表现并不支持这种说法。您对此有何高见呢？

格雷厄姆：作为对冲风险的工具，股票确实比债券表现得更好，但它们也并不是那么完美。你不能假定股票的盈利能力增长率能够完全反映出通货膨胀率的大小。你可能会说，从历史发展的角度来看，尽管在通货膨胀的情况下，股票仍然为投资者带来了收益。而通货膨胀却让债券的本金价值遭受了比较大的损失，因此在过去的 10～20 年时间里，股票的价值仍然相对坚挺，而债券的价值却下降了许多，因此说股票的表现要好于债券。问题的关键在于，一家公司的真实盈利能力是通过权益资本的报酬率来衡量的。如果公司的权益资本翻倍，那么盈利也会翻倍。

过去这么多年的实际情况是，普通股的权益资本在大幅度地增加，而盈利尽管有所增长，但是其增长的速度却没有股票权益增长的速度快。因此，事实上股票的盈利能力是在下降的，例如，道指成分公司的盈利能力从 20 年前的 12% 下降到今天的 9.5%。过去 20 年的情况就是这样，尽管通货膨胀确实对股价有影响，但是你不能说通货膨胀对普通股投资是有帮助的。事实上企业支付给投资者的分红或股息低于企业赚取的利润，因此企业的权益资本增长十分迅速。而另外一方面，市场价格的走势却是另外一种情况。市场价格大幅度上涨，可是这只不过是因为市盈率倍数有所提升。1949 年，普通股的市盈率为 7 倍，而到了今天（1972年），市盈率却高达 17 倍。1949—1972 年间，市盈率倍数的上涨很大一部分原因是，投资者愿意为单位美元的盈利所支付的成本更高了，因此导致股票价格大幅度上涨，而这样的变化并没有太大的价值。

老师：您能告诉我们一些您自己的有趣的亲身经历吗，或者让您印象最深刻的一些公司？

格雷厄姆：早在 1928 年的时候，我与伯纳德·巴鲁克（Bernard Baruch）成为了合伙人。我们一起买下了一家看起来还比较便宜的公司。我想当时我们买入的价格为每股 9 美元，而公司的每股盈利大概是 1.5 美元。我成了公司的财务副总，他们付给我 3 000 美元的年薪。公司的现金流状况很不错，而且鞭炮生意做得也挺好。不过，就从那个时候开始，事情开始朝不好的方向发展了，包括 1929 年的股灾与大萧条危机。能渡过那个难关真的很幸运，我们一直持有股票到 1936—1937 年，而且并没有亏多少钱。不断有新的合伙人加入，并接管了公司，前段时间该公司的股价为 3.75 美元。新人接手后，公司开始做一些看起来不可能实现的事情，比如在欧洲发行债券，股票价格也随之上涨到 63 美元。然后其股票价格下跌到原来 3/8 的水平，后来又涨回到 68 美元……然后又回到了 3.75 美元的水平，现在它的价格水平大概是每股 14 美元。我一直都关注着这家公司，因为我对这家公司有比较深的个人情感。很长一段时间内，我都没有投资这个公司，但是在我心里，在过去 30 年间，它的经历较为典型地反映了一家公司的起起伏伏。

我建议您和您的学生从标准普尔的股票指导手册中按照你们喜欢的方式选取 20 家公司，然后对它们过去 30 年里的兴衰变迁做一个跟踪研究，看看它们都经历了什么样的变化。对于想变得更加知识渊博的投资者来说，这么做一定能收获很多。我觉得了解单个公司的起伏变化很重要，但更重要的是要了解各种类型的投资产品的总体变化波动情况，这有助于投资者更准确地预测未来的变化趋势。如果你认为过去跟未来并没有什么关联，正如某些人所认为的那样，他们可能忘记了，如果过去与未来没有什么关联，那么什么东西跟未来有关联呢？我们又知道些什么呢？如果你不能根据过去的经历构建你的投资策略，那么我认为你的投资策略是没有任何基础的。

学生：您认为信息披露是否充分？

格雷厄姆：这是一个非常重要的问题。从某一个角度来看，信息披露已经足够了。如果你拿出一份按照美国证监会规则要求发布的上市说明书，这样的一份发行通告多达 100 页，里面塞满了各种重要的和极其不重要的信息。但这种说明书的作用让我感到非常困惑，因为人们还没看完前 10 页股票可能都已卖光了。没有人会完整地阅读招股说明书，很多重要的信息都被埋没了，需要专业人士把这些信息找出来。现在专家能够做到这一点，其实这也应该是证券分析师的工作之一。证券分析师由于忙于其他的事情，以至于没有时间披露季报和年报中重要的信息。我认为美国证监会在要求披露季报、年报和 10K 报告的信息方面做得不错，而主要的困难似乎是分析师没有跟上，或者说他们并没有花很多时间来研究这些报告。

总的来说，问题不在于信息披露制度。问题在于公众是否能很好地保护自己不被那些二流或三流的股票所蒙骗，它们现在的价格水平高得离谱，而它们的内在价值根本不足以支撑这么荒诞的价格。我不知道这是否有解决的办法。我不知道这些赌徒是否能不被贪婪和愚昧所蒙骗，他们往往自称为投资者，但实际上他们才是真正的投机者。这是我最喜欢说的一个词组，"贪婪和愚昧"。证监会正准备召开听证会，看看新股的发行机制是否需要做一些调整或变动。我猜测他们会用着重号标明：**这只股票不值这个价钱**！我不知道这会不会带来一些改变。他们总是有能力卖出这些股票，正如有些人说的那样："情况真糟糕，不过总是会上涨的。"

老师：格雷厄姆先生，非常感谢您与我们交谈，让我们这个项目更显独一无二。

格雷厄姆：这个项目确实让我印象深刻，这也是我为什么愿意参加进来的原因。祝参加本项目的同学们好运！

BENJAMIN GRAHAM
BUILDING A PROFESSION

—— 第23章 ——

对金融分析师有着重要意义的 10 年 [①]

（写于 1974 年）

本次研讨会的主题是——"价值的复兴"（The Renaissance of Value），这意味着"价值"这个概念曾经一度被华尔街束之高阁。价值分析的衰落伴随的是投资与投机之间原本泾渭分明的界限已变得日趋模糊。在过去的 10 年间，人人都成为投资者，他们当中有人买入了股票期权，也有专门的卖空者。在我看来，价值概念以及安全边际始终是投资领域的核心理念，而对投机来说，价格预期才是最重要的。

下面，请允许我举例说明一些与价值分析方法相关的问题。以 1965—1974 年的情况为例，这些问题至今仍然困扰着金融分析师：

- 在下列情况下，价值投资方法是否依然有效：
  - ➤ 单独运用价值分析方法能够得到怎样的结果？
  - ➤ 与其他分析方法相比，价值分析法得到的结果是否更加有效可靠？
- 估值方法（例如 1962 年格雷厄姆、多德［Dodd］和科特尔［Cottle］

---

① 本文选自：《价值的复兴：经济、利率、投资组合管理、证券与普遍股投资研讨会合集》（*The Renaissance of Value: The Proceedings of a Seminar on the Economy, Interest Rates, Portfolio Manangemene, and Bonds vs. Common Stocks*），夏洛茨维尔市：金融分析师研究基金会，1974：1–12。

提出的估值方法）需要在多大程度上随近期市场的变化做适时地调
整，并进行一些理论性的思考？

● 机构操纵下的证券市场对证券分析师的股票估值和投资决策有什么
样的影响？

● 在多大程度上，分析师的绝对数量（金融分析师联合会有 14 000 余
名会员，包括 3 800 名注册金融分析师，还有 2 000 多名即将成为注
册金融分析师的活跃分子）会阻碍普通投资者获得令人满意的收益？
这是一个值得深入思考的问题。

接下来，我将尽我所能，把上述 4 个问题作为一个整体来回答。

价值投资方法是建立在下面的这个假设之上：在大部分情况下，通过技术分
析的办法，很多股票都能算出一个大概的价格区间，如果这个区间与股票当前的
价值存在明显的差异，投资者可以抓住机会利用价格与价值的差别获利。这意味
着，在投资人耐心允许的范围内，比如 3 年或者更短的时间里，市场会促使股票
价格回归到价值分析方法算出的估值区间。

从理论上来说，我们可以将企业的未来预期收益与适当的市盈率倍数相乘，
以此求出估值区间的平均值。目前，我认为这不是一个估算股票价格的好方法。
我们应该只用当前的正常收益而不是未来的预期收益来估算股票的价格。而影响
企业未来收益的各种利好或利空因素、微观或宏观因素，都应该在市盈率倍数的
选择里得以体现。这个估值方法与以往先算出未来的预期价值，然后再贴现求其
现值的方法有所不同。

这种估值方法与约翰·伯尔·威廉姆斯博士（John Burr Williams）1938 年在
他的《投资价值理论》（*The Theory of Investment Value*）一书中推崇的估值方法有
很大差别。威廉姆斯博士提出的估值法需要先对未来相当长的时间里的股息现金
流进行估计，之后再用适当的折现率求出每一笔未来股息收益的现值，然后再加
总。在那以后，很多可用于成长型股票估值的数学模型都相当于是威廉姆斯估值

法与我建议的估值法的折中。如果使用威廉姆斯博士提出的估值方法，人们通常
要估计未来的股息现金流直至期末，比如到第十个年头，用保守的方式估计股票
的期末价值。然后，用统一的贴现率求出未来股息现金流以及期末价值的现值，
从而求出股票的当前价值。

读过《证券分析》一书的读者一定能回忆起我们简化过的股票估值方法。我
们用变量 G 来代表未来 7～10 年间的预期增长率：

$$价值 = 当期正常收益 \times （8.5+2G）$$

就像许多简化公式一样，这个公式也存在着很大的缺陷，即并未考虑基准利
率水平的变化。但是在过去的 10 年里，对股票估值以及股票市场价格产生重大
影响的是利率的显著提升。在本文公开发表前 3 年，AAA 级债券的平均收益率
是 4.4%，这与 10 年前的数据相同。但是在 1971—1973 年间，AAA 级债券的平
均收益率是 7.5%，而目前的平均收益率则是 9.5%。

我认为，普通股的估价应该与当前的市场利率水平呈负相关，而利率水平又
取决于分析师使用的当期收益数据。我们对上述公式进行调整，使其能反映利率
的变化情况。假设以 1972 年 AAA 级债券的平均收益率 4.4% 为例，公式变为：

$$价值 = 收益 \times （37.5+8.8G）/AAA 级债券的利率$$

由于分析师使用的数据存在缺陷，因此使用上述公式评估股票的价值也许
会得到两个或三个计算结果。我们将 G 的历史数据（4.5%）和 3 年期 AAA 债
券的平均收益率（7.5%）代入公式，得到市盈率倍数为 10.2 倍。再乘以 1971—
1973 年间道琼斯工业平均指数的平均每股收益，我们可以得到相应的估值结果
为 750。如果没有使用上述 3 年期的平均收益率，而是直接将当前的债券收益率
9.5% 以及受通胀影响有所上涨的年盈利额 93 美元直接代入公式，估值区间的中
间值仍然是 750（因为较高的每股盈利被较高的利率所抵消。）

上述计算结果显示，当前道琼斯工业平均指数的点位（627）存在着 15% 的

低估。这预示着当前的熊市即将终结抑或是仍将继续，我把这个问题留给聪明的读者。但是，将上述估值方法应用于个股时，我们会看到，在当前的市场环境下，很多股票的价值都被严重低估了。例如火石公司，在过去的 10 年中，1971—1973 年的收益与 1961—1963 年的收益相比，增长了 116%。而与此同时，道琼斯工业平均指数只增长了 66%。如果我们假设火石公司与道指适用的 G 值是相同的，均为 4.5%，那么算出的市盈率倍数也是相等的，即 10.2。用这个市盈率值乘以 1971—1973 年间的收益，则火石公司的股票估值结果为 24，与该公司 1974 年的低点相比高了将近 90%。非常巧合的是，这个估值结果恰好是火石公司当前的股票账面价值——以前，这只是一个微不足道的小细节，然而面对当前的新情况，我认为这一点特别重要。火石公司的例子正是当前道琼斯工业平均指数（包含好几个规模很大且机构特别喜欢的大公司）与不按规模进行等级分类的指数之间存在巨大差异的一个缩影。

如果市盈率倍数只考虑公司的预期增长与利率水平，那就意味着，在估值时没有考虑公司的资产结构以及债务余额等信息。这种方法只适用于那些前途光明且不必担心遇到财务困难的公司。如果我们想将这个公式进一步普遍化，来分析保持平均增长速度的公司，那么这种方法就不太合适了。在过去 10 年里，保持平均增长速度的公司经常面临因通货膨胀的压力以及过多的公司债务而导致的财务困境。根据 1974 年 6 月《当代商业纵览》（*Survey of Current Business*）提供的数据，1968 年以来，公司的债务余额整体上升了 74%。如果考察期截至 1974 年年底，那么增长幅度将会更大。

我还没有找到一种令人满意的方法，可以在充分考虑债务头寸低于面值的条件下降低市盈率倍数。我建议各位分析师尽量避免对这样的公司进行价值评估，而是把有限的精力用于评估具有投资价值的企业。就像大家熟知的一样，对于那些投机的公司，分析师是无法得到令人信服的估值结果的。在我看来，火石公司的财务状况优于一般标准，而如今在纽交所上市的大约一半左右的公司都达不到合格的投资标准。不过，对分析师和投资人来说，剩下的另一半公司足够他们挑选了。显然，我认为这种估值方法对投资决策具有一定的指导作用，但是该方法只适用于财务状况良好的公司。同时，基于该方法的买入策略也需要满足一定的投资安全边际。按照经验，我认为买入价格不应超过平均估值的 2/3。

这样的投资策略在过去的 10 年里能获得多高的投资收益呢？火石公司的市场价格多次低于使用估值公式得到的估值结果，但是低估的幅度从未达到过安全边际的 1/3（按照该投资策略，火石公司股票 1970 年的建议买入价格是 16 美元，而当年该股票的最低价格是 17.5 美元。一年后，该公司股票的最高价格达到 28.5 美元）。结合其他相关的研究成果，我相信使用计算机运行估值公式能很容易找到一大批财务状况良好并且股价低于公式估值结果的 2/3 的公司。买入这样的股票，并在获利 50% 之后将其出售，我们可以在过去的 10 年里取得丰厚的回报。我认为，在可预见的未来，类似的投资策略也可以获得如此令人满意的收益（但我并不能保证每次都能获得如此高的收益）。

当然，还有很多其他的估值方法。有别于我所用的两个变量，不同的分析师对于估值公式和参数也有着不同的偏好。我对下面这种做法比较感兴趣：在所有可得到数据的股票当中，选出那些价格不高于前期最高价格一半的股票，条件是这些股票都符合价值独立于价格的标准。根据我的研究结论，直到目前为止——其中包括 1970 年以后的市场恢复期，这种投资策略都能带来不错的回报。在当前的市场环境下，只需要增加一条价格下跌标准，用于确定不同估值法的买入点。尤其是对那些与火石公司类似的企业来说，当买入价格等于分析师估值结果的 2/3 时，该买入价一般也低于前期市场最高价的 1/2。

下面我们要分析一个估值变量，我认为在当前的市场情况下，该变量显得非常重要。这个变量就是公司的账面价值。账面价值被认为是精确估值方法的参照值，或一种较为实用的普通股价值测量指标。除了金融公司和少数企业以外，多年以来，我们很少分析公司的账面价值。但是在当前的市场条件下，大多数在纽交所上市的公司的市场价格就围绕账面价值上下浮动。甚至连宝丽来公司的股票都可以以低于账面价值的价格买到。这些事实让我们了解到，公司净值（内在价值）与股票的内在价值或分析师的估值结果之间存在着一种现实关系，也许我们可以说这正是"账面价值的复兴"。

当然，我并不是说雅芳公司的股票就只值账面价值那点钱——每股 7.7 美元，或者芝加哥米沃奇公司（Chicago Milwaukee）的普通股只值资产负债表的账面价值——每股 149 美元。对相当一部分上市公司来说，企业的账面价值和它的投资价值没有显著的关系。但是目前来看，分析师可以从 1 000 多家公司当中挑选出资产价值与分析师的估值区间相吻合的上市公司。在很多情况下，分析师可以将公司的净价值确定为优选的个人估值结果，然后用这个使用方便的指标来确定相应的买入点或卖出点。

上面这种上市公司的投资决策方法也可以适用于非上市私营企业的投资。如果一家非上市的私营企业作为一个普通企业来说具有吸引力，那就意味着如果把它看作上市公司，它会更有吸引力，因为上市公司还拥有多样化投资以及股票易于交易的优势。

但是，从我的经验来看，股票易于交易可以同时带来截然相反的双重影响，它向投资者提供的帮助和它起到的误导作用一样强大。它使得投资人过分关注市场，以至于忽视了公司的价值。严格来说，我认为真正的投资者是那些除了两种情况以外，从不关心股票市场如何的人。第一种情况是，市场允许投资人买入一大批成交价低于报价的股票；第二种情况是，市场允许投资人按照不高于前期最高价 50% 的价格卖出一大批股票。诚然，投资人有时候也会出现亏损。但这不是因为市场价格有所下跌，而是因为公司的运营出现问题，以至于股票的内在价值逐步下跌至低于投资者的买入价。当然，投资者也可以利用股票市场把他们所拥有的股票替换为其他能带给他们更多收益的资产。

（你可能听过一些对于价值投资方法的评价："过时的投资理念。"你可能一下子转变不过来，但是这对你的投资没有任何坏处。）

接下来，我们简单介绍一下我们在管理格雷厄姆－纽曼基金时用过的一种投资方法，即按照低于企业每股营运资本的价格买入股票。在过去的 14 年间，这种投资策略为我们创造了非常好的收益，以至于最终我们放弃了其他所有基于传统估值法的股票筛选方法，把投资的范围集中于"次级资产"类股票。今天我们讨论的"价值的复兴"，意味着市场上再次出现了这种类型的投资机遇。上个月，《价值线》(Value Line) 杂志提供了 100 家属于这种类型的非金融企业。《价值线》杂志提供的列表说明，我们至少可以从《标准普尔每月选股指南》(Stundard Poor's Uonthly Stock Guide) 里找到 200 只市场价格低于每股营运资本额的股票。不过，我不建议人们花 25 美元订购所谓的"市价低于营运资本的 1 000 只股票"列表。因为通常情况下，这些出版物的编辑者在计算公司的每股营运资本额时，往往没有把负债以及优先股从营运资本里扣除。

如果投资人可以依照先前所说的标准——即股票的买入价格低于公司的每股营运资本，构建出一个包含 30 只此类股票的投资组合，而且这些股票同时还满足其他标准，比如分析师相信这些企业的长期发展前景良好，那么为什么我们不直接放弃前面已讨论过的其他更标准的估值方法与投资策略而选择这样的股票呢？我认为这个问题的确值得思考，但是它也引发了很多实际操作问题。例如：如此大幅折价的股票会在多长时间内以如此低的价格出售？如果大多数市场投资者都发现了这种大幅折价的股票并大量买入，那么继续投资这类股票的话，收益将会有什么变化？当这类投资机会消失时，分析师该怎么做？

事实上，这些问题与估值方法具有广泛的联系。如果大多数投资人和他们的投资顾问都信奉这种投资理念，那么这种高回报的投资机会是否还能继续存在？后面我将会重新讨论这个问题。

收购要约常常让人们对股票的内在价值与市场价格争论不休，现在这已成为金融行业里常见的现象。最近几周内，最令人瞩目的一个例子是为了争夺 ESB 公司的控制权，两家大公司在市场竞相购入该公司的股票，竟然使得其股价从

17.5 美元上升并超过 41 美元。我们总是说对于私营企业主来说，公司的价值对股票的估值起到重要的作用。眼下就有一个类似的情况需要证券分析师好好思考一下：市场上某家公司的股票价格可能会受到该公司收购者的影响，因此并不能体现股票的真实内在价值。ESB 公司以及随后的马库尔公司（Marcor）就是这方面比较典型的例子，从而促使更多人相信，绝大多数普通股的真实价值都要远远高于当前的市场价格。

在这里，我还要阐述一下收购对股票价格的另一种影响作用。这涉及股东与管理者之间长期的斗争。从个人情感上来讲，我希望股东能够在这个斗争中扭转不利的局面。大家应该还记得，INCO 公司的第一次要约报价曾被 ESB 公司的管理层认为是恶意收购，并宣告将对这种恶意收购做出反击。近来，一部分 ESB 公司的高管要求股东对修改公司章程进行投票表决，从而使得修改后的公司章程不利于收购方 INCO 公司。这意味着当 ESB 公司在被收购后，INCO 公司不能轻易地更换掉原高管人员，不过这同时也意味着 ESB 公司的股东无法获得一个更高的收购价格。在与管理者的抗争中，ESB 公司的股东无法获得主导地位，只好被高管们牵着鼻子走，对其修改公司章程的提议表示赞同。如果公司章程的修改范围较大、波及面广，这将会给投资人的利益造成伤害。我希望分析师可以深入地了解并购交易背后收购方、目标公司股东及高管之间各自的利害关系，以便帮助股东在交易过程中保护自身利益不受侵害。金融分析师协会应当好好讨论一下这个问题，并做出官方的表态。

从表面上看，收购交易中提出的要约价格与大盘蓝筹股的价格，比如 50 家最受欢迎的股票，具有一定的相似性。大型金融机构通过大量收购其他企业，不断构建自己的商业帝国，并将众多企业紧密地联系在一起。1972 年，雅芳公司的平均市盈率为 55 倍，等到其股价涨到每股 140 元时，市盈率高达 65 倍。不管使用前面谈到的哪一种保守估值公式，这么高的市盈率倍数都是不合理的。这并不是在牛市失控的情况下由投机者炒高的，而是几家金融机构（它们是雅芳公司的大股东）或积极或被动的支持才将股价推至如此高的地步。

在我看来，正是因为受到了下列三种因素的影响，金融机构才会在市盈率倍数如此高的情况下购买类似雅芳公司的股票。第一个因素是，金融机构负责管理的大部分资金被限定于只能投资证券市场。第二个因素是，金融机构往往在一个相对较小的范围内选择投资的目标公司。一部分原因是只有那些股本规模较大的公司（已发行股份数至少达到了上百万股）才能满足机构投资者大宗交易的需求；另一部分原因是机构投资者对增长率较高的公司情有独钟。第三个因素是，机构投资者，尤其是养老金，特别推崇用市场表现来决定投资对象的方法。回报率的算法看似很简单，其实带有欺骗性。如果公司的收益今年增长了15%，同时市盈率保持不变，那么立即投资该公司将会获得15%的回报以及少量的股息收益。如果像雅芳公司那样，每年公司的市盈率倍数也同时上升，那么投资回报率将会更高。实际回报率与当初的买入价毫无关系。当然，抱着对企业未来前景的美好幻想，机构投资者正试图"抓着自己的鞋带把自己提起来"——这对华尔街的金融机构来说并不困难，但是股票价格虚高的泡沫最终必然会破裂。

上面谈到的金融机构的投资策略有两点需要引起金融分析师的重视。第一，面对狂热的股票市场，一个对高增长、高市盈率公司推崇备至的时代，保守的分析师应该做些什么呢？令人遗憾的是，分析师对此无能为力，无法改变市场对股票价值的判断。这些金融机构的投资策略逐渐使得一些适合投资的股票变成了投机性的股票。我再重复一遍，普通分析师不可能指望利用投机性的股票在长期内获得令人满意的投资回报，不管是公司的环境具有投机风险，还是股票的出售价格过高从而导致较大的投机风险。

我得到的第二个结论对广大投资者以及那些服务于非金融机构客户的分析师来说是正面的、积极的。我们经常听到这样的抱怨，说金融机构占据了股票市场的主导地位，损害了小投资者的利益，因为小投资者没有那么多资源（资金）与信托公司竞争。然而事实却恰好相反。我并不否认，金融机构或许是比个人投资者拥有更多的经验、更好的技术与能力，可以在市场上做投机。但是我相信，从长期来看，一旦个人投资者有了较为合理的投资理念，得到了合理的投资建议，照样可以取得比金融机构投资者更高的回报率。信托公司可能不得不将自己的投资范围限定在 300 家公司以内，然而个人投资者在调查和选股时，可以把范围划定为 3 000 只股票。真实情况是，在进行大宗股票交易时，机构投资者难以买到真正"质优价廉"的股票，因此在搜寻廉价股票时，机构投资者并不具有竞争优势。

假设这一切都是真的，那么我们必须回到在本章一开始时提出的问题。有多少金融分析师可以通过找到低估值股票并将其推荐给个人投资者来维持生计？老实说，我不确定 14 000 多名分析师中有多少人能做到这一点。但是，我可以确定的是，过去进入这个行业的从业人员的数量还不足以使获利机会因为过度竞争而减少（信奉价值投资理念的分析师更有可能要忍受孤独）。当然，在牛市环境下，想要一直买到低估值股票很难，这并不是因为所有的分析师都变得重视价值了，而是因为所有上市公司的股票价格都在上涨。也许分析师可以通过统计有多少公司的股票以低于其营运资本的价位出售，来判断市场到底是过热还是过冷。根据以往的经验，当买入低估股票的机会几乎消失时，投资者应该离开股票市场，转向债券市场。

到目前为止，我已经罗列并阐释了价值分析方法的优点，但没有提及其他"新发现"，例如"随机漫步""有效市场""有效投资组合""β 系数"。下面我先来说一下 β 系数，这是衡量股票价格历史波动情况的一个有用指标。让我感到困惑的是，现在投资界的权威机构把 β 系数普遍看作股票风险水平的代表。在我看来，β 系数可以解释股票价格的变动，却不能描述股票的风险状况。一定时期内股票价格相对于市场综合指数下跌的比例，并不能衡量真正的投资风险，我们应该做的是评价经济环境变化或管理不善导致公司盈利能力与投资质量的下降危险，这才是风险。在《聪明的投资者》一书中，我以 A&P 公司的股票在 1936—1939 年的表现为例，阐述了股票价格波动与公司质量变化之间的不同步情况。在过去 10 年间，A&P 公司的股票价格从 43 美元下跌至 8 美元，这充分反映了公司盈利能力以及内在价值的下降。我认为，用股票价格的变动来衡量投资风险是自相矛盾的，因为这种做法把市场对公司的判断（股票价格）与公司实际发生的情况（内在价值）混淆在一起了。

下面我们讨论一下"有效市场"这个概念。因为该理论对证券分析行业具有较大的负面影响，因此我对它一直很关注。我在刊登于《金融分析师杂志》的一篇文章里简单阐述了自己对有效市场理论的看法。鉴于有效市场理论的重要性，在这里我也将提出自己的观点对其进行反驳。

让我们先简单看一下"有效市场"的定义，它出现在洛里（Lorie）和汉密尔顿（Hamilton）所著《股票市场》（*The Stock Market*）一书的第 97 页："有效市场是指，大量买方与卖方的交易行为促使股票的市场价格能充分反映所有有关公司未来前景的已知信息。"我认为这个定义的关键词是"充分反映"。我们先假设这个"充分反映"意味着如果市场已经拥有并使用了每家公司未来前景的已知信息，因此分析师再去试图获得额外的公司信息就已经没有意义了。有人提出，"重大信息"的存在，尤其是证券分析师从公司高管处获得的"重大信息"的存在，使得当前的争论毫无意义，我对这个观点不太认同。如果市场已经在价格里充分反映了所有可知的信息，那么就不应当存在所谓的"重大信息"。

这并不是我反驳"有效市场"理论的主要论据。依据洛里与汉密尔顿的书中所述，因为市场充分反映了所有可知的信息，从而能确立正确或者说合理的普通股价格。因此，只有极个别非常出色的证券分析师才能成功判断出哪些股票应被买入，哪些股票应被卖出。用两位作者的话来说，这些非常出色的分析师"能对身处经济大环境下企业的变化或企业内部的变化产生的经济影响做出更迅捷的反应和更深刻的理解"。他们有着"常人罕有的、宝贵的天赋"。我完全不同意这种观点。为了发现股票的合理价格，市场必须要有充足的信息。市场无法仅凭部分信息就做出准确的价格定位。面对相同的数据，市场可以给出多个不同的估值结果。这取决于当时市场环境是积极看涨、投机气氛浓重，还是悲观看跌。已知信息仅仅是发现股票真实价值的一个要素。

而另一要素是合理的判断，它与信息同等重要。以雅芳公司为例，去年早些时候，该公司的股价达到了每股 140 美元，公司市值达到 8 亿美元；然而就在上个月，其股价却只有每股 20 美元，市值也仅剩 1.2 亿美元。在上述两个时间点，市场对于雅芳公司股价的反映是有效的吗？或者说两个截然不同的价格都能完全并合理地（"合理地"是我对洛里和汉密尔顿书中"有效市场"概念的补充）反映公司的真实信息吗？在那么短的时间里，经济环境或者公司前景发生了如此巨大的改变，以至于使这个高盈利、管理有效、财务状况良好的公司损失了 85% 的市值，是这样吗？

下面我们来讨论另一个例子：大批股票以低于其营运资本的价格出售。对于这些折价出售的股票，市场是否"有效"呢？可以肯定的是，市场并不缺乏此类公司的基本信息，缺乏的是判断、勇气和耐心。这类折价股票给了金融分析师绝佳的机会来证明自己的能力。

与普通股相比，用价值投资法来投资优先股会更加可靠。在分析债券时，价值分析法可以帮助分析师判断公司是否有足够多的资金可用于支付将来到期的债务，因而享有充足的财务安全边际。在判断公司的偿债能力时，价值投资法与标准的利益保障倍数计算公式可以得到相同的结论。因此，即使离开了股票市场，债券、优先股以及可转债市场还有很多专业性的工作需要分析师来完成。目前，债券已经成为全面投资组合的重要组成部分，因此价值投资法在这些相关领域会变得越来越重要。

任何一个称职的分析师都应该有能力判断优先证券能否为投资者提供充足的担保。在过去 10 年里，这项工作往往被人忽视，宾州中央运输公司（Penn-Central）的债务结构分析就是一个典型案例。这是金融分析师行业永远无法抹去的一个污点。1968 年，宾州中央运输公司的债券出售价格与质量不错的公用事业公司的债券价格相同。让我们回过头来看看这家公司的各项公开信息：该公司事实上并没有缴纳所得税，还利用种种财务造假手段掩盖了公司的真实状况，使得公司被迫提前赎回已发行的债券，更不用说受到连累的股价远远低于其最高时的 86 美元。我们处在这样一个投资环境中：当前所有的债券都以较高的折价率销售，同时很多公司仍在继续扩大债券的发行规模。其中很多公司在债券发行合同中都没有设置债权人保护条款，而这样的条款可以阻止公司用发行新债券所获得的资金维持虚高的股价。眼下一个令人震惊的例子便是凯撒国际公司（Caesar's World）的债券换股票交易。在我看来，目前很多公司利用债券玩的这些花招严重损害了债权人的利益。债权人应该采取措施，必要时采用法律手段来保护自己的利益不受侵害。

因此，证券分析师可以建议投资者在债券领域做一下有价值的转换。即使在一向以低风险、低收益著称的国债市场上，投资者也能利用各种类型的政府债券（其中包括一些免税债券）来达到提高投资收益的目的。同样，我们也注意到，很多可转债以接近于普通股的价格被出售；一般来说，优先证券的收益率要高于级别较低的证券。因此，在这种情况下，从普通股市场转而投资优先级证券是非常合理的决定。例如，斯图贝克－沃辛顿公司（Studebaker-Worthington）和恩格尔哈德矿业公司（Engelhard Mineral）的优先股与普通股。

下面，让我这个经历过多次"牛熊转换"，有着丰富经验的 80 岁老人给读者一些谏言吧：只做那些称职的金融分析师应该做并且能做得好的事情。如果你真的能用图表、占星术或者你所拥有的"神器圣物"击败市场的话，那么请无视之前我讲过的分析方法，继续按照自己之前用过的方法延续辉煌吧。如果你真的擅长找到那些在未来 12 个月内能获得良好回报的股票，那么继续在这方面好好努力吧。如果你能提前预测经济发展、技术的进步或消费者偏好的下一个变化节点，并能估计出这些变化对各种股票市场价格的影响作用，那么你肯定可以在分析师行业乃至投资领域获得成功。但是，你必须诚恳地进行自我检查，不断地用投资业绩来证明自己的方式确实可以获得良好的投资收益，而不是自欺欺人。

如果你也和我一样，相信价值投资方法有着内在的合理性和可操作性，有朝一日，你会获得巨大收益。今后，希望你在投资时使用价值投资的方法，不要盲目地追随华尔街的投资方式，也不要被华尔街追逐快速致富的投资理念所误导。让我再强调一下，成为一名成功的价值投资分析师并不需要多高的天赋，它所需要的首先是一定的智慧，其次是合理的投资理论，最后是果断坚定的性格，这也是最重要的一点。

BENJAMIN GRAHAM
本章小结

作为金融分析师，无论你想选择哪条路，都请遵守职业道德，保持较高的技术水平。在过去 10 年间，华尔街奉行的经营方式已经背离了曾被众人称赞的道德准则，这给他们所服务的社会以及他们自己身处的金融行业造成了巨大伤害。大约 70 年前，当我在这个城市读小学的时候，按照老师的要求，我们必须在习字簿里抄写很多格言，其中第一句格言便是：诚实是最好的信条。就像上个月新任总统提醒大家的那样，诚实依然是为人处事最好的信条。

BENJAMIN GRAHAM
BUILDING A PROFESSION

——第**24**章——

与格雷厄姆共处的 1 小时 ①

（写于 1977 年）

HB（小哈特曼·巴特勒 [Hartman L. Butler, Jr.]）：格雷厄姆先生，非常荣幸能够在这样的一个午后拜访您。当鲍勃·米尔恩（Bob Milne）获知我们要来拉荷亚（La Jolla）时，他建议我不仅要拜访您，还应该随身带着录音机来。我们有太多的问题想要请教您。首先，我们可以谈一谈当下的热点问题——政府雇员保险公司（Government Employees Insurance Company，以下简称 GEICO），因为这个问题现在占据着各大新闻媒体的头条。

格雷厄姆：是的，当时的情况是，GEICO 公司的管理团队来到我们的小公室，经过一系列协商之后，我们以 72 万美元的价格买下了这家公司一半的股份。事实证明我们这么做是完全正确的——整个公司的市值已经超过了 10 亿美元，这是一件让人感到非常惊喜的事情。不过，美国证监会要求我们将股票分发给我们的股东，因为从法律的层面来看，一家投资基金持有一家保险公司的股份不能超过其总股本的 10%。杰里·纽曼（Jerry Newman）和我对 GEICO 收购案表现得很积极，尽管我们在很多年前都已经退休了。我很高兴自己现在跟公司没有什

---

① 本文选自：欧文·卡恩（Irving Kahn），罗伯特·米尔内（Robert D.Milne），《本杰明·格雷厄姆：金融分析之父》（*Benjamin Graham: The Father of Financial Analysis*），夏洛茨维尔市：金融分析师研究基金会，1977：33–41。

么关系了，因为公司目前的亏损实在是太严重了。

HB：您觉得 GEICO 还能够维系下去吗？

格雷厄姆：是的，我想它还能够继续存活下去，尚没有任何理由表明它已经无法存续了。不过自然而然地我会问自己，是不是因为公司扩张的速度太快了，因此没有充分考虑过巨额亏损出现的可能性。一想到它们在 1 年之内就亏损了这么多钱，我还是感到很震惊。不可思议！让人感到惊讶的是，在过去的几年时间里，到底有多少家大公司因为管理不善而导致一年时间里就亏掉了 5 000 万到 1 亿美元？在过去，这是前所未闻的事情。能亏掉那么多钱，这不是一般人能做到的！

HB：回顾您自己的投资生涯，哪些事情或者说哪些发展过程是非常关键的呢，您愿意跟我们谈谈吗？您是 1914 年来到华尔街的吧？

格雷厄姆：第一件事很具有代表性。也许是对我的偏爱，从一开始，我每周的薪水就是 12 美元而非 10 美元。第二件事是第一次世界大战爆发两个月后，股票交易所关闭了，我的薪水又重新回到了每周 10 美元——对于任何一个刚开始步入社会的年轻人来说，这都是一件或多或少具有代表性的事情。接下来的事情，对我来说真的很重要：在经历了持续 15 年的成功后，1929 年大股灾爆发了。

HB：您是否预见了这次股灾？您会感到恐惧吗？

格雷厄姆：没有感到恐惧过。我知道股票价格实在是太高了，我远离了投机者的队伍。我觉得我的投资还算不错。但是那个时候我借钱投资，这是一个错误的做法，在 1929—1932 年间我为此感到很焦虑。从那之后，我再也没这么做过。

HB：当时有没有人预见 1929 年的大股灾？

格雷厄姆：巴布森预见到了，不过，他在 5 年前就开始抛售手中的股票了。

HB：那到了 1932 年，您又开始回到市场了？

格雷厄姆：那段时间我们也感到很焦虑。到 1937 年的时候，我们持有的股票头寸慢慢回到了 1929 年的水平。从那个时候开始，我们的路就越走越平坦。

HB：1937—1938 年的市场下跌，你们都做了哪些充分的准备？

格雷厄姆：那次下跌让我们对投资程序做了一些调整，这个调整的方案也是我们的一个董事提出来的，我们觉得很有道理，就听从了他的建议。我们放弃了一些我们原本准备做的事情，将精力集中起来做其他万无一失的一些事情。我们进展很顺利。在 1948 年，我们投资了 GEICO 公司，从那个时候开始，我们仿佛成了明星人物。

HB：1940—1941 年的熊市期间又发生了哪些事情？

格雷厄姆：噢，那是唯一一次市场回调时期，我们在那些年仍然是赚钱的。

HB：在第二次世界大战爆发后，你们依然是赚钱的吗？

格雷厄姆：是的，我们仍然在赚钱，公司的运行没有任何问题。这也是我为什么会失去兴趣的原因所在。在 1950 年之后，我们就再也没有遇到过任何挑战。大约在 1956 年，我决定退出，并搬到了加利福尼亚生活。

我觉得我已经建立了一套完整的投资模式，它不存在任何还没有解决的基本问题。我们所做的就是按照我所设计的基本方案运行，公司遇到的也都是一些老生常谈的问题，我没有发现有什么新的问题需要去解决。

大概 6 年后，我们决定将格雷厄姆－纽曼公司清盘。之所以要结束这家公司，主要是因为后继的管理部门不能充分地胜任管理职能。我们也觉得没有什么特别的事情能够再让我们感兴趣了。我们完全可以按照我们的意愿构建一家巨无霸公司，但是我们还是将资本控制在 1 500 万美元以内，这些钱在今天根本不算什么。问题是我们每年能否最大限度地赚到让我们满意的收益率。我们所关心的并不是每年能赚到多少利润，而是我们有能力获得多高的年收益率。

HB：您是什么时候决定开始写您那本经典著作《证券分析》的？

格雷厄姆：这一切都发生在 1925 年。当我在华尔街工作了 11 年之后，我觉得我已经充分了解了华尔街，应该写一本书将这些记录下来。幸运的是，在写这本书之前，我对此就有了深刻的感悟而不需要通过学习来掌握相应的知识，因此，我觉得如果有可能我应该先从教学活动开始。于是，我成为了哥伦比亚大学商学院进修课程的一名讲师。在 1928 年，我们开设了一门证券分析和财务方面的课程，我觉得这门课应该被称为"投资学"——那个时候，选这门课的学生有 150 多人。当时正值华尔街最繁荣的时期。

结果直到 1934 年我和戴维·多德才真正开始着手写这本书。在第一年，他还是我的一名学生。不过戴维当时已经是哥伦比亚大学的助理教授，他热切地希望学到更多知识。自然而然地，他成为我写作这本书不可或缺的帮手。1934 年，第 1 版《证券分析》出版了。事实上，它出版的同时，我的一部作品正在百老汇上演，这部作品的演出只持续了一周时间。

HB：您的一部作品曾经在百老汇登台演出？

格雷厄姆：是的。《宝贝庞帕度》（*Baby Pompadour*）或者叫作《忠于马里尼斯》（*True to the Marines*）。这部作品以不同的名字被制作了两次，但都不是很成功。幸运的是，《证券分析》要比它成功得多。

HB：那就是人们经常提到的那本书，是吧？

格雷厄姆：人们通常称它为"格雷厄姆和多德的圣经"。现在我已经对证券分析的细节问题失去了兴趣，虽然很多年以来我辛辛苦苦、全神贯注地在从事这方面的研究。我觉得这些细节问题相对来说并不重要，甚至从某种意义上来讲，它使我对整个行业在细节方面的发展持反对的态度。我认为我们只需要运用一些技巧和简单的原则就可以做得很成功。最关键的一点是，要有正确的大原则并能够坚定不移地贯彻下去。

HB：我自己的经验是，你必须对不同的行业都有所研究，才能清楚地意识到管理方面存在的巨大差异。我认为这是分析师所能解决的问题之一。

格雷厄姆：我并不否认你的观点。不过，对于分析师在运用这些选股方法时，能在多大程度上取得成功，我还是持有很大的疑问。在过去几年里，我特别强调的是组别分析法。尽可能地试着去购买那些价值被低估的一类股票——不要在乎它们属于什么行业，也不必过多关注个别上市公司。我最近还写了一篇有关选择普通股的三种简单方法的论文，发表在了你们的研讨会论文集中。

我刚刚完成了一项长达 50 年的研究——运用这些简单的方法从穆迪工业股板块中的所有股票中选出一组股票。我发现过去 50 年这种方法的业绩非常不错，涨幅大约是道指的两倍。所以我的热情从选择个股转移到了组别研究方面。我所想要的是在大多数年份能够取得相当于债券利率两倍的股票投资收益率。它也可以作为发放股息的标准或者资产价值标准，结果都还不错。我的研究表明，最好的结果一般都来源于一些简单的盈利标准。

HB：我个人总是认为，一直使用市盈率倍数，而不使用盈利收益这个指标真是太差劲了。明白一只股票的盈利收益是 2.5% 要比明白它的市盈率是 40 倍容易得多。

格雷厄姆：是的。盈利收益的概念更科学，也更合乎逻辑。

HB：也就是说，如果将 50% 的利润以股息形式分发给股东，就可以用盈利收益的一半来推测可持续的股息收益。

格雷厄姆：是的。基本上，我希望盈利回报能够达到利率的两倍。但是，在大多数年份里，利率低于 AAA 级债券 5% 的收益率。因此，我设定了两个限值。当利率水平低于 5% 时，最高倍数为 10 倍；当利率水平高于 7% 时，就像它们现在的水平，最高市盈率设定为 7 倍。因此，一般来讲，我设定的买点就是当前 AAA 级债券利率水平的两倍，同时最高市盈率倍数在 7～10 之间。我的研究也是基于这一点形成的。

去年我在芝加哥荣获了莫洛多夫斯基奖（Molodovsky Award）。

HB：我知道您的这项研究已经基本完成了。

格雷厄姆：想象一下——真的存在一种极其简单的傻瓜式选股方式，只需要花一点点工夫，就能取得良好的投资业绩。这似乎好得简直不像是真的。但是我能告诉你的是，根据我60年的从业经验，它经得起我能想到的任何测试。我也希望有人能提出批评意见。

HB：由于某些偶然因素，正如您偶然间成为了一名不太活跃的作家一样，很多教授开始研究随机漫步理论。您对此持什么看法呢？

格雷厄姆：我相信他们对待工作都是非常努力并且严肃认真的。对我来讲，很难发现他们的理论与实际投资业绩之间有什么必然的联系。事实上，从某种意义上来说，他们认为市场是有效率的，是因为人们在此时此刻不可能获得比已有消息更多的额外信息。这或许是对的，但是如果说仅仅因为信息传播得如此广泛，就判断市场的定价是合乎逻辑的——这就大错特错了。凭什么你说华尔街确定的交易价格就是正确的价格呢？而正确价格的定义到底又应该是什么呢？我不明白！

HB：从事具体研究的分析师不能为学术界的辉煌理论提供更多的补充和贡献，这真不是一件好事。

格雷厄姆：当我们谈论股票购买时，以我本人为例，我会很实际地精确分析股票的买卖价格以及利润和损失，主要是考虑利润。我想说的是，如果每股有50美元流动资金的股票售价是32美元，那么这个股票就是一只值得关注的股票。如果你购买了30只类似的股票，你肯定能赚钱。这样做你是不会亏的。这一方法存在两个问题。第一个问题是，如果你的买入价相当于公司营运资本价值的2/3，那么你所购买的股票是否就是价值被低估的那类股票呢？我们自己的投资经历证实了这一点。第二个问题是，有没有其他的方法实现同样的投资目标呢？

HB：那是否存在其他的方法呢？

格雷厄姆：我今天下午一直谈论的事情就是运用简单的标准来衡量证券的价值。不过，其他人总是试图寻找新的"施乐公司"或"3M 公司"，因为它们的未来发展前景较好；或者判断明年半导体行业是否会有较好的表现。这些看起来都是不值得信赖的方法，肯定有优于这些方法的其他方法。

HB：您是否在 30 年前也说过类似的话？

格雷厄姆：没有。我在 30 年前对此并没有表现出这样的否定态度。不过我所持的积极态度是，你肯定能够找到很多公司价值被低估的案例，这样的情形很常见。

HB：从某种意义上来讲，主张有效市场理论的人们把水搅浑了，是吗？

格雷厄姆：他们声称如果他们关于有效市场理论的基本论点是正确的，那么人们就应当研究股票价格的走势发展，并通过解读这些价格走势获得利润。对我来说，这并不是个鼓舞人心的结论，因为我在华尔街 60 年间所见到的现实情况是：人们并不能成功地预测股票市场未来的变化走势。

HB：那是肯定的。

格雷厄姆：你所要做的事是认真看看《华尔街周刊》的观点。你会发现发表在这上面的文章没有一篇是关于股票市场未来将会发生什么变化的权威声明或观点。这些文章的作者和那些经济学家都有自己的观点，如果你问他们，他们很乐意阐述他们的看法。尽管如此，我还是觉得他们不会坚持说自己的观点是正确的。

HB：您对指数型基金有些什么样的看法？

格雷厄姆：关于指数型基金，我的观点很鲜明。我觉得，机构基金，至少它们中的相当一部分基金，在开始的时候应该按照指数的概念加以管理——相当于指数结果，例如从标准普尔 500 种成分股中选取 100 或 150 只个股进行投资。然后赋予基金经理人灵活处理的特权，只要他们愿意为他们所进行的改变承担个人责任。我认为，付给他们的报酬基本上应以指数的方式加以衡量，比如标准普尔指数的表现，或者以经理人业绩提升的程度衡量。不过在目前对此事进行的讨论中，大部分基金经理人不愿意接受这种观点，虽然他们觉得这种观点也有道理，但对他们来说并不合适，因为不同的投资者有不同的要求。对他们所说的不同的投资者有不同要求的这种说法，我并不相信。所有的投资都要求有让人满意的回报，而我认为让人满意的回报对每个人来说几乎都是相同的。因此，根据过去20 年的经验，我觉得投资者完全可以实现与标准普尔指数相同的业绩水平，这比花费大量时间、精力和讨论所取得的成绩更好。

HB：格雷厄姆先生，您对一个有志于成为证券分析师和特许金融分析师的年轻人有什么建议吗？

格雷厄姆：我想建议他们去研究一下股票市场的历史记录，了解他们自己的能力，来确定他们是否能够找出一条投资的途径以达到他们的目标。如果他们已经这样做了，不管别人怎么做、怎么想或怎么说，都要坚持自己的方法。我们以前就是这么做的。我们从来不随波逐流，我认为这对于年轻分析师的成长是有帮助的。如果他们读过《聪明的投资者》这本书，我觉得这本书比《证券分析》更有用，从他们认为可能会获利的方法中进行选择，然后坚持他们所选择的方法。我有个侄子，数年前进入华尔街时来向我咨询。我对他说："迪克，我给你一些切实可行的建议：你以 15% 的平均折扣价买入封闭型投资公司的股份。然后让你的朋友们每月以一定的折扣价格投资于这些公司，这样你就会始终走在前面，事情就会越来越顺利。"他确实按照我说的去做了——在此基础上，他在事业起步阶段就没有遭遇什么大的困难，一切都进行得很顺利。后来，牛市来临，他转向了其他领域，做了很多投机生意。不过我觉得，至少他在开始的时候就建立了稳固的基础。有了稳固的基础，你就成功了一半。

HB：您是否认为华尔街、分析师或基金经理人从激进型基金、成长性崇拜、一人独断的公司股票、双层市场等教训中吸取了经验？

格雷厄姆：没有。他们过去常说他们什么都没忘记，也什么都没学到，但我会说那些华尔街上的人，总体而言，他们确实什么都没学到，却把所有的东西都忘记了。我对他们未来的行为表现也没有多少信心。我觉得这个充满贪欲的行业有着过多的希望和恐惧的情绪，只要有人，这些情绪就会时时刻刻伴随着我们。英国经济学家白芝浩（Walter Bagehot）说过一段名言，描述了恐慌是如何产生的。一般说来，只要人们有钱，就有可能会输钱，他们会投机并把钱输掉，从而最终产生了恐惧。我对华尔街的未来持怀疑态度。

HB：不过华尔街也有一些独立思考的人，一个世纪以来，他们表现都不错，对吧？

格雷厄姆：确实有。想要在华尔街获得成功就必须具备两个条件。首先，你必须正确地进行思考；其次，你必须独立地进行思考。

HB：是啊，必须正确而又独立地思考。太阳将要在拉荷亚升起来了，您觉得华尔街将会有怎样的阳光呢？

格雷厄姆：自 1974 年中期以来，当股票市场探底后，那儿一直都是阳光灿烂。我猜想华尔街从未真正改变过。现在的乐观情绪有点过了，随后的悲观情绪也将会是一种过度反应。情况将会周而复始，这就是所谓的"法利士巨轮"（Ferris Wheel，即摩天轮）——随便你怎么称呼它，或者跷跷板、转椅。而眼下我的观点是，股票市场就总体而言还没有出现估值过高的情况。不过似乎也没有人担心 1970 年和 1973—1974 年的走势会在未来 5 年内重演。很明显，还没有人考虑这个问题。不过，大概在接下来的 5 年时间里，历史将会重演，你可以用道指做个赌注。

HB：这是一次令人非常愉快、颇有收获的采访。我们热切期盼着在夏洛茨维尔市收到您的回忆录手稿。非常感谢您，格雷厄姆先生！

BENJAMIN GRAHAM
BUILDING A PROFESSION
—— 注 释 ——

序 言 证券分析，是科学还是艺术

1. Lucien O.Hooper, "Should Security Analysts Have a Professional Rating? The Negative Case," *The Analysts Journal*(January 1945), p.41.

2. Benjamin Graham, *The Memoirs of the Dean of Wall Street* (New York: McGraw-Hill, 1996), pp.141–142.

3. 2009 年 10 月 8 日杰森·茨威格对巴菲特的采访。

4. 格雷厄姆 15 岁第一次申请入学，本应在 19 岁毕业于哥伦比亚大学，但是学校把他的申请放错了地方，导致他的入学考试推迟了一年。

5. Graham, *The Memoirs of the Dean of Wall Street*, p.142.

6. Paul E. Meehl, *Clinical versus Statistical Prediction: A Theoretical Analysis and a Review of the Evidence* (Minneapolis: University of Minnesota Press,1954).

7. Graham, *The Memoirs of the Dean of Wall Street*, p.143.

8. Dennis Butler, "Benjamin Graham in Perspective," *Financial History*, no.86 (Summer 2006), pp.24–28

9. Benjamin Graham and David Dodd, *Security Analysis* (New York: McGraw-Hill,1934), p.58.

10. Ibid., p.56.

11. 20 世纪 30 年代，格雷厄姆对于投资与投机区别的警告非常及时。作为大崩盘的结果，大多数个人投资者都离开了股票市场。根据华尔街的传统定义，留下来的大部分人也不再进行投资。凯恩斯在《就业、利息和货币通论》一书的第 12 章提出："罕见美国人投资，他们不像英国人那样'为了收入'照常投资。一个美国人自己不会轻易购买投资产品，除非看到资产升值的希望。"

12. Graham and Dodd, *Security Analysis*，p.54.

13. Ibid., pp. 55–56.

14. Benjamin Graham, "Some Calculus Suggestion by a Student," *American Mathematical Monthly*, vol.24,

no. 6 (June 1917), pp. 265–271.

15. 这本书在维也纳首次出版时原名为 *Logik der Forschung*，1959 年首次被翻译成英文。但在这之前很早它就被科学家和哲学家广泛阅读过。得益于商人兼学者纳西姆·尼古拉斯·塔勒布（Nassim Nicholas Taleb）对波珀"黑天鹅"比喻（黑天鹅理论认为，只需要一个例外就能反驳"所有天鹅都是白色的"的观点）的改进，波珀近年来再次火了起来。然而，人们对波珀证伪主义思想还存在争议。

16. 早在 1928 年，德怀特·罗斯（Dwight Rose）就出版了《投资管理的科学方法》（*A Scientific Approach to Investment Management*）一书，New York and London: Harper and Brothers。

17. Bertrand Russell, *The Scientific Outlook* (Abingdon, UK : Routledge Classics,2009; first published London: George Allen & Unwin,1932), pp. 37,105.

第一部分　导读

1. 格雷厄姆对他的三任妻子都不忠诚。H.L.Mencken, "Art and Sex," in *A Mencken Chrestomathy* (New York: Alfred A.Knopf,1949), p.61.

2. Benjamin Graham, *The Memoirs of the Dean of Wall Street* (New York: McGraw-Hill,1996)pp.150–154. 注意，60 美元在 1916 年是一笔数目不小的钱，如果考虑通货膨胀因素，它相当于今天的 1 200 美元。(see www.measuringworth.com/ppowerus/).

3. Graham, *The Memoirs of the Dean of Wall Street*, pp.267–268.

4. Benjamin Graham, *The Intelligent Investor* (New York: Harper & Brothers, 1949), p.4.

5. Hartman Butler, Jr., "An Hour with Mr. Graham," in *Benjamin Graham, The Father of Financial Analysis*, by Irving Kahn and Robert D. Milne (Charlottesville, VA: The Financial Analysts Research Foundation, 1977), pp.33–41.

6. Benjamin Graham, *The Intelligent Investor* (New York: HarperBusiness Essentials, 2003), p.523.

7. Ibid., p.524.

8. Graham, *The Memoirs of the Dean of Wall Street*, p.311.

9. 一个启发性的讨论：反馈对改善决策的重要性。参见：Robin M.Hogarth, *Educating Intuition* (Chicago: University of Chicago Press,2001).

10. 严格受训过的专家特别擅长于，即使当预期结果没有发生时，他们仍能在事后解释出为什么他们的预测是正确的。见：Philip E. Tetlock, "Close-call Counterfactuals and Belief System Defenses: I Was Not Almost Wrong but I was Almost Right," *Journal of Personality and Social Psychology*, vol.75 (1998), pp.639–652.

11. 格雷厄姆在《用希波克拉底法分析证券》一文中所展露的观点，非常典型地显示了其先进性，甚至适用于其他领域。对医学界几十年的健康运动的预期中，格雷厄姆告诫道，医师不能仅仅治愈病痛，而应该致力于保持健康："一个只在病人生病时给予治疗的医生，实际上只履行了其职责的一部分，就像一个证券分析师只有当委托人投资出现问题时才被咨询一样。"

12. 大部分研究者认同市场资本化和市场估价都是风险因素的观点。小股票或者价值下降的股票具有较高风险，因而一般来说在长期表现更好。但是在短期，任何事情都有可能发生，因此在错误的时间持有这些股票存在着潜在风险。想要在短期股票和价值股中获得收益，是件难以确定的事情，它可不是免费的午餐。

13. 1935 年的《公用事业控股公司法案》（*Public Utility Holding Company Act*）直到 1946 年还在施行。在其法律解释下，美国证监会例行公事地决定着一家公用事业公司资本重组对其股东公平与否。1940—1952 年，美国证监会打破了公用事业行业的原有结构，使其从持股公司的寡头转变为由更多独立企业组成的行业。格雷厄姆提到"费城的良田"，是因为在 1942 年，费城被认为"对战争没有做多大贡献"，代理委员会从华盛顿迁移到了费城，但 1948 年又搬回到了华盛顿。

第 02 章　确保证券分析的正确性

1. C.J.Collins, "Estimating Earnings of an Active Post-War Year," *The Analyst Journal* (July 1945), p.23.

第 03 章　用希波克拉底法分析证券

1. 见编者于上一版曾做过的"呼吸疾病的传播与证券赌博的泛滥"之间的类比。这让我们回想起 20 世纪 30 年代早期一个有趣的故事：投机者 A 问投机者 B 为什么他看起来很伤心。B 说："我可真不幸。我 40 岁时患上了糖尿病。"A 回答他说："这没什么啊。我以 187.5 美元的价格买入了联合糖浆公司（Consolidated Treacle）的股票 ①。"

第 04 章　美国证券交易委员会的证券分析方法

1. 同样的，在审核美国天然气电力公司（American Gas & Power）的资本重组计划时，美国证监会也调高了普通股股东的认购比例，调整后的比例高于该公司原来计划的比例。

2. 美国证监会避开了是否应当按照平价或赎回价赎回优先股股东持有的要求权等次要问题，因此它得到的估值结果不具备 100% 的确定性。

3. 我们并不是在暗示这就是华尔街证券分析人员的典型做法。充分、全面地考虑市场价格因素所带来的影响，才是更周全的做法。不过，采用这种方法所做的估值研究都带有半私人的性质，比如由投资信托公司的证券分析人员提供的研究报告。因此，在证券经纪公司发布的一大堆研究报告中，我们很少能看到此类报告的身影。

---

① 估计该公司股票之后大跌，给 A 带来了巨额损失。——译者注

第二部分　导读

1. 格雷厄姆1934年出版的《证券分析》一书的第43章和第44章对很多问题展开了逻辑性更强、分析更加透彻的阐述。而这一部分收录的几篇文章便是这些内容的初稿，还带有一点点愤怒的个人情绪。

2. 原文是斜体字。

3. www.federalreserve.gov/releases/z1/Current/z1r–2.pdf, Table D2.

4. Personal communication, Howard Silverblatt, senior index analyst, Standard & Poor's, Nov. 16, 2009.

5. Benjamin Graham, *The Intelligent Investor*,New York: Harper & Row, 1949:218.

6. 格雷厄姆在《证券分析》这本书中对技术分析的评价是很不留情面的，他认为，"图表分析永远不可能成为一门科学"，"过去，这种方法并没有证明自己是能帮助投资者在股票市场上获得盈利的可信赖工具"，"它的理论基础本身就有逻辑错误或者只是一些简单的假设"。（参见：Benjamin Graham and David Dodd, *Security Analysis*, New York: McGraw-Hill, p. 609.）

7. 《全球投资知识大全》是由特许金融分析师协会编制和更新的一份综合性信息杂志，这与格雷厄姆提出的"持续不断地关注知识与技术的新发展"观点相类似。

8. 有关近来各位学者围绕这些话题的讨论内容，请参考美国特许金融分析师协会股票风险溢价论坛的会议记录，网址是 www.cfapubs.org/toc/cp.1/2002/2002/7，以及 Rajnish Mehra(ed.), *Handbook of the Equity Risk Premium* (Amsterdam and Oxford: Elsevier, 2008).

9. 例如，可参考：Robyn M. Dawes, "The Robust Beauty of Improper Linear Models in Decision Making," *American Psychologist*, vol. 34, no. 7,1979: 571–582。这篇文章被心理学期刊的引用次数高达1 600多次，不过，我们很少看到应用金融学的研究文献引用这篇文章。

10. Graham and Dodd, *Security Analysis*, p. 54.

11. Irving Kahn and Robert D. Milne, Benjamin Graham,*The Father of Financial Analysis* (Charlottesville, VA: Financial Analysts Research Foundation, 1977), p.4; Benjamin Graham, *The Memoirs of the Dean of Wall Street*, New York: McGraw-Hill, 1966:145.

12. 伯克希尔·哈撒韦公司1998年与2007年寄给股东的年度信函。

第05章　探寻证券分析的科学性

1. H.D.Wolfe, "Science as a Trustworthy Tool," *The Analysts Journal*, 1952: 45–49.

2. Cogitator, "On Being Right in Security Analysis," *The Analysts Journal*, First Quarter, 1946: 18–21.

第06章　普通股估值的两种方法

1. 关于这一点，哲学上的隐含意思指的是戴维·杜兰德（David Durand）于1957年9月发表在《金融学杂志》上的文章《成长型股票与圣彼得堡悖论》（"Growth Stocks and the Petersburg

Paradox"）。他的结论是"成长型股票的问题不可能得到让人满意的解决方案"。

2. R. A. Bing, "Can We Improve Methods of Appraising Growth Stocks?" *Commercial and Financial Chronicle*, Sep.13, 1956:24.

第 09 章　通过投资股票积累财富的若干问题

1. N.Molodovsky，"Stock Values and Stock Prices，" *Financial Analysts Journal*, March, 1960.

2. 这些表格指的是标准普尔综合指数。1921—1929 年期间，工业指数的上涨百分比高于 1949 年至今的涨幅，原因是 1921 年起始的水平比较低。

3. J.F. Bohmfalk, Jr., "The Growth Stock Philosophy," *Financial Analysts Journal*, November, 1960, Table A.

4. 若想了解 1929—1952 年期间，每个 10 年周期内定期定额投资策略的投资收益的计算结果，参见：Lucile Tomlinson, *Practical Formulas for Successful Investing* (New York: Wilfred Funk, 1953), Table 3, p. 62.

第三部分　导读

1. Benjamin Graham, *Storage and Stability: A Modern Ever-Normal Granary* (New York: McGraw-Hill, 1937); Benjamin Graham, *World Commodities and World Currencies* (New York: McGraw-Hill, 1944).

2. Janet Lowe, *Benjamin Graham on Value Investing*，New York: Penguin, 1996: 116.

3. F. A. Hayek, "A Commodity Reserve Currency," *The Economic Journal*, vol. 53, no. 210/211 (June-Sep. 1943), pp. 176–184; quote from p. 179.

4. Benjamin Graham, *The Memoirs of the Dean of Wall Street* (New York: McGraw-Hill, 1966), p. 335.

5. Ibid., pp. 104–105, 293. 若想了解学者们围绕着格雷厄姆对商品和货币的看法这个主题更详细的讨论内容，请参考：Perry Mehrling, "The Monetary Economics of Benjamin Graham: A Bridge between Goods and Money?" *Journal of the History of Economics Thought* (2010, forthcoming).

6. Benjamin Graham, *The Intelligent Investor*，New York: Harper & Row, 1949: pp. 19–20, 217, 240. Italics in original.

7. 特别感谢波斯顿大学法学院的塔马·弗兰克尔（Tamar Frankel）教授提供的相关资料。同时，请参见：Jeffery N. Gordon, "Institutions as Relational Investors: A New Look at Cumulative Voting," *Columbia Law Review*, vol. 94, no. 1 (Jan. 1994): 124–192, and Benjamin Graham and David L. Dodd, *Security Analysis*，New York: McGraw-Hill, 1951: 619.

8. Norvin R. Greene, "How Much Responsibility Does Management Have for the Price Level of Its Company's Stock?" *Financial Analysts Journal*, vol. 8, no. 5 (Nov. 1952): 42–43.

9. Benjamin Graham and David L. Dodd, *Security Analysis*. 1951: 620.

10. 一些高收益的公司债券和抵押资产支持证券能够提供现金流，这部分现金流会随着抵押资产现金流的变化而出现波动，但是发行者发行这些证券的主要目的并不是为了避税。

11. Benjamin Graham and David L. Dodd, *Security Analysis*. 1951: viii.

12. Ibid., p.12.

13. 此外，格雷厄姆还主张采用所谓的"弹性工作年"制度，这一计划旨在减少每位工人每年平均工作的小时数。他花了将近 20 年的时间来不断总结提炼这些想法，最终的总结内容具体可以参考：*Benjamin Graham on the Flexible Work-Year: An Answer to Unemployment* (Santa Barbara, Calif.: Center for the Study of Democratic Institutions, 1964).

第 13 章　关于股东与管理层关系的问卷

1. 1941 年，美国这些州都要求强制实行累积投票制：亚利桑那州、阿肯色州、加利福尼亚州、爱达荷州、伊利诺伊州、堪萨斯州、肯塔基州、密歇根州、密西西比州、密苏里州、蒙大拿州、内布拉斯加州、北达科他州、宾夕法尼亚州、南卡罗来纳州、南达科他州、华盛顿州、西弗吉尼亚州、怀俄明州、明尼苏达州、俄亥俄州和北卡罗来纳州。

2. 在讨论股东关系时，大家还可以对照看一下 1947 年 8 月 7 日《华尔街日报》上的相关文章，文章的主题是：公司高管私底下告诉交易所的代表，最好的股东关系就是以"令人满意的"比率向股东支付稳定的股息。

第 17 章　影响充分就业的结构性关系

1. Benjamin Graham, "National Productivity: Its Relationship to Unemployment in Prosperity," *American Economic Review*, Vol. 37. May 1947: 384–396.

第四部分　导读

1. 波旁王朝是法国的一个家族王朝，国王路易十五和路易十六统治期间，道德败坏、花天酒地，最后在法国大革命期间被推翻。

2. 在格雷厄姆引用的洛克维尔中心的例子中，罗纳德·宾德（Ronald Binday）是一家名为 Heft, Kahn & Infante 的经纪公司的研究分析师。公司的投资银行家宣称罗纳德一直在跟踪分析的某家公司有大量的未完成订单。他们要求他不要反复核查公司的相关信息，罗纳德同意了，并在研究报告的注释里提醒客户，这些未完成的订单至少会给公司带来每股 2 美元的盈利。美国证监会的官员认为罗纳德的表现"完全没有能力理解或者解读应该呈现给投资者的消息"。因此，撤回了该公司的牌照。具体的内容可以参考：www.sec.gov/litigation/aljdec/1961/id19610518is.pdf; www.sec.gov/news/digest/1963/dig021263.pdf；www.sec.gov/about/annual_report/1963.pdf, p.61.

3. Benjamin Graham, "Rhetorical Questions," Letter to the editor, *The Wall Street Journal*. July 12, 1962: 14.

4. Jean Strouse, *Morgan: American Financier*, New York: Random House, 1999: 11.

5. 参见美联储发布的 1948 年美国消费者金融调查，具体的调查报告可参见：http://fraser.stlouisfed. org/publications/frb/issue/3834/download/56290/frb_071948.pdf, p.777.

6. 1974 年，通货膨胀率超过了 12%，在格雷厄姆谈话后几个星期，美联储联邦基准利率上调至 13.5%。1973—1975 年间，OPEC 组织的石油禁运让油价翻了一倍。污染如此严重，1969 年克利夫兰州的凯霍加河竟然燃起了大火。1972 年，罗马俱乐部（the Club of Rome）发布了一系列著名的报告——《增长的极限》（*The Limits of Growth*），警告说人口的过度膨胀和过度消费将会导致全球经济陷入衰退的境地。

7. 最近的研究表明格雷厄姆的观点依然是成立的。参见：Jonathan Lewellen, "Institutional Investors and the Limits of Arbitrage" (http://mba.tuck.dartmouth.edu/pages/faculty/jon.lewellen/publications/ Institutions.pdf)；Dimitri Vayanos and Paul Woolley, "An Institutional Theory of Momentum and Reversal" (www.lse.ac.uk/collections/paulWoolleyCentre/pdf/momentumshort.pdf).

8. Carol. J. Loomis, "How the Two-Tier Market Came to Wall Street," *Fortune.* July, 1973: 82–88, 186–190; Charles D. Ellis and James R. Vertin, *Classics II: Another Investor's Anthology.* Homewood, III.: Dow Jones Irwin, 1991: 156–164.

9. "Interview with Benjamin Graham, Expert on Investments: How to Handle Your Money," *U.S. News & World Report*, June 3, 1955: 47.

BENJAMIN GRAHAM
BUILDING A PROFESSION
—————译者后记—————

一直以来，本杰明·格雷厄姆都被认为是"价值投资之父"，他所倡导的价值投资，不管是在欧美等发达成熟的资本市场，还是在中国等新兴的资本市场，都有大批的追随者。但价值投资的本质到底是什么呢？作为普通投资者的我们真的领悟了格雷厄姆所说的价值投资了吗？以中国A股市场为例，2013年是题材股、创业板的大牛市，而另一边，代表传统价值投资意义的主板持续低迷，导致很多人说价值投资在中国没有价值。这其中的原因又是什么呢？改革的预期让我们对价值的标准有了新认识。而2014年市场则呈现出先抑后扬的走势，在经过连续的筑底震荡后，市场在高铁、基建、金融等蓝筹股的带动下，不断走高。传统行业在改革深化的过程中也不断焕发出新的市场活力。如此看来，价值投资是动态变化的。在中国，价值投资依然是有效的，但需要投资者对它有完整的理解，而不是以偏概全地盲目模仿。很多人认为，低市盈率、低市净率就是低估值，就拥有安全边际，这是相当片面的，很多时候会因此掉进价值陷阱。

如何更好地理解格雷厄姆所说的价值投资呢？这不仅需要我们关注具体公司的发展，而且还需要我们将更多的注意力放在行业的发展前景及整个经济结构的升级换代上。过去是值得投资的价值股随着经济结构的变化和行业的起伏，慢慢会偏离价值投资的标准，从而其股价走低是有原因的，确实有悲观因素存在。比如新的技术对旧产业形成冲击，或整个行业产能严重过剩，不能以财务指标来判断它有多大的安全边际。此外，企业不可能一直保持优秀。因为驱动这类企业发展的核心因素已经向坏的方向变化了，若投资者都视而不见，那被套牢是再正常不过的事情了。所以，并不是价值投资不好，只是遵从价值投资的人对价值投资理解还不够透彻。

中国肯定适合做价值投资，但需要完整理解价值投资，并认真对待中国国情和整个资本市场的特点，更灵活和实事求是地把价值投资用好，才能有好的收益。而这本书为我们更好地理解格雷厄姆所倡导的价值投资提供了更深刻、更为独到的研究材料。

我们特别感谢湛庐文化编辑团队为本书所做的大量细致、具体的工作所给予的大力支持。在翻译过程中，韩瑾、安然、许穗成和浙江工商大学金融学院的王文浩帮忙做了部分文字工作，张雅雯、金莎、张昕葭、唐维良和赖曙昕帮忙搜集了相关资料，陆如意和张巍两位同志在本书翻译过程中提出了宝贵意见，在此一并表示感谢。全书最后由汪涛通读定稿。

因时间紧张，文中不足之处欢迎读者批评指正。

汪涛　郭宁

于浙江大学城市学院

未来，属于终身学习者

我这辈子遇到的聪明人（来自各行各业的聪明人）没有不每天阅读的——没有，一个都没有。巴菲特读书之多，我读书之多，可能会让你感到吃惊。孩子们都笑话我。他们觉得我是一本长了两条腿的书。

——查理·芒格

互联网改变了信息连接的方式；指数型技术在迅速颠覆着现有的商业世界；人工智能已经开始抢占人类的工作岗位……

未来，到底需要什么样的人才？

改变命运唯一的策略是你要变成终身学习者。未来世界将不再需要单一的技能型人才，而是需要具备完善的知识结构、极强逻辑思考力和高感知力的复合型人才。优秀的人往往通过阅读建立足够强大的抽象思维能力，获得异于众人的思考和整合能力。未来，将属于终身学习者！而阅读必定和终身学习形影不离。

很多人读书，追求的是干货，寻求的是立刻行之有效的解决方案。其实这是一种留在舒适区的阅读方法。在这个充满不确定性的年代，答案不会简单地出现在书里，因为生活根本就没有标准确切的答案，你也不能期望过去的经验能解决未来的问题。

湛庐阅读App：与最聪明的人共同进化

有人常常把成本支出的焦点放在书价上，把读完一本书当作阅读的终结。其实不然。

时间是读者付出的最大阅读成本

怎么读是读者面临的最大阅读障碍

"读书破万卷"不仅仅在"万"，更重要的是在"破"！

现在，我们构建了全新的"湛庐阅读"App。它将成为你"破万卷"的新居所。在这里：

- 不用考虑读什么，你可以便捷找到纸书、有声书和各种声音产品；
- 你可以学会怎么读，你将发现集泛读、通读、精读于一体的阅读解决方案；
- 你会与作者、译者、专家、推荐人和阅读教练相遇，他们是优质思想的发源地；
- 你会与优秀的读者和终身学习者为伍，他们对阅读和学习有着持久的热情和源源不绝的内驱力。

从单一到复合，从知道到精通，从理解到创造，湛庐希望建立一个"与最聪明的人共同进化"的社区，成为人类先进思想交汇的聚集地，与你共同迎接未来。

与此同时，我们希望能够重新定义你的学习场景，让你随时随地收获有内容、有价值的思想，通过阅读实现终身学习。这是我们的使命和价值。

湛庐阅读App玩转指南

湛庐阅读App 结构图：

12+图书订阅服务
纸质书
有声书
电子书

读什么

怎么读

泛读：一书一课
通读：通识课
精读：精读班

湛庐阅读App

优秀的读者和终身学习者

与谁共读

跟谁读

作者、译者、专家、推荐人和阅读教练

三步玩转湛庐阅读App：

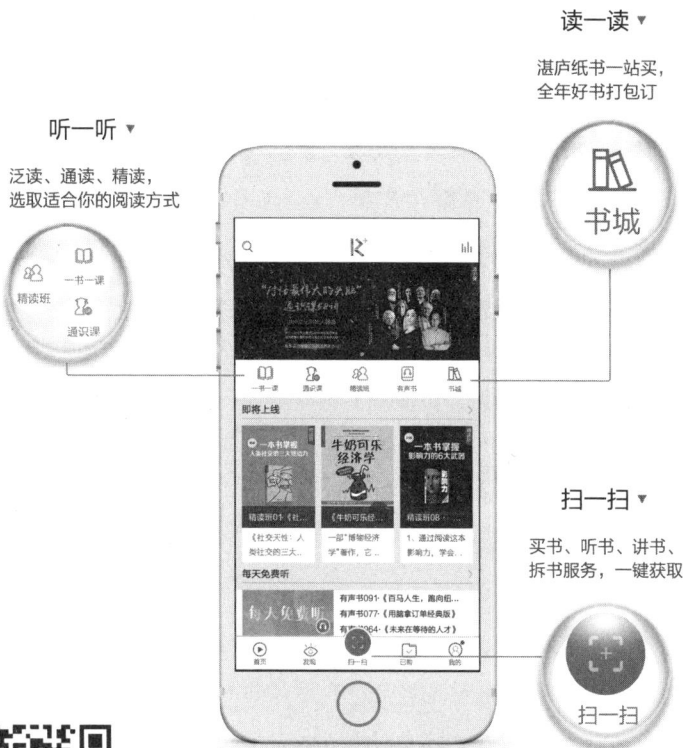

读一读 ▼

湛庐纸书一站买，
全年好书打包订

书城

听一听 ▼

泛读、通读、精读，
选取适合你的阅读方式

精读班
一书一课
通识课

扫一扫 ▼

买书、听书、讲书、
拆书服务，一键获取

扫一扫

App获取方式：
安卓用户前往各大应用市场、苹果用户前往 App Store
直接下载"湛庐阅读"App，与最聪明的人共同进化！

使用App扫一扫功能，
遇见书里书外更大的世界！

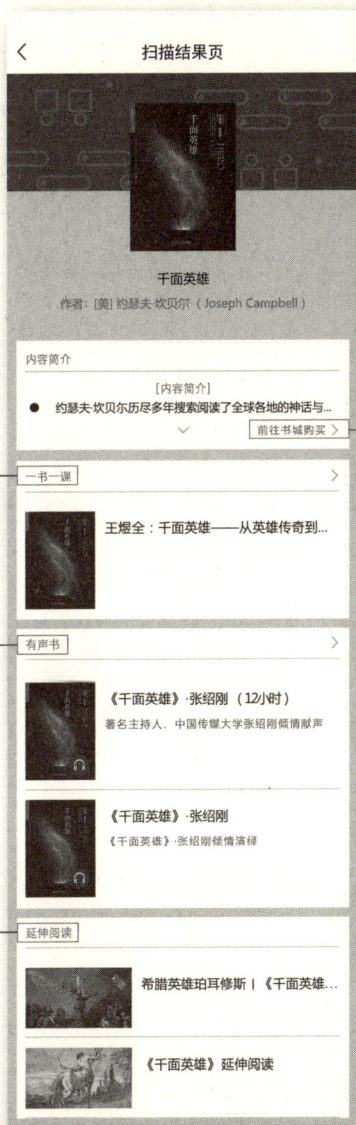

扫描结果页

千面英雄

作者：[美] 约瑟夫·坎贝尔（Joseph Campbell）

内容简介

[内容简介]
● 约瑟夫·坎贝尔历尽多年搜索阅读了全球各地的神话与...

前往书城购买 >

一书一课

王煜全：千面英雄——从英雄传奇到...

有声书

《千面英雄》·张绍刚（12小时）
著名主持人、中国传媒大学张绍刚倾情献声

《千面英雄》·张绍刚
《千面英雄》·张绍刚倾情演绎

延伸阅读

希腊英雄珀耳修斯｜《千面英...

《千面英雄》延伸阅读

快速了解本书内容，
湛庐千册图书一键购买！

大咖优质课、
献声朗读全本一键了解，
为你读书、讲书、拆书！

你想知道的彩蛋
和本书更多知识、资讯，
尽在延伸阅读！

延 伸 阅 读

《证券分析》

◎ 由本杰明·格雷厄姆和戴维·多德共同写著而成，本杰明·格雷厄姆被誉为"现代证券分析之父""华尔街教父"，价值投资理论奠基人。

◎ 价值投资流派的开山之作，被誉为"投资者的圣经"，让价值投资和基本面分析真正走入人们的视野。

◎ 耶鲁首席投资官大卫·斯文森，摩根大通主席兼首席执行官杰米·戴蒙，捐献基金领袖杰克·迈耶，高瓴资本创始人兼首席执行官张磊，高毅资产管理合伙企业董事长邱国鹭，第一财经前首席执行官周健工等联袂推荐。

ISBN 978-7-300-17342-9

《投资中最简单的事（更新版）》

◎ 高毅资产董事长邱国鹭22年投资经验凝聚之首部作品，书中剖析了"便宜才是硬道理""定价权是核心竞争力""人弃我取，逆向投资"等简单易行的投资原则，分享了易于普通投资者学习、操作的投资方法。

◎ 高瓴资本创始人张磊作序推荐，中国银行业协会首席经济学家巴曙松，易方达基金董事长詹余引，重阳投资董事长裘国根，赤子之心总经理赵丹阳联袂推荐。

ISBN 978-7-5136-6038-9

《投资中不简单的事》

◎ 中国价值投资实践的启示录，聚焦实战的"另类投资札记"。

◎ 高毅资产"全明星团队"，亲授价值投资的实践与坚守。展示了优质公司的成长路径和行业的内在发展规律，给出在中国坚守价值投资的实操性建议。

◎ 著名金融学家巴曙松，高瓴资本创始人兼首席执行官张磊，《新乔布斯、禅与投资》作者李国飞诚意推荐。

ISBN 978-7-220-10664-4

《共同基金常识（10周年纪念版）》

◎ 约翰·博格是基金业的先驱，世界第二大基金管理公司领航集团创始人。这本书用翔实的数据和事实诠释了简单的常识必然会胜过代价高昂且复杂的投资方法。

◎ 著名金融学家巴曙松先生领衔翻译。

ISBN 978-7-5596-0531-3

Jason Zweig, Rodney N.Sullivan

Benjamin Graham, Building a Profession: Classic Writings of the Father of Security Analysis

ISBN 978-0-07-163326-0

Copyright © 2010 by McGRAW-HILL EDUCATION

图书在版编目（CIP）数据

格雷厄姆精解证券分析 / (美) 杰森·茨威格, (美)
罗德尼·沙利文编；汪涛, 郭宁译. -- 成都：四川人
民出版社, 2021.3
ISBN 978-7-220-11965-1

Ⅰ.①格… Ⅱ.①杰… ②罗… ③汪… ④郭… Ⅲ.
①证券投资—投资分析 Ⅳ.①F830.91

中国版本图书馆CIP数据核字(2020)第168485号
著作权合同登记号
图字：21-2020-393

上架指导：金融投资 / 投资经典

GELEI'EMU JINGJIE ZHENGQUAN FENXI
格雷厄姆精解证券分析

［美］杰森·茨威格　罗德尼·沙利文　编

汪涛　郭宁　译

责任编辑：何佳佳
版式设计：湛庐CHEERS
封面设计：水玉银文化

四川人民出版社
（成都市槐树街 2 号　610031）
天津中印联印务有限公司印刷　新华书店经销
字数 285 千字　710 毫米×965 毫米　1/16　印张 19
2021 年 3 月第 1 版　2021 年 3 月第 1 次印刷
ISBN 978-7-220-11965-1
定价：89.90 元